Accountant training

工业和信息化普通高等教育"十三五"规划教材立项项目

21世纪高等学校会计学系列教材

会计综合实训
（视频指导版）

□ 杨荐　管晶　主编

人民邮电出版社

北 京

图书在版编目（CIP）数据

会计综合实训：视频指导版 / 杨荐，管晶主编. --
北京：人民邮电出版社，2018.12（2022.1重印）
21世纪高等学校会计学系列教材
ISBN 978-7-115-49067-4

Ⅰ. ①会… Ⅱ. ①杨… ②管… Ⅲ. ①会计学－高等
学校－教材 Ⅳ. ①F230

中国版本图书馆CIP数据核字(2018)第177345号

内 容 提 要

本书旨在为中小微企业培训财务实操人员，以商贸企业财务业务为例展开会计综合实训，包括手工账实训及单机版电算化实训（金蝶 KIS 系统）。手工账所需的全真模拟原始凭证和账簿单独成册，裁剪方便。本书提供记账凭证、T 形账、科目汇总表、试算平衡表、会计报表等实训素材电子版，读者可自行打印。模拟增值税专用发票符合 2018 年年初的税务要求。

本书业务单据翔实且更接近真实业务凭证，所模拟的经济业务是商贸企业中典型且常用的经济业务。通过移动终端扫描本书内的二维码，读者可观看操作性内容演示视频和登账范例截图。

本书提供手工账参考答案、多种版本电算化账套、教学课件、实训素材电子版等教学资源，索取方式参见"更新勘误表和配套资料索取示意图"，也可向编辑咨询（QQ：602983359）。

本书可作为本专科院校会计专业综合实训的教科书。

◆ 主　编　杨　荐　管　晶
　　责任编辑　万国清
　　责任印制　焦志炜

◆ 人民邮电出版社出版发行　　北京市丰台区成寿寺路 11 号
　　邮编　100164　　电子邮件　315@ptpress.com.cn
　　网址　http://www.ptpress.com.cn
　　大厂回族自治县聚鑫印刷有限责任公司印刷

◆ 开本：787×1092　1/16
　　印张：25.75　　　　　　　　　 2018 年 12 月第 1 版
　　字数：465 千字　　　　　　　 2022 年 1 月河北第 4 次印刷

定价：99.80 元（附小册子）

读者服务热线：(010)81055256　印装质量热线：(010)81055316
反盗版热线：(010)81055315
广告经营许可证：京东市监广登字 20170147 号

前　言

　　"会计综合实训"是会计专业的一门核心课程。通过本课程的学习，读者可以体会企业会计工作的具体业务及操作流程，从而提高对实际业务的处理能力。

　　本书旨在为中小微企业培训财务实操人员，本着理论够用、突出实际操作的特点组织相关内容，以商贸企业中典型且常用的经济业务为例，内容涵盖了会计操作的全部基本步骤，即企业年初建账、日常账务处理、登账、编制报表等。

　　本书主体内容包括手工账实训和单机版电算化实训两大部分内容。

　　手工实训中，读者需要根据案例企业的初始数据和配套的附册内容，动手完成从建账、处理原始凭证、填写会计凭证、登账到会计报表编制等一个完整的会计手工操作过程。本书的凭证设计追求较高的仿真性，具体的细节尽可能与真实业务凭证一致。手工账所需的全真模拟原始凭证和账簿单独成册，裁剪方便。另外，本书提供记账凭证、T形账、科目汇总表、试算平衡表、会计报表等实训素材电子版，读者可自行打印或自行购买。

　　电算化实训软件选用金蝶财务软件中的单机版（金蝶 KIS 系统）。本书配套资料也提供其他若干电算化软件账套。

　　本书以二维码形式链接操作性内容演示视频和登账范例截图，读者用移动终端扫描二维码即可查看。希望这样处理可以提高读者的学习效率，也希望能减少实训中指导教师的工作量。

　　近年税务改革力度较大，本书所涉及的税务票据也尽量与新要求接轨，票据簿中模拟开具的增值税专用发票符合 2019 年年初的税务要求。

　　本书提供手工账参考答案、多种版本电算化账套、教学课件、实训素材电子版等教学资源，索取方式参见"更新勘误表和配套资料索取示意图"。

　　本书由贵州工商职业学院杨荐、管晶担任主编，周桂芳、高雪梅参与编写。在编写过程中得到了许多企业界朋友和教育界同行的大力支持，在此一并感谢！

　　限于编者水平有限，书中不妥和疏漏之处敬请读者批评、指正（扫描本书"更新勘误表和配套资料索取示意图"中的二维码可查看本书更新勘误及意见建议记录表）。

编　者

目　　录

原始凭证及账簿

第一部分 企业相关信息及会计制度

一、企业相关信息

了解企业基本情况首先从营业执照开始。营业执照上面有企业名称、公司类型、住所、成立日期、注册资本、经营范围等状况描述，企业"统一社会信用代码"的 18 位数代码在会计业务中会经常用到，人员应牢记。

本书案例企业华夏自强教学设备贸易有限公司营业执照如图 1.1。

图 1.1　案例企业"营业执照"教学模型

提示

注册资本也叫法定资本，是公司制企业章程规定的全体股东或发起人认缴的出资额或认购的股本总额，并在公司登记机关依法登记。实收资本是指投资者实际投入企业的资本，而依据《企业会计准则》，"实收资本"科目核算企业接受投资者实际投入企业的资本。

财务人员要了解企业组织架构，了解企业设立的相关职能部门等。

本书案例公司基本情况如下。

（一）公司注册基本资料

公司注册名称：华夏自强教学设备贸易有限公司

公司注册地址、电话：华夏清水市西南电脑城88号，011-88886688

公司注册资本：人民币150万元

公司法定代表人：李大福

图1.2　案例企业组织架构

公司总经理：张远航

公司经营范围：办公用品、电子器材及设备销售

（二）公司组织架构及人员名单

公司组织架构及人员名单信息如图1.2和表1.1所示。

表1.1　华夏自强教学设备贸易有限公司人员名单信息　（单位：元）

部门及编号		姓名	岗位	基本工资	公积金	部门及编号		姓名	岗位	基本工资	公积金
行政部	1	李大福	董事长	12000	500.00	销售部	13	龙学友	业务员	4500	300.00
	2	张远航	总经理	10000	500.00		14	魏长生	业务员	4500	300.00
	3	陈光柱	办公室主任	6800	500.00		15	张国超	业务员	4500	300.00
	4	李梅	人事专员	6200	500.00		16	唐莉莉	办事员	4000	300.00
	5	杨梦娟	办事员	4500	300.00	采购部	17	李丹阳	采购部经理	8800	500.00
	6	宋小雷	驾驶员	3800	300.00		18	陈庆宏	采购员	4800	300.00
财务部	7	王清香	财务经理	7500	300.00		19	欧阳正	采购员	4800	500.00
	8	张守财	主办会计	5500	500.00		20	康永华	采购员	3500	500.00
	9	徐颖颖	出纳员	4000	300.00		21	张红云	办事员	3800	300.00
销售部	10	陈启飞	销售经理	8800	500.00		22	叶文龙	仓库主管	5000	300.00
	11	徐通顺	业务员	4500	300.00		23	杨发才	保安	3500	300.00
	12	郭祥	业务员	4500	300.00		24	高华	保安	3500	300.00

（三）公司银行账户资料

华夏自强教学设备贸易有限公司基本存款账户信息如下。

开户行：中国工商银行股份有限公司清水市支行

户　名：华夏自强教学设备贸易有限公司

账　号：015645477000123888

华夏自强教学设备贸易有限公司银行预留印鉴如图
1.3 所示。

（四）公司财务岗位及账簿设置

公司财务岗位设置为财务经理、主办会计和出纳员。

公司共设置了 8 本账簿，分别为总分类账、库存现金

图 1.3　银行预留印鉴

日记账、银行存款日记账、三栏式明细账、数量金额式明细账、多栏式明细账、应交增值税
明细账、固定资产明细账。

（五）会计核算的流程

会计人员在了解企业相关信息及期初数据后，就可以根据经济业务进行账务处理。具体
账务处理流程如下：

（1）对附册中的原始凭证进行审核或填制；

（2）填制相应的记账凭证；

（3）审核记账凭证并填写明细账和登记 T 形账；

（4）根据 T 形账编制科目汇总表；

（5）根据科目汇总表登记总分类账；

（6）编制相关的会计报表。

 提示

　　想要成为一个合格的财务人员，应该熟悉企业相关政策，首先从企业公司章程开始了解。公
司章程中一般包括以下内容：公司的名称和住所，公司经营范围，公司注册资本，股东的姓名或
者名称、出资方式、出资额和出资时间等，公司的股权转让办法，公司的机构及其产生办法、职
权、议事规则等，公司财务、会计、利润分配的有关内容，公司的解散事由与清算办法，董事、
监事、高级管理人员的资格和义务，以及股东会认为需要规定的其他事项。公司章程是一个企业
的基本法规，也是一个合格的会计人员必须掌握的企业制度。

　　财务人员要熟知本企业历年的经营政策，如供、销、存与物资进出环节相关的制度、费用报
销相关的制度等，因为财务部门是一个执行部门，必须全面地了解企业各方面的制度，才能更好
地胜任财务工作岗位。

　　财务人员要熟悉企业的业务流程，本书的案例企业为商贸企业，是通过买进商品、销售商品
来获取利润，业务流程可概括为采购、仓储、运输、销售四个环节，其中商品的采购和销售是主
要的业务环节。

二、企业会计政策

（一）会计人员设置及岗位职责

为加强本企业财务管理需要，规范企业财务行为，提高会计核算水平，根据《中华人民

共和国会计法》《企业会计准则》和其他法律、法规的有关规定，结合本公司内部实际管理需要，特制定本制度。

（1）公司根据会计业务的需要设立财务部，财务部设财务部经理、主办会计、出纳员工作岗位。

（2）财务部经理职责：财务部经理主管本单位财务部门的全面工作，根据法律组织制定本单位的财务会计制度及核算方法，并督促会计人员贯彻执行；组织编制本单位的财务费用计划、筹资计划和资金使用预算，并督促有关部门贯彻执行；及时准确审核会计、统计报表；分析财务成本费用和资金执行情况，总结经验，提出改进意见并参与决策，为总经理当好参谋。

（3）主办会计职责：领导和组织公司会计核算工作；负责审核原始凭证、编制会计凭证、登记存货明细账、往来明细账、编制成本报表、负责编制科目汇总表等；对账和编制财务报表并进行财务分析；负责保管财务专用章；负责编制纳税申报表；组织会计档案的整理和保管。

（4）出纳员职责：负责办理库存现金、银行存款收付和结算业务；保管库存现金、有价证券及法人代表名章和票据的安全完整；登记库存现金日记账、银行存款日记账等。

（5）财务人员因工作调动或者离职，必须在办理完交接手续后方可调动或离职。

（二）内部牵制制度

（1）公司实行银行票据与银行预留印鉴分管制度，非出纳员不能办理现金、银行收付款业务。

（2）出纳员应根据复核无误并签字的付款申请单、报销单，办理货币资金支付手续，并及时登记库存现金或银行存款日记账。

（3）库存现金和银行存款每月抽盘一次，由财务经理执行，并做好盘点登记。

（4）公司出纳员不得兼管稽核、会计档案保管和收入、费用、债权债务类账目的登记工作。

（三）会计核算和会计监督

（1）本公司会计年度自公历 1 月 1 日起至 12 月 31 日止。

（2）本公司采用权责发生制进行账务处理。

（3）本公司会计核算以人民币为记账本位币，核算中金额计算保留至分位。

（4）本公司根据《企业会计准则》要求及行业特征设置一级会计科目，在不影响对外报送报表和会计核算的前提下，可以增减相关科目；根据实际情况和核算需要自行设置和使用二、三级会计科目及明细科目。

（5）本公司会计核算以实际发生的经济业务为依据进行会计处理，会计指标口径一致，相互可比，会计处理方法前后保持一致。

（6）财务部办理会计业务时必须按照《企业会计准则》的规定和本企业相关制度对原始凭证进行审核，对不真实、不合法、不合规的原始凭证不予接受；对记载不完整、不准确的原始凭证予以退回，并要求按照相关规定进行更正或补充。

（7）本公司记账凭证采用通用记账凭证。

（8）会计凭证打印后应装订成册，妥善保管。公司原始凭证不得外借，其他单位如特殊原因需借用原始凭证时，经公司负责人批准后才可以借阅或复制。

三、企业内部会计核算办法

（一）货币资金管理

1. 库存现金管理

（1）公司财务部库存现金控制在核定限额 2 万元以内，不得超限额存放现金。

（2）严格执行现金盘点制度，做到日清月结，保证现金的安全。

（3）单独设置现金日记账，按时间顺序逐笔登记收付业务。

（4）不准白条抵库、不准私自挪用、占用和借用公司现金。

（5）到银行提取或送存现金的时候，需由专车接送。

（6）出纳员要妥善保管保险箱内存放的现金和有价证券，私人财物不得存放于保险箱。

（7）出纳员必须随时接受单位领导的检查、监督。

2. 银行存款管理

（1）必须遵守中国人民银行的规定，办理银行基本账户和一般账户的开户与公司各种银行结算业务。必须认真贯彻执行《支付结算办法》《中华人民共和国票据法》等相关的结算管理制度。

（2）公司应按每个银行开户账号单独设立一本银行存款日记账，出纳员应及时将公司银行存款日记账与银行对账单逐笔进行核对。

（3）空白银行支票与预留印鉴必须实行分管，由出纳员将银行支票使用情况登记备查簿，逐笔记录签发支票的用途、使用单位、金额、支票号码等。

（4）银行账户只供本单位收支结算使用，不得为外单位或个人使用，严禁为其他单位和个人代收代付、转账使用，否则严肃处理。

（5）企业网银账户必须申请两把密钥，由出纳员和财务经理分别持有。在办理支付业务时，由出纳员登录网银，按审核无误的纸质付款单据内容填制网银付款业务，再由财务经理进行付款业务复核，并最终完成支付。

（二）费用审批制度

员工借款与费用报销严格执行公司审批制度，具体审批制度如下。

（1）办理公司事务需要借款的相关审批流程：首先借款人须按规定填写"借款单"，注明借款事由、借款金额等（大小写须完全一致且票面不得有涂改），再由所在部门经理审核签字，之后交给财务经理复核，最后由董事长审批同意。

（2）借支公款应在使用后 7 天内结清，不得拖欠。

（3）正常的费用报销开支，必须有正式发票且印章齐全，由经办人填写相关报销单据。

（4）报销单填写必须完整，原始凭证必须真实、合法，签章必须符合以上相关规定，财务部才给予报销。

（5）经办人填写单据后，由业务所在部门经理签字交财务经理复核，再由董事长审批签字同意。

（6）会计人员对一切审批手续不完备的资金使用事项必须拒绝办理，否则按违章论处并对该项业务的资金损失负连带赔偿责任。

（三）企业往来账核算

（1）本公司往来账务核算只设置"应收账款""应付账款"科目；资产负债表中"应收账款"项目＝"应收账款"明细科目的借方余额之和－坏账准备（相关部分）；"预收款项"项目＝"应收账款"明细科目的贷方余额之和；"应付账款"项目按"应付账款"的明细账贷方余额之和填列；"预付账款"项，按其明细账借方余额之和填列。

（2）企业应加强对应收账款的管理，在总分类账的基础上，按客户的名称设置明细账，详细、序时地记载与各客户的往来情况。财务部门应定期与客户进行核对并通知相关部门进行催收，定期对应收账款进行账龄分析，对超过合同付款期的应收账款抄列清单，报告相关领导以避免财务风险。

（3）应付账款在总账科目下按债权人设置明细账进行核算。公司各部门因采购或接受劳务形成的应付业务，应认真审核发票和相关单据，并及时进行账务处理，登记相应的账簿，定期与供应商对账，保证双方账账相符。

（四）存货核算

（1）会计设置"库存商品"总账科目进行存货核算，"库存商品"科目按商品名称设置为数量金额式明细账，记录产品的收发情况及月底结存数量。

（2）采购金额超过1万元需要签订购销合同，一般采购业务流程如下。①采购人员根据业务需要，与供应商询价并订立商品采购合同。②商品到货后采购人员办理验收入库手续，由采购员在仓库就地填制入库单，入库单一式四联：第一联存根联（仓库留存），第二联财务联（由仓库月底转交财务部），第三联采购联（采购员报账用），第四联结算联（交供应商）。③仓库管理员验收货物并保留入库单存根联和财务联，月底将财务联转交财务部。④采购员向供应商索取货物增值税发票后，再将入库单（采购联）、采购合同、供货单位销售单等，及时交财务部进行账务处理。

（3）公司库存商品核算采用全月一次加权平均法计价，在发出商品时以出库单的形式出库，在出库单的填写上只须注明产品名称、数量、领用部门等。发出商品应由销售部门按"销售合同"填写"销售单"，仓库发货后出具的"出库单"，再将全部单据一起交财务部，财务部据此开具增值税专用发票进行核算。

（4）每月月末及年终需对存货进行盘点，务必做到账、表、物三者相符，在盘点中发现的盘盈、盘亏、损毁、变质等情况，应及时查明原因，分清责任。对管理不善造成的损失，经相关领导审批后，追究相关者责任，及时进行账务处理。

（五）应交税费核算

公司按照税法等规定计算应缴纳的各种税费，在税法规定的期限内及时准确地完成纳税申报和税款缴纳。

（1）应交税费二级明细科目包括应交增值税、未交增值税、应交所得税、城市维护建设税、教育费附加、地方教育费附加，以及公司代扣代缴的个人所得税等。

（2）公司为增值税一般纳税人，销售商品增值税税率为13%。"应交增值税"下再分别设置"进项税额""转出未交增值税""销项税额""进项税额转出""转出多交增值税"等明细科目。月末终了，企业计算当月应交未交增值税，借记"应交税费——应交增值税（转出未交增值税）"科目，贷记"应交税费——未交增值税"科目。次月申报缴纳上月应缴纳的增值税时，借记"应交税费——未交增值税"科目，贷记"银行存款"等科目。

（3）公司适用的城市维护建设税税率为7%，教育费附加征收率为3%，地方教育费附加征收率为2%。公司按税法规定代扣代缴个人所得税。

（4）企业缴纳的印花税，企业根据实际情况按汇总缴纳方式，自行计算印花税应纳税额，并按权责发生制，当月计提下月缴纳。

（5）公司企业所得税基本税率为25%，在符合小型微利企业所得税优惠政策时，按国家有关优惠政策计算缴纳企业所得税。

> **提示**
>
> 本书假设企业所得税缴纳采用按月计提，按年汇算清缴的方式，公司以前年度的企业所得税已进行汇算清缴，暂不考虑除上述税费以外的其他税费。

（六）固定资产、无形资产核算

（1）固定资产、无形资产在取得时，按取得时的成本入账。取得时的成本包括买价、相关税费、运输和保险等相关费用，以及为使固定资产、无形资产达到预定可使用状态前所必要的支出。

（2）公司固定资产折旧、无形资产摊销采用年限平均法，固定资产折旧方法、折旧年限和无形资产摊销方法、摊销年限与税法规定一致。本月增加的固定资产从下月起计提折旧，本月减少的固定资产从下月起停止计提折旧。固定资产预计净残值率为5%，无形资产无净残值。固定资产折旧信息如表1.2所示。

表1.2 固定资产折旧信息表

固定资产类别	折旧年限	月折旧率
办公设备	5年	1.58%
交通运输设备	4年	1.98%

（3）固定资产的管理由财务部和行政部共同负责，财务部设立固定资产明细账，行政部建立固定资产卡片，并定期对账。

（4）年终由财务部牵头，组织固定资产使用的相关部门对固定资产进行盘点，编制盘点表，对盘点中发现的盘盈、盘亏、损毁等情况，应及时查明原因，分清责任。对维护不当的固定资产形成的损失，报经相关领导批准后，及时处理并进行相应的账务核算。

（七）应付职工薪酬核算

（1）企业设置"应付职工薪酬"科目，核算根据有关规定应付给职工的各种薪酬，按工资、社会保险费、住房公积金、福利费、工会经费等进行明细核算。月末将本月工资进行分配，分别记入相关成本费用账户。

（2）基本社会保险是以应付工资作为计提基数（为便于读者理解和学习，本书各项费用计算按所在期应发工资数计算，且计算比例统一按整数计算），计提比例如下：基本养老保险为24%，其中企业承担16%，个人承担8%；医疗保险为8%，其中企业承担6%，个人承担2%；失业保险为3%，其中企业承担2%，个人承担1%；工伤保险1%全部由企业承担；生育保险1%全部由企业承担。职工的住房公积金为固定金额，企业与个人承担金额相等。

（3）公司职工福利费和职工教育经费不预提，按实际发生金额列支；工会经费按应付工资额的2%在缴纳时列支并计入管理费用，工会经费按月划拨给工会专户。

（4）公司按月发放工资，当月工资费用月底计提，次月15日发放上月工资并代扣相关税费。

（5）定期对职工借款进行清理，通知有关部门进行协同清收，做到前账不清后账不借，尤其是在职工办理离职手续时，一定要在收到欠款后才能在离职单上签字同意。

（八）所有者权益核算

（1）按投资者实际交来的款项核算实收资本，并交纳相关印花税。

（2）本年利润核算公司当期实现的净利润（或发生的净亏损）。年度终了，将本年实现的净利润，转入"利润分配"科目。

（3）利润分配核算公司利润的分配（或亏损的弥补）和历年分配（或弥补）后的余额。公司在"利润分配"科目下设置"未分配利润"明细科目。

（4）公司根据有关规定，每年按当年净利润（扣减以前年度未弥补亏损后）的10%计提法定盈余公积，不计提任意盈余公积。

（九）损益核算

（1）主营业务收入核算销售商品、提供劳务等主营业务的收入。

（2）主营业务成本核算公司确认主营业务收入时应结转的成本。

（3）税金及附加核算企业经营主要业务应负担的城市维护建设税、教育费附加、地方教育费附加、印花税等。

（4）营业费用核算公司销售商品过程中发生的各项费用，按运输费、广告费、工资、福利费、住房公积金、差旅费、业务招待费、折旧费等设置明细科目进行核算。

（5）管理费用核算公司为组织和管理企业生产经营所发生的各项费用。按办公费、业务招待费、差旅费、租金、折旧费、工资、福利费、住房公积金、水费、电费、工会经费等设置明细科目进行核算。

（6）财务费用核算公司为筹集生产经营所需资金而发生的费用，按手续费用、利息支出、利息收入等设置明细科目进行核算。

（7）营业外收入和营业外支出核算与公司生产经营活动无直接关系的各种收入和支出。

（8）所得税费用核算公司根据所得税准则确认的应从当期利润总额中扣除的所得税费用。

（9）以前年度损益调整核算公司本年度发生的应调整以前年度损益的事项。

（十）财务报告

公司财务报告分为月报、季报和年报，内容上包括资产负债表、利润表、现金流量表，是企业财务会计工作的最终反映，财务部应及时准确完成会计报告填制，并在规定的时间期限内对内对外报送。

第二部分　期初数据及建账

一、会计科目及期初余额

华夏自强教学设备贸易有限公司20××年1月的会计科目及期初余额如表2.1所示。

表2.1　华夏自强教学设备贸易有限公司20××年1月的会计科目及期初余额表　（金额单位：元）

科目代码	科目名称	数量	单价	期初余额 借方	期初余额 贷方	应设置账簿
1001	库存现金			18,817.00		总分类账、现金日记账
1002	银行存款			879,636.04		总分类账
100201	工行清水市支行			879,636.04		银行存款日记账
100202	清水市商业银行东城支行			0.00		银行存款日记账
1121	应收票据			0.00		总分类账
112101	预留公司名称			0.00		三栏式明细账
1122	应收账款			1,279,450.00		总分类账
112201	华夏清水市第十三中学			290,100.00		三栏式明细账
112202	清水市航天设备制造有限公司			450,350.00		三栏式明细账
112203	华夏清水市第八中学			71,000.00		三栏式明细账
112204	华夏工商职业学院			68,000.00		三栏式明细账
112205	华夏清水市传习中学			400,000.00		三栏式明细账
1221	其他应收款			60,638.03		总分类账
122101	李大福			20,000.00		三栏式明细账
122102	张远航			8,000.00		三栏式明细账
122103	杨梦娟			9,000.00		三栏式明细账
122104	李丹阳			0.00		三栏式明细账
122105	陈启飞			0.00		三栏式明细账
122106	代扣基本养老保险			10,645.84		三栏式明细账
122107	代扣个人医保			2,661.46		三栏式明细账
122108	代扣个人失业保险			1,330.73		三栏式明细账
122109	代扣职工公积金			9,000.00		三栏式明细账
1405	库存商品			470,898.77		总分类账
140501	台式电脑-联想扬天 i3	42	2,503.69	105,155.10		数量金额式明细账
140502	台式电脑-联想扬天 i5	36	2,687.58	96,752.88		数量金额式明细账

科目代码	科目名称	数量	单价	期初余额 借方	期初余额 贷方	应设置账簿
140503	笔记本电脑-联想 i7	13	3,587.51	46,637.63		数量金额式明细账
140504	投影仪-索尼 EX430	54	3,265.14	176,317.56		数量金额式明细账
140505	学生桌椅	130	354.12	46,035.60		数量金额式明细账
1601	固定资产			84,222.23		总分类账
160101	兄弟 7360 一体机	1		2,393.16		固定资产明细账
160102	联想笔记本电脑	1		5,641.03		固定资产明细账
160103	联想台式电脑（办）	1		3,410.26		固定资产明细账
160104	联想台式电脑（财）	1		3,803.42		固定资产明细账
160105	税控电脑（财）	1		8,376.07		固定资产明细账
160106	兄弟 2820 一体机	1		1,794.87		固定资产明细账
160107	五菱宏光客货车	1		58,803.42		固定资产明细账
1602	累计折旧				12,689.16	总分类账
160201	办公电子设备				3,378.59	三栏式明细账
160202	运输设备				9,310.57	三栏式明细账
1603	固定资产减值准备				0.00	总分类账、三栏式明细账
1901	待处理财产损溢				0.00	总分类账、三栏式明细账
2001	短期借款				500,000.00	总分类账
200101	清水市商业银行东城支行				500,000.00	三栏式明细账
2202	应付账款				511,771.88	总分类账
220201	燕京联想自动化设备有限公司				225,671.88	三栏式明细账
220202	索尼华夏设备有限公司				169,100.00	三栏式明细账
220203	华夏春晖校具制造有限公司				117,000.00	三栏式明细账
2203	应付职工薪酬				133,073.00	总分类账
220301	工资				133,073.00	三栏式明细账
220302	社会保险费				0.00	三栏式明细账
22030201	基本养老保险				0.00	三栏式明细账
22030202	医疗保险				0.00	三栏式明细账
22030203	失业保险				0.00	三栏式明细账
22030204	工伤保险				0.00	三栏式明细账
22030205	生育保险				0.00	三栏式明细账
220303	住房公积金				0.00	三栏式明细账
220304	职工福利				0.00	三栏式明细账
220305	工会经费				0.00	三栏式明细账
220306	职工教育费用				0.00	三栏式明细账
2221	应交税费				144,642.31	总分类账
222101	应交增值税				0.00	应交增值税明细账
22210101	进项税额			1,913,576.00		应交增值税明细账

科目代码	科目名称	数量	单价	期初余额		应设置账簿
				借方	贷方	
22210102	销项税额				2,168,267.54	应交增值税明细账
22210103	转出未交增值税			254,691.54		应交增值税明细账
222102	未交增值税				126,544.32	三栏式明细账
222103	应交企业所得税				0.00	三栏式明细账
222104	应交个人所得税				636.27	三栏式明细账
222105	应交城市维护建设税 7%				8,858.10	三栏式明细账
222106	应交教育费附加 3%				3,796.33	三栏式明细账
222107	应交地方教育费附加 2%				2,530.89	三栏式明细账
222108	应交印花税				2,276.40	三栏式明细账
2231	应付利息				0.00	总分类账
223101	清水市商业银行东城支行				0.00	三栏式明细账
4001	实收资本				1,500,000.00	总分类账
400101	李大福				900,000.00	三栏式明细账
400102	张远航				400,000.00	三栏式明细账
400103	徐秋霞				200,000.00	三栏式明细账
4103	本年利润				0.00	总分类账、三栏式明细账
4104	利润分配				-8,514.28	总分类账
410406	未分配利润				-8,514.28	三栏式明细账
6001	主营业务收入				0.00	总分类账
600101	台式电脑-联想扬天 i3				0.00	三栏式明细账（或数量金额明细账）
600102	台式电脑-联想扬天 i5				0.00	三栏式明细账（或数量金额明细账）
600103	笔记本电脑-联想 i7				0.00	三栏式明细账（或数量金额明细账）
600104	投影仪-索尼 EX430				0.00	三栏式明细账（或数量金额明细账）
600105	学生桌椅				0.00	三栏式明细账（或数量金额明细账）
6401	主营业务成本			0.00		总分类账
640101	台式电脑-联想扬天 i3			0.00		三栏式明细账
640102	台式电脑-联想扬天 i5			0.00		三栏式明细账
640103	笔记本电脑-联想 i7			0.00		三栏式明细账
640104	投影仪-索尼 EX430			0.00		三栏式明细账
640105	学生桌椅			0.00		三栏式明细账
6403	税金及附加			0.00		总分类账
640301	城市维护建设税			0.00		三栏式明细账
640302	教育费附加			0.00		三栏式明细账

科目代码	科目名称	数量	单价	期初余额 借方	期初余额 贷方	应设置账簿
640303	地方教育费附加			0.00		三栏式明细账
640304	印花税			0.00		三栏式明细账
6601	销售费用			0.00		总分类账
660101	运输费			0.00		多栏式明细账
660102	广告费			0.00		多栏式明细账
660103	工资			0.00		多栏式明细账
660104	社保费			0.00		多栏式明细账
660105	住房公积金			0.00		多栏式明细账
660106	差旅费			0.00		多栏式明细账
660107	业务招待费			0.00		多栏式明细账
660108	折旧费			0.00		多栏式明细账
6602	管理费用			0.00		总分类账
660201	办公费			0.00		多栏式明细账
660202	业务招待费			0.00		多栏式明细账
660203	差旅费			0.00		多栏式明细账
660204	租金			0.00		多栏式明细账
660205	折旧费			0.00		多栏式明细账
660206	工资			0.00		多栏式明细账
660207	社保费			0.00		多栏式明细账
660208	住房公积金			0.00		多栏式明细账
660209	福利费			0.00		多栏式明细账
660210	水费			0.00		多栏式明细账
660211	电费			0.00		多栏式明细账
660212	工会经费			0.00		多栏式明细账
6603	财务费用			0.00		总分类账
660301	手续费用			0.00		多栏式明细账
660302	利息支出			0.00		多栏式明细账
660303	利息收入			0.00		多栏式明细账
6801	所得税费用			0.00		总分类账、三栏式明细账
合　计				2,793,662.07	2,793,662.07	

二、建账

（一）建账前应准备的文具用品

（1）本书中已提供的材料：实训所需的 8 本账簿。

（2）使用本书提供的电子文档自行打印的材料（电子文档获取方式见"配套资料索取示

意图”)： T 形账（17 页）、科目汇总表（3 页）、试算平衡表（3 页）、资产负债表（3 页）、利润表（3 页）、现金流量表（3 页）、会计报表封面（2 页）。

（3）自行采购的材料：记账凭证（100 张）、凭证封面封底（各两张）、包角纸（2 张）、口启纸（1 张）、回型针（1 盒）、黑色签字笔（1 支）、红色签字笔（1 支）、铅笔（1 支）、橡皮（1 块）、直尺（1 把）、大夹子（1 个）。

表 2.2 账簿名称及编号表

账簿名称	账 号
总分类账	01
库存现金日记账	02
银行存款日记账	03
三栏式明细账	04
数量金额式明细账	05
多栏式明细账	06
应交增值税明细账	07
固定资产明细账	08

（二）建账说明

（1）本实训账簿启用日期为 20××年 1 月 1 日（此为本实训模拟日期，为使附册中发票更新后符合最新税务政策，请忽略政策执行起止日期与模拟账簿日期的差异）。

（2）本实训启用的账簿共 8 本，账簿名称类型及编号表如表 2.2 所示。

（三）填写账簿启用及交接表说明

账簿启用及交接表内容如图 2.1 所示。

账 簿 启 用 及 交 接 表

<table>
<tr><td>机构名称</td><td></td><td>印 鉴</td></tr>
<tr><td>账簿名称</td><td>（第 册）</td><td rowspan="4"></td></tr>
<tr><td>账簿编号</td><td></td></tr>
<tr><td>账簿页数</td><td>本账簿共计 页（本账簿页数 ）</td></tr>
<tr><td>启用日期</td><td>公元 年 月 日</td></tr>
</table>

<table>
<tr><td rowspan="3">经营人员</td><td colspan="2">负 责 人</td><td colspan="2">主 办 会 计</td><td colspan="2">复 核</td><td colspan="2">记 账</td></tr>
<tr><td>姓 名</td><td>盖 章</td><td>姓 名</td><td>盖 章</td><td>姓 名</td><td>盖 章</td><td>姓 名</td><td>盖 章</td></tr>
<tr><td></td><td></td><td></td><td></td><td></td><td></td><td></td><td></td></tr>
</table>

<table>
<tr><td rowspan="6">交接记录</td><td colspan="2">经 营 人 员</td><td colspan="4">接 管</td><td colspan="4">交 出</td></tr>
<tr><td>职 别</td><td>姓 名</td><td>年</td><td>月</td><td>日</td><td>盖 章</td><td>年</td><td>月</td><td>日</td><td>盖 章</td></tr>
<tr><td></td><td></td><td></td><td></td><td></td><td></td><td></td><td></td><td></td><td></td></tr>
<tr><td></td><td></td><td></td><td></td><td></td><td></td><td></td><td></td><td></td><td></td></tr>
<tr><td></td><td></td><td></td><td></td><td></td><td></td><td></td><td></td><td></td><td></td></tr>
<tr><td></td><td></td><td></td><td></td><td></td><td></td><td></td><td></td><td></td><td></td></tr>
<tr><td>备注</td><td colspan="10"></td></tr>
</table>

图 2.1 账簿启用及交接表

具体操作说明如下。

（1）填写机构名称、账簿名称、会计年度以及确定的账簿编号。

（2）在“主办会计”和“记账”处填写本公司会计的姓名并盖章，“负责人”处填写本公司财务经理的姓名并盖章。

（3）在印鉴处加盖公司的财务专用章。

（4）编号为 03 的银行存款日记账账簿启用及交接表的填写范例如图 2.2 所示，编号为 01 的总分类账账簿启用及交接表的填写范例如图 2.3 所示。

（5）填写账簿目录表。账簿根据外表形式可分为订本账和活页账，订本账在启用时，应当从第一页到最后一页按顺序编写页码，再按顺序填写科目名称及科目所在页码，但要预留账页用于新增科目；活页账在启用时先填写科目名称，页码在装订或年终时再填写。编号为04的三栏式明细账账簿目录表的填写范例如图 2.4 所示。

账 簿 启 用 及 交 接 表

机构名称	华夏自强教学设备贸易有限公司										印鉴					
账簿名称	银行存款日记账 （第 1 册）										华夏自强教学设备贸易有限公司 财务专用章					
账簿编号	03															
账簿页数	本账簿共计 6 页（本账簿页数）															
启用日期	公元 20×× 年 01 月 01 日															
经营人员	负责人		主办会计		复核						记账					
	姓名	盖章	姓名	盖章	姓名				盖章		姓名				盖章	
	王清香	王清香	张守财	张守财							徐颖颖				徐颖颖	
交接记录	经营人员				接管						交出					
	职别		姓名		年	月	日		盖章		年	月	日		盖章	
备注																

图 2.2 银行存款日记账账簿启用及交接表

账 簿 启 用 及 交 接 表

机构名称	华夏自强教学设备贸易有限公司										印鉴					
账簿名称	总分类账 （第 1 册）										华夏自强教学设备贸易有限公司 财务专用章					
账簿编号	01															
账簿页数	本账簿共计 50 页（本账簿页数）															
启用日期	公元 20×× 年 01 月 01 日															
经营人员	负责人		主办会计		复核						记账					
	姓名	盖章	姓名	盖章	姓名				盖章		姓名				盖章	
	王清香	王清香									张守财				张守财	
	经营人员				接管						交出					
	职别		姓名		年	月	日		盖章		年	月	日		盖章	

图 2.3 总分类账账簿启用及交接表

（四）建总分类账

总分类账外形采用订本式，且事先在每页的右上角印好页码。由于所有账户均须在一本总账上体现，故既要预留账页给可能要新增的科目，又要给每个账户预先留好页码。使用者应根据单位具体情况设置。账簿目录表如图 2.4 所示，总分类账账页如图 2.5 所示，填写范例如图 2.6 所示，建账步骤如下。

（1）填写账簿启用及交接表和账簿目录表。在实训操作中，要按照会计科目及期初余额表（见表 2.1）的一级科目名称顺序填写总分类账的账页内容，并把对应的页次填在账户目录中。在此约定每张账页（正反两面）只设置一个总分类账科目。

（2）按会计科目及期初余额表（见表 2.1）的期初余额设置总分类账的期初余额，实际工作中是以上一年度本科目中"结转下年"的金额填写。

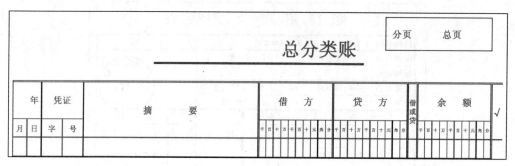

图 2.4　三栏式明细账账簿目录表

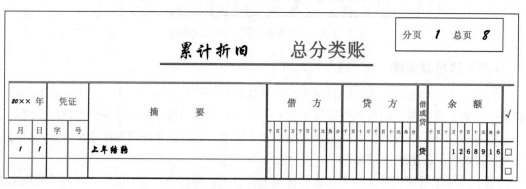

图 2.5　总分类账账页

图 2.6　总分类账账页填写范例

（五）建日记账

通常情况下，日记账是指库存现金日记账、银行存款日记账，必须采用订本式账簿，目的是为了保证货币资金账的安全与完整。日记账是由出纳员进行登记的，本实训中，为强化训练，由角色扮演的会计代为填写。

说明

损益类科目年初无余额，建账时不需填写年初数。

建账步骤如下。

（1）填写账簿启用及交接表。

（2）按会计科目及期初余额表（见表 2.1）的库存现金、银行存款科目期初余额填写日记账，实际工作中是以上一年度本科目中"结转下年"的金额填写。

填写范例如图 2.7 和图 2.8 所示。

图 2.7　库存现金日记账填写范例

图 2.8　银行存款日记账填写范例

（六）建明细账

本实训案例企业设置以下三类明细账，具体建账操作如下（按编号表顺序）。

1. 三栏式明细账

三栏式明细账主要适用于只进行金额核算而不需要进行数量核算的资本、债权、债务账户的明细账核算。如"应收账款""应付账款""短期借款"等明细账。

三栏式明细账一般采用活页式，一般到年底结账时统一装订成册。本书附册已将三栏式明细账装订成册，故要给每个账户下的明细科目预先留好页码，在每页的右上角印好页码，例如"应收账款"到 2 月底会有 8 个明细，就需要预留 8 页，此时账页是指单面，不再是正反两面，在填写页码时总页都写 2，分页就是 1~8 页，使用者应根据单位具体情况设置。

建账步骤如下。

（1）填写账簿启用及交接表及账簿目录表。

（2）按会计科目及期初余额表（见表 2.1）中的各个明细科目设置账页，每张账页（是指单面）填写一个明细科目。如应收账款明细账其一级科目为应收账款；二级科目为清水市航天设备制造有限公司。

（3）按照会计科目及期初余额表（见表 2.1）各明细科目的期初数填写明细账的期初余额。实际工作中是以上一年度本科目中"结转下年"的金额填写。填写范例如图 2.9 所示。

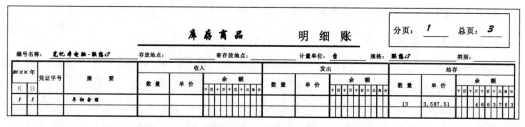

图 2.9　应收账款明细账填写范例

2. 数量金额式明细账

数量金额式明细账的账页分为"收入""发出"和"结存"三大栏，在每栏内又分设"数量""单价"和"金额"三小栏。它主要适用于既要进行金额核算又要进行数量核算的账户。本实训中，如"库存商品"等财产物资的明细核算。

数量金额式明细账也是采用活页式，一般到年底结账时统一装订成册，本书在附册中已将数量金额式明细账装订成册。

建账步骤如下。

（1）填写账簿启用及交接表和账簿目录表。

（2）按会计科目及期初余额表（见表 2.1）中各"库存商品"明细科目设置账页，每张账页（是指单面）填写一个明细科目。

（3）按会计科目及期初余额表（见表 2.1）中各库存商品明细科目的期初数设置数量金额式明细账"结存栏"中的期初数量单价与金额，实际工作中是以上一年度本科目中"结转下年"的金额填写。填写范例如图 2.10 所示。

图 2.10　库存商品数量金额式明细账填写范例

3. 多栏式明细账

多栏式明细账的格式是根据经济业务的特点和管理的需要，在同一账页内，将属于同一科目的所有相关明细科目或项目集中起来，分设若干专栏予以登记和反映。

本实训中，设置两本多栏式明细账，一本为借方多栏式明细账，用于"销售费用""管理费用""财务费用"等期间费用账户的明细分类核算。一本为借贷多栏式明细账，用于"应交税费——应交增值税"科目的明细账核算。

多栏明细账建账第一步填写账簿启用及交接表和账簿目录表，第二步填写账户及科目栏目信息。

以销售费用为例的期间费用多栏式明细账填写范例如图 2.11 至图 2.12 所示。

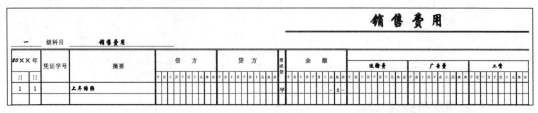

图 2.11 销售费用多栏式明细账 1/2 填写范例

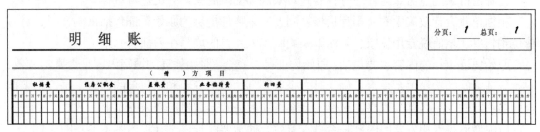

图 2.12 销售费用多栏式明细账 2/2 填写范例

应交税费——应交增值税多栏式明细账填写范例如图 2.13 至图 2.14 所示。

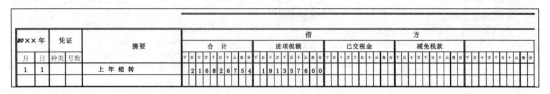

图 2.13 应交税费——应交增值税多栏式明细账 1/2 填写范例

图 2.14 应交税费——应交增值税多栏式明细账 2/2 填写范例

第三部分　凭证处理业务

一、业务事项处理及原始凭证填写说明

（一）采购业务账务处理

会计进行采购业务账务处理时，要先对采购部交来的原始凭证进行审核。

根据企业会计政策中的公司存货核算制度，采购部提供的原始凭证包括采购合同、对方单位销售单、增值税专用发票、入库单采购联（入库单的填写在后面有介绍）。

原始凭证审核的内容主要包括：原始凭证是否齐全，原始凭证的填写内容是否真实有效，原始凭证之间的钩稽关系是否正确，对方企业开具的销售发票和销售单的内容，是否与采购合同中约定的商品名称、规格、单价、金额等项目一致，数量应与入库单上一致。

所附增值税专用发票的内容是否真实有效，通常要注意以下几项内容（参见图3.1）。

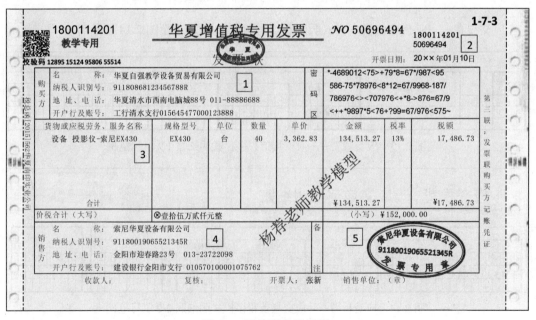

图 3.1　增值税专用发票

（1）购买方信息：与自己单位的名称、纳税人识别号、地址电话、开户银行及账号等税务登记信息是否相同。

（2）开票日期：开票日期是否与业务发生日期相符。

（3）货物或服务内容包括货物或应税劳务、服务名称、规格型号、单位、数量、单价、金额、税率、税额。这些必须与报销业务内容相一致。"货物或应税劳务、服务名称"栏次中需要有符合税务局"商品和服务税收分类与编码"要求的简称，例如发票"货物或应税劳务、服务名称"栏次中应开具"设备 投影仪-索尼 EX430"，就餐发票中应开具"生活服务餐饮服务"，运输发票中应开具"运输国内道路货物运输服务"等，在实训附册上均能发现类似的简称。

（4）销售方信息包括单位名称，纳税人识别号，地址、电话，开户行及账号。这些信息必须与销售方企业税务登记信息相一致。

（5）签章：发票上要加盖对方公司的发票专用章，且名称与销售方名称相一致。

 提示

在采购业务中，无论货款是否同时付清，付款业务和采购业务均应分开核算，分别填制凭证，便于今后与销售方对账。

本实训业务不开设"预付账款"科目，一是因为小公司的供应商较少，二是手工账在处理往来业务时，最忌同一家公司在多个科目中开设明细账，经常会在对账时由于漏查漏算，从而造成不必要的损失。

（二）销售业务账务处理

会计人员在进行销售业务账务处理时，要先对销售部交来的原始凭证进行审核。

销售部提供的原始凭证包括购销合同、销售单及出库单（出库单的填写在后面有介绍）。

原始凭证主要是审核单据之间的钩稽关系是否正确，相关人员是否签字审核。会计人员在审核原始凭证无误后，开具销售发票来确认销售收入，并进行相应的账务处理。

 提示

在销售业务中，无论是否收到货款，收款业务和销售业务均应分开核算，分别填制凭证，便于今后对账。

在实训中，同学们需要参考 1 月第 22 号业务 4 张凭证以公司不同员工的角色填写销售单、出库单、开具增值税专用发票并进行账务处理，角色姓名与 1 月第 22 号业务凭证相同。

本实训业务中不开设"预收账款"科目，一是因为小公司的销售客户较少，二是与采购业务核算同理。在使用手工账处理往来业务时，最忌同一家公司在多个科目中开设明细账，因为这样经常会在对账时漏查漏算，从而造成不必要的损失。

（三）入库单填写

入库单需要企业自己填制，一般由采购员在验收完采购商品并做入库时填写。入库单的内容及填写范例如图 3.2 所示。

（1）基础信息。入库单的基础信息包括填写日期、供货单位、验收仓库等。其中，供货单位根据销售发票的销货单位填写。

（2）入库商品信息。入库商品信息包括编号（一般为公司自制的商品编码，可填可不填）、名称及规格、计量单位、数量等。一般在入库时，仓库管理员需要特别关注商品数量。商品数量包括应收量和实收量，入库单的单价为不含税价，一般可以不填写。入库商品信息应根据销售发票上商品的名称、规格、单位填写。

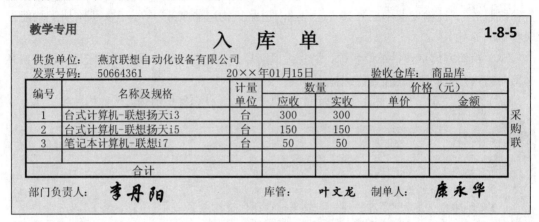

图 3.2　入库单填写范例

提示

在实训中，同学们需要参考范例后，以仓库管理员的角色填写入库单，其他角色姓名与范例相同。

（3）签字栏。入库单里必须要有仓库管理员签字，"制单人"一般为采购员名字。

（四）销售单填写

销售单是企业销售部根据合同填制，对内用于仓库发货及开具出库单的依据，对外用于购货方验货结算，是承运方用于结算运费的依据。销售单一般由销售部办事员填写，销售单的内容及填写范例如图 3.3 所示。

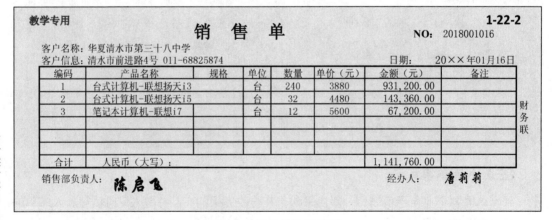

图 3.3　销售单填写范例

（1）基础信息。销售单的基础信息包括填写日期、客户名称、客户信息等。

（2）销售商品信息。商品信息包括产品名称、规格、单位、数量、金额等，一般在与仓库管理员核实存货的数量后，根据销售签订的购销合同内容填写。

（3）签字栏。销售单主要由销售部门填写，有经办人和负责人签字即可。

（五）出库单填写

出库单是仓库根据实际发货情况和销售单填制，是财务结算和开具增值税发票的重要依据。出库单一般由仓库管理员填写，出库单的内容及填写范例如图3.4所示。

（1）基础信息。出库单的基础信息包括填写日期、购买单位名称、发出仓库等。

提示

在实训中，同学们需要参考范例后填写销售单，其中有本单位的，也有以对方单位的员工角色填写的，其他角色姓名与范例相同。

（2）销售商品信息。商品信息包括名称及规格、计量单位、数量等。单价和金额一般可以不填写。

（3）签字栏。仓库管理员制单后，必须要有销售部门确认，由经办人和负责人签字。

教学专用							1-22-3 NO 0158013	
出　库　单								
购买单位：华夏清水市第三十八中学			20××年01月16日		发出仓库：商品库			
编号	名称及规格	计量单位	数量		价格		备注	
			应发	实发	单价（元）	金额（元）		
1	台式计算机-联想扬天i3	台	240	240				财务联
2	台式计算机-联想扬天i5	台	32	32				
3	笔记本计算机-联想i7	台	12	12				
	合计							
部门负责人：陈启飞		销售经办：龙学友			制单人：叶文龙			

图3.4　出库单填写范例

提示

在实训中，同学们需要参考范例后以仓库管理员的角色填写出库单，其他角色姓名与范例相同。

（六）付款申请单填写

付款申请单主要是在对外支付款项时使用，根据企业内部会计核算办法规定，付款申请单必须填写完整。付款申请单的填写范例如图3.5所示。

付款申请单内容包括收款人信息、申请付款事由、金额（大小写须完全一致且票面不得有涂改）、付款方式等。

收款人信息可根据采购发票中的开票人信息填写。

经办人填写单据后，由业务所在部门经理签字交财务经理复核，再由董事长审批签字同意，最后由出纳员按付款申请单上载明的付款方式和金额进行支付。

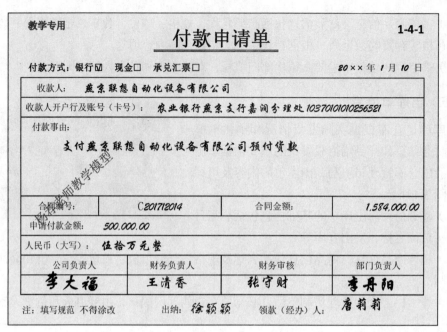

图3.5 付款申请单填写范例

实际工作中，常见的付款方式有以下三种。

1. 现金支付

现金支付主要用于尾款或零星支付，金额较少且方便客户，但必须要有对方签字盖章的收款收据。

2. 银行存款支付

企业对外支付款项时大多情况下都是通过银行进行结算的。本实训中，银行存款支付方式有网上银行支付、电汇支付、转账支票支付。会计人员应根据汇入对方单位的相关银行业务回单进行账务处理。

3. 银行承兑汇票支付

银行承兑汇票是由在承兑银行开立存款账户的存款人出票，银行保证在指定日期无条件支付确定的金额给收款人或持票人的票据。

企业使用银行承兑汇票付款时存在两种情况：用本企业开具的银行承兑汇票付款，通过"应付票据"科目进行核算；用企业收到的银行承兑汇票付款，通过"应收票据"科目进行核算。

（七）报销单填写

报销单主要是在对费用进行报销时使用。根据企业内部会计核算办法规定，报销单的填写必须完整，所附原始凭证必须真实、合法，签章必须符合要求，且在规定报销期限内办理。报销单的填写范例如图3.6所示。

> **提示**
>
> 在实训中同学们需要参考范例后以经办人的角色填写付款申请单，公司相关负责人角色姓名与范例相同。

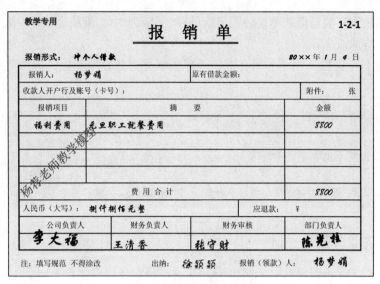

图 3.6 报销单填写范例

一张报销单需要审核的内容有填报日期、附件数、报销项目、摘要、金额（大小写须完全一致且票面不得有涂改）等。

经办人填写单据后，由业务所在部门经理签字交财务经理复核，再由董事长审批签字同意。

 提示

在实训中，同学们需要参考范例后以报销人的角色填写报销单，公司相关负责人角色姓名与范例相同。

经办人办理报销时尤其要注意是否有借款要冲销，是否要求其交回现金进行冲账。

（八）借款单填写

借款单主要是在企业员工借支款项时使用的，根据企业内部会计核算办法规定，借款单的填写不得有涂改，签章必须符合规定，财务部才给予借支。借款单的填写范例如图 3.7 所示。

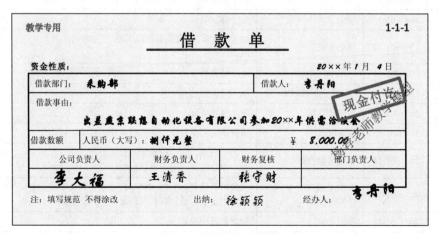

图 3.7 借款单填写范例

借款人须按规定填写借款单,注明借款日期、借款事由、借款金额等(大小写须完全一致且票面不得有涂改)等。

借款人填写单据后,由业务所在部门经理签字交财务经理复核,再由董事长审批签字同意。

 提示

在实训中,同学们需要参考范例后以经办人的角色填写借款单,公司相关负责人角色姓名与范例相同。

财务部须及时清理职工借款,通知有关部门进行协同清收,做到前账不清后账不借。

二、1 月经济业务列表

华夏自强教学设备贸易有限公司 20××年 1 月经济业务列表如表 3.1 所示。

表 3.1　华夏自强教学设备贸易有限公司 20××年 1 月经济业务列表

业务序号	日期	业务摘要	原始凭证
业务 1	20××-01-04	借差旅费	借款单
业务 2	20××-01-04	报销就餐费用	报销单、增值税普通发票(发票联)
业务 3	20××-01-05	借招待费	借款单
业务 4	20××-01-10	支付货款及手续费	付款申请单、网上银行电子回单、网上银行电子回单(手续费)
业务 5	20××-01-10	提取备用金	现金支票存根
业务 6	20××-01-10	报销打印装订费用	报销单、增值税普通发票(发票联)
业务 7	20××-01-12	购入投影仪 40 台	购销合同、增值税专用发票(抵扣联和发票联)、销售单、入库单
业务 8	20××-01-12	购入计算机一批	购销合同、增值税专用发票(抵扣联和发票联)、销售单、入库单
业务 9	20××-01-15	发 12 月工资	付款申请单、工资汇总表、工资单、网上银行电子回单
业务 10	20××-01-15	缴纳社保费	付款申请单、社保及住房公积金费用分配计算表、社会保险基金专用收据
业务 11	20××-01-15	缴纳住房公积金	付款申请单、转账支票存根、银行进账单(回单)
业务 12	20××-01-15	缴纳个人所得税	电子缴款凭证
业务 13	20××-01-15	缴纳工会经费	付款申请单、转账支票存根、银行进账单(回单)、工会经费收入专用收据
业务 14	20××-01-15	缴纳上月实现增值税	电子缴款凭证
业务 15	20××-01-15	缴纳上月实现附加税费	电子缴款凭证
业务 16	20××-01-15	缴纳印花税	电子缴款凭证
业务 17	20××-01-15	收到货款	银行承兑汇票复印件、银行承兑汇票粘单复印件
业务 18	20××-01-16	报销运输费用	付款申请单、增值税专用发票(抵扣联和发票联)、运输费用分配表、收款收据、现金支票存根
业务 19	20××-01-16	报销差旅费并交回现金冲借款	报销单、航空运输电子客票行程单、高铁车票、出租车车票、增值税专用发票(抵扣联和发票联)、收款收据
业务 20	20××-01-16	收到货款	业务回单(收款)
业务 21	20××-01-17	采购学生桌椅一批	购销合同、销售单、增值税专用发票(抵扣联和发票联)、入库单

业务序号	日期	业务摘要	原始凭证
业务 22	20××-01-17	销售计算机一批	购销合同、销售单、出库单、增值税专用发票（发票联）
业务 23	20××-01-17	销售设备一批	购销合同、销售单、出库单、增值税专用发票（发票联）
业务 24	20××-01-17	支付货款及手续费	付款申请单、电汇凭证（回单）、收费凭条
业务 25	20××-01-19	支付货款	付款申请单、银行承兑汇票复印件、银行承兑汇票粘单复印件
业务 26	20××-01-19	销售笔记本计算机一台	收款收据、销售单、出库单
业务 27	20××-01-25	销售教学设备一批	购销合同、销售单、出库单、增值税专用发票（发票联）
业务 28	20××-01-26	支付宣传费用	付款申请单、增值税专用发票（抵扣联和发票联）、网上银行电子回单
业务 29	20××-01-29	支付水费	付款申请单、增值税专用发票（抵扣联和发票联）、网上银行电子回单、网上银行电子回单（手续费）
业务 30	20××-01-29	支付电费	付款申请单、增值税专用发票（抵扣联和发票联）、网上银行电子回单
业务 31	20××-01-29	报销业务招待费	报销单、增值税专用发票（抵扣联和发票联）
业务 32	20××-01-29	支付运输费用	付款申请单、增值税专用发票（抵扣联和发票联）、网上银行电子回单
业务 33	20××-01-29	支付租金	付款申请单、增值税专用发票（抵扣联和发票联）、网上银行电子回单
业务 34	20××-01-30	银行承兑汇票贴现	承兑汇票复印件、银行承兑汇票粘单复印件、贴现凭证
业务 35	20××-01-30	计提职工年终奖	年终奖汇总表
业务 36	20××-01-30	发放职工年终奖	付款申请单、年终奖发放明细表、收款收据、网上银行电子回单
业务 37	20××-01-31	收到货款	业务回单（收款）
业务 38	20××-01-31	收到货款	业务回单（收款）
业务 39	20××-01-31	支付货款及手续费	付款申请单、网上银行电子回单、网上银行电子回单（手续费）
业务 40	20××-01-31	计提贷款利息	利息计算表
业务 41	20××-01-31	结转销售成本	产品销售成本计算表、产品销售明细表、产品数量收发存报表
业务 42	20××-01-31	计提 1 月折旧	固定资产折旧明细表
业务 43	20××-01-31	计提 1 月工资	工资汇总表、工资单
业务 44	20××-01-31	计提 1 月社保费用	社保及住房公积金费用分配计算表
业务 45	20××-01-31	计提 1 月住房公积金	同上
业务 46	20××-01-31	结转 1 月未交增值税	增值税税金计算表
业务 47	20××-01-31	计提 1 月税金及附加	税金及附加计算表
业务 48	20××-01-31	计提 1 月印花税	印花税计算表
业务 49	20××-01-31	计提 1 月企业所得税	企业所得税计算表
业务 50	20××-01-31	结转本期损益	结转本期损益

三、1 月经济业务具体要求及解析

原始凭证的粘贴处理需注意以下三种情况。

（1）与记账凭证大小相当的原始凭证。付款申请单、报销单等与记账凭证大小相当的原始凭证，可以用回形针或大头针别在记账凭证后面，装订时同记账凭证一起装订。

（2）远大于记账凭证的原始凭证。购销合同、工资明细表、固定资产折旧明细表等远大于记账凭证的原始凭证，应当在填制记账凭证后，将原始凭证进行折叠处理，用回形针等别在记账凭证后面。折叠的大小以记账凭证的大小为准。还要注意，折叠时在装订区域的部分（一般是左上角）要折角，以防折叠部分被装订进去而无法翻阅。

（3）较小的原始凭证。对于那些票面较小，且数量较多的原始凭证，如公交车票、出租车发票、餐饮发票等，要用粘贴单进行粘贴。通常，一张原始凭证粘贴单上可以贴两排，每排 5～10 张原始凭证，每张原始凭证的间隔均匀。

【业务 1】 1 月 4 日采购部李丹阳借差旅费。

要求： 请裁剪下"附册"中借款单（见单据 1-1-1），审核单据并据以填制记账凭证。

说明： 此笔业务中借款单已完善，包括出纳员的签字并加盖"现金付讫"，在后面的操作中有许多原始凭证需要同学完成。

1. 原始凭证审核

（1）根据费用审批制度，对经办人李丹阳的借款进行审核，检查单据中相关人员是否按职责要求审核该笔借款业务并签字，审核手续是否符合企业的借款制度。

（2）审核金额大小写是否一致。

2. 凭证填制要点

员工借差旅费，应通过"其他应收款"科目进行核算；根据借款单上金额借记"其他应收款——××人"，再根据出纳员签字及所盖有的"现金付讫"或"银行付讫"章，贷记"库存现金"或"银行存款"科目。

【业务 2】 1 月 4 日行政部杨梦娟报销元旦职工就餐费用冲账。

要求： 请裁剪下"附册"中报销单、增值税普通发票（见单据 1-2-1、单据 1-2-2），审核单据并据以填制记账凭证。

说明： 此处报销单未填"原有借款金额""附件张数"，实际操作中财务人员签字时，应对此单据内容进行补填。

1. 原始凭证审核

具体可参考"业务事项处理及原始凭证填写说明"内容。

（1）根据费用审批制度，对经办人杨梦娟的报销业务进行审核，检查单据中相关人员是否按职责要求审核该笔报销业务并签字，审核手续是否符合企业的报销制度。

（2）审核报销单中金额大小写是否一致。

（3）所附增值税普通发票的内容是否真实有效。

（4）审核票据间的钩稽关系是否正确。

2. 凭证填制要点

职工就餐费用的处理应根据发票金额借记"应付职工薪酬——职工福利费"，贷记"其他应收款——××人"或货币资金科目。再借记"管理费用——福利费"，贷记"应付职工薪酬——职工福利费"。

【业务 3】 1 月 5 日销售部陈启飞预借招待费。

要求： 请裁剪下"附册"中借款单（见单据 1-3-1），审核单据并据以填制记账凭证。

1. 原始凭证审核

（1）根据费用审批制度，对经办人陈启飞的借款进行审核，检查单据中相关人员是否按职责要求审核该笔借款业务并签字，审核手续是否符合企业的借款制度。

（2）审核金额大小写是否一致。

2. 凭证填制要点

内部员工借款应通过其他应收款科目进行核算；根据借款单上金额借记"其他应收款——××人"，再根据出纳员签字并盖有"现金付讫"或"银行付讫"章，贷记"库存现金"或"银行存款"科目。

【业务 4】 1 月 10 日支付燕京联想自动化设备有限公司预付款及电汇手续费（网银支付）。

要求： 请裁剪下"附册"中付款申请单、网上银行电子回单、网上银行电子回单（手续费）（见单据 1-4-1、单据 1-4-2、单据 1-4-3），审核单据并据以填制记账凭证。

说明： 手工账在处理往来业务时，最忌同一家公司在多个科目中开设明细账，因为这样经常会在对账时漏查漏算，从而造成不必要的损失。此笔预付款业务不用在"预付账款"下开设"燕京联想自动化设备有限公司"，分录仍然做在"应付账款"明细下，今后再有相同业务按此方法处理。

1. 原始凭证审核

（1）根据费用审批制度，对预付货款的经济业务进行审核，检查单据中相关人员是否按职责要求审核该笔付款业务并签字，审核手续是否符合企业的付款制度。

（2）审核付款申请单中金额大小写是否一致。

2. 经济业务分析

此业务为企业通过网银支付供应商货款，此处存在支付货款及手续费，是一个完整的业务，应该做在一张会计凭证上，但为了今后方便与银行对账单逐笔核对，不要用合计金额贷记"银行存款"科目，要分别编写银行存款分录来完整反映此笔业务。

3. 凭证填制要点

根据支付货款金额借记"应付账款——××公司"，贷记"银行存款"科目；根据支付手续费金额借记"财务费用——手续费"，贷记"银行存款"科目。

【业务 5】 1 月 10 日提取备用金。

要求： 请裁剪下"附册"中现金支票存根（见单据 1-5-1），审核单据并据以填制记账凭证。

1. 原始凭证审核

审核现金支票存根中的日期、收款人、金额、用途信息是否填写准确齐全。

2. 凭证填制要点

提取备用金，增加库存现金，减少银行存款。

【业务6】1月10日行政部杨梦娟报销打印装订费用。

要求：请裁剪下"附册"中报销单、增值税普通发票（见单据1-6-1、单据1-6-2），审核单据并据以填制记账凭证。

说明：打印装订费用属于办公费用，但对方一般都是小规模纳税人，开具的是增值税普通发票。

1. **原始凭证审核**

（1）根据费用审批制度，对经办人杨梦娟的报销业务进行审核，检查单据中相关人员是否按职责要求审核该笔报销业务并签字，审核手续是否符合企业的报销制度。

（2）审核报销单中金额大小写是否一致。

（3）所附增值税普通发票的内容是否真实有效。

（4）审核单据间的钩稽关系是否正确。

2. **凭证填制要点**

打印装订费用属于办公费用，但发票为增值税普通发票，根据发票金额借记"管理费用——办公费"，贷记"库存现金"。

【业务7】1月12日购入索尼华夏设备有限公司投影仪40台。

要求：请裁剪下"附册"中购销合同、增值税专用发票（抵扣联）、增值税专用发票（发票联）、销售单、入库单（见单据1-7-1、单据1-7-2、单据1-7-3、单据1-7-4、单据1-7-5），审核单据并据以填制记账凭证。

说明：采购业务流程一般有以下几点。

（1）采购人员根据业务需要，与供应商询价并订立商品采购合同。

（2）商品到货后采购人员办理验收入库手续，由采购员在仓库就地填制入库单，入库单一式四联：第一联为存根联（仓库留存），第二联为财务联（由仓库月底转交财务部），第三联为采购联（采购员报账用），第四联为结算联（交供应商）。

（3）仓库管理员验收货物并保留入库单存根联和财务联，月底将财务联转交财务部。

（4）采购员向供应商索取货物增值税发票（供应商按结算联开具）后，再将入库单（采购联）、采购合同、供货单位销售单等，及时交财务部进行账务处理。

1. **原始凭证审核**

按前面所注"采购业务处理"的要求进行。

2. **经济业务分析**

注意相关单据的填写和签字流程，在后面的业务中需要同学自己完成。

3. **凭证填制要点**

根据增值税专用发票的金额借记"库存商品——某产品"，根据发票的税额借记"应交税费——应交增值税（进项税额）"，合计金额贷记"应付账款——某公司"科目。

【业务8】1月15日购入燕京联想自动化设备有限公司一批计算机。

要求：请裁剪下"附册"中购销合同、增值税专用发票（抵扣联）、增值税专用发票（发票联）、销售单、入库单（见单据1-8-1、单据1-8-2、单据1-8-3、单据1-8-4、单据1-8-5），审核单据并据以填制记账凭证。

说明：同上。

1. 原始凭证审核

按前面所注"采购业务处理"的要求进行。

2. 经济业务分析

注意相关单据的填写和签字流程，在后面的业务中需要同学自己完成。

3. 凭证填制要点

根据增值税专用发票的不同的商品品种和不含税金额分别借记"库存商品——某产品"科目，根据发票的税额借记"应交税费——应交增值税（进项税额）"，合计金额贷记"应付账款——某公司"科目。

【业务9】1月15日发放上年12月工资。

要求：请裁剪下"附册"中付款申请单、工资汇总表、工资单、工资网上发放电子回单（见单据1-9-1、单据1-9-2、单据1-9-3、单据1-9-4），审核单据并据以填制记账凭证。

说明：根据公司财务制度，当月工资月底计提进相关费用，次月15日前发放上月工资。出纳员按工资明细表上职工工资实发数通过网银支付工资，并将支付的电子回单作为附件，此处省略另23张职工工资电子回单。

1. 原始凭证审核

（1）根据费用审批制度，检查付款申请单中相关人员是否按职责要求审核该笔付款业务并签字，审核手续是否符合企业的付款制度。

（2）审核付款申请单中金额大小写是否一致。

（3）审核所附电子回单是否与职工"实发金额"相同。

2. 经济业务分析

企业发放工资时同时扣除职工个人应承担的社保费、住房公积金和个人所得税，代扣的社保费、住房公积金在"其他应收款"科目核算，住房公积金为固定金额。

实发工资＝应付工资－代扣个人承担的社保费－个人承担的住房公积金－个人所得税。

个人承担的社保费＝基本养老保险＋个人医疗保险＋个人失业保险。

3. 凭证填制要点

按工资汇总表上的应付工资总额借记"应付职工薪酬——工资"，按表上的实发金额贷记"银行存款——工行清水市"、各项扣款贷记"其他应收款——代扣基本养老保险""其他应收款——代扣个人医保""其他应收款——代扣个人失业保险""其他应收款——代扣职工住房公积金""应交税费——应交个人所得税"。

【业务10】1月15日缴纳社会保险基金费用。

要求：请裁剪下"附册"中付款申请单、社保及住房公积金费用分配计算表、社会保险基金专用收据（见单据1-10-1、单据1-10-2、单据1-10-3），审核单据并据以填制记账凭证。

说明：社保交费一般为企业申报后由银行自动扣款（为便于学员理解和学习，本书各项费用计算按所在期应发工资数计算，且计算比例统一按整数计算），企业可从银行获得代开的社保保险基金专用收据作为会计凭证附件。

1. 原始凭证审核

（1）根据费用审批制度，检查付款申请单中相关人员是否按职责要求审核该笔付款业务并签字，审核手续是否符合企业的付款制度。

（2）审核付款申请单中金额大小写是否一致。

（3）审核银行扣款金额是否与申报金额相同。

2. 经济业务分析

企业缴纳社保费用时，将上月计提的企业承担部分与发工资时代扣的职工承担部分相加，金额应与银行代扣金额相等。

3. 凭证填制要点

按社保费用分配计算表企业承担部分，分别借记"应付职工薪酬——社会保险费（基本养老保险）""应付职工薪酬——社会保险费（医疗保险）""应付职工薪酬——社会保险费（失业保险）""应付职工薪酬——社会保险费（工伤保险）""应付职工薪酬——社会保险费（生育保险）"等科目，按发工资时代扣的职工承担部分，分别借记"其他应收款——代扣基本养老保险""其他应收款——代扣个人医保""其他应收款——代扣个人失业保险"等科目，合计金额贷记"银行存款"科目。

【业务 11】 1 月 15 日缴纳住房公积金。

要求： 请裁剪下"附册"中付款申请单、转账支票存根、银行进账单（回单）（见单据 1-11-1、单据 1-11-2、单据 1-11-3），审核单据并据以填制记账凭证。

说明： 住房公积金交费只有进账单，一般住房公积金管理中心不会出具收据。

1. 原始凭证审核

（1）根据费用审批制度，检查付款申请单中相关人员是否已按职责要求审核该笔付款业务并签字，审核手续是否符合企业的付款制度。

（2）审核付款申请单中金额大小写是否一致。

2. 经济业务分析

企业缴纳住房公积金用时，将上月计提的企业承担部分与发工资时代扣的职工承担部分相加，金额应与缴纳金额相等。

3. 凭证填制要点

按企业承担部分借记"应付职工薪酬——住房公积金"科目，按发工资时代扣的职工承担部分借记"其他应收款——代扣职工住房公积金"科目，合计金额贷记"银行存款"科目。

【业务 12】 1 月 15 日缴纳个人所得税。

要求： 请裁剪下"附册"中电子缴款凭证（见单据 1-12-1），审核单据并据以填制记账凭证。

说明： 税款缴纳按金税三期的要求，企业与税务局和银行签订三方协议，税款申报完成后自动扣缴，电子缴款凭证可从税务申报软件中打印。

1. 原始凭证审核

缴纳税款不需要办理付款审批程序，企业一般会在每月 15 日前缴纳，审核时主要检查缴纳金额是否与账、表相符。

2. 凭证填制要点

按缴纳金额借记"应交税费——应交个人所得税"科目，贷记"银行存款"科目。

【业务 13】1 月 15 日缴纳工会经费。

要求：请裁剪下"附册"中付款申请单、转账支票存根、银行进账单（回单）、工会经费收入专用收据（见单据 1-13-1、单据 1-13-2、单据 1-13-3、单据 1-13-4），审核单据并据以填制记账凭证。

说明：工会经费按应发工资总额计算，在此业务中，企业开具转账支票并填写银行进账单（回单）进行缴纳。

1. 原始凭证审核

（1）根据费用审批制度，检查付款申请单中相关人员是否按职责要求审核该笔付款业务并签字，审核手续是否符合企业的付款制度。

（2）审核付款申请单中金额大小写是否一致。

2. 凭证填制要点

按缴纳金额借记"管理费用——工会经费"科目，贷记"银行存款"科目。

【业务 14】1 月 15 日缴纳上月实现增值税。

要求：请裁剪下"附册"中电子缴款凭证（见单据 1-14-1），审核单据并据以填制记账凭证。

说明：税款缴纳按金税三期的要求，企业与税务局、银行签订三方协议，税款申报完成后自动扣缴，电子缴款凭证可从税务申报软件中打印。

1. 原始凭证审核

缴纳税款不需要办理付款审批程序，企业一般会在每月 15 日前缴纳，审核时主要检查缴纳金额是否与账、表相符。

2. 凭证填制要点

按缴纳金额借记"应交税费——未交增值税"科目，贷记"银行存款"科目。

【业务 15】1 月 15 日缴纳上月实现附加税费。

要求：请裁剪下"附册"中电子缴款凭证（见单据 1-15-1），审核单据并据以填制记账凭证。

说明：电子缴款凭证可以从税务申报软件中打印。

1. 原始凭证审核

审核时主要检查缴纳金额是否与账、表相符。

2. 凭证填制要点

按单据中缴纳金额分别借记"应交税费——应交城市维护建设税""应交税费——应交教育费附加""应交税费——应交地方教育费附加"科目，合计金额贷记"银行存款"科目。

【业务 16】1 月 15 日缴纳印花税。

要求：请裁剪下"附册"中电子缴款凭证（见单据 1-16-1），审核单据并据以填制记账凭证。

说明：电子缴款凭证可从税务申报软件中打印。

1．原始凭证审核

缴纳税款不需要办理付款审批程序，企业一般会在每月 15 日前缴纳，审核时主要检查缴纳金额是否与账、表相符。

2．凭证填制要点

按单据中缴纳金额借记"应交税费——应交印花税"科目，贷记"银行存款""库存现金"科目。

【业务 17】 1 月 15 日收到清水市航天设备制造有限公司货款。

要求： 请裁剪下"附册"中银行承兑汇票复印件、银行承兑汇票粘单复印件（见单据 1-17-1、单据 1-17-2、单据 1-17-3、单据 1-17-4），审核单据并据以填制记账凭证。

说明： 与实际工作中业务相同，此次收到的银行承兑汇票经过多次转手，背书单位较多，粘单较长，学生需掌握收到非第一手银行承兑汇票的业务处理。

1．原始凭证审核

审核银行承兑汇票复印件和银行承兑汇票粘单复印件日期、收款人、金额等信息是否准确齐全，印鉴的使用是否规范清晰。

2．经济业务分析

此业务为清水市航天设备制造有限公司将从其他地方收到的银行承兑汇票背书转让给我公司，所以银行承兑汇票粘单上必须要有此公司的印鉴，收款单位就是最后一手背书人。

3．凭证填制要点

按银行承兑汇票的金额和最后一手背书人单位，借记"应收票据——背书人单位"，贷记"应收账款——背书人单位"。

【业务 18】 1 月 16 日采购部报销采购燕京联想公司计算机运输费用并付款（现金支票支付）。

要求： 请裁剪下"附册"中付款申请单、增值税专用发票（抵扣联和发票联）、运输费用分配表、收款收据、现金支票存根（见单据 1-18-1、单据 1-18-2、单据 1-18-3、单据 1-18-4、单据 1-18-5、单据 1-18-6），审核单据并据以填制记账凭证。

说明： 此业务为企业用现金支付货物运输费用，业务处理方式有争议，但现实中存在这种方法，设置本业务是为了让学生了解不同的支付手续。此业务背后的故事是这样的：采购部李丹阳去外地采购公司急需的货物，对方销售是发货制而不是送货制（合同条款已列明），李丹阳为公司考虑，要求既要运费低，又要能开具运输增值税专用发票。燕京市当地运输公司就找清水市回头车，车主的条件是货到后能拿到现金。李丹阳与公司联系后，财务部为了协助业务部门工作，同意由运输公司开具增值税专用发票，并开具盖有公章的收款收据，财务部见票支付现金，但支付时现金不足时开具现金支票由当事人自提。

另在增值税专用发票的审核时应注意：按现行税务政策要求，开具运输增值税专用发票时应注明起运地、到达地、运输车辆牌号、车型、运输物品等内容。

1．原始凭证审核

（1）根据费用审批制度，对支付运输费用的经济业务进行审核，检查单据中相关人员是否按职责要求审核该笔付款业务并签字，审核手续是否符合企业的付款制度。

（2）审核付款申请单中金额大小写是否一致。

（3）审核所附增值税专用发票是否符合要求。

（4）审核对方开具的收款收据是否真实有效。

2. 经济业务分析

此笔账务是库存商品的运输费用，需要在商品之间进行分摊，在此采用商品的金额比例进行分摊，先找到与之对应的货物采购业务，分配计算表是"附册"中的单据 1-18-4。

根据现行制度规定货物运输费的发票税额允许用以抵扣。

3. 凭证填制要点

根据增值税专用发票和分配计算表的金额分别借记"库存商品——产品 1""库存商品——产品 2""库存商品——产品 3"等，根据发票的税额借记"应交税费——应交增值税（进项税额）"，合计金额贷记"银行存款"科目。

【业务 19】1 月 16 日采购部李丹阳报销 1 月 11 日至 13 日业务洽谈差旅费并交回现金冲借款。

要求：请裁剪下"附册"中报销单、航空运输电子客票行程单、高铁车票、出租车车票、增值税专用发票、收款收据（见单据 1-19-1 至单据 1-19-10），审核单据并据以填制记账凭证。

说明：此处报销单未填"附件张数""应退款"，实际操作中财务人员签字时，应对此单据内容进行补填，另注意单据 1-19-10 收款收据有交回现金冲账。

1. 原始凭证审核

具体可参考"业务事项处理及原始凭证填写说明"内容。

（1）根据费用审批制度，对经办人李丹阳的报销业务进行审核，检查单据中相关人员是否按职责要求审核该笔报销业务并签字，审核手续是否符合企业的报销制度。

（2）审核报销申请单中金额大小写是否一致。

（3）审核所附增值税专用发票的内容是否真实有效，是否与出差日期与行程相吻合。

（4）审核票据间的钩稽关系是否正确。

2. 经济业务分析

就餐费用可以开具增值税专用发票，但税额不能抵扣。住宿费用的增值税专用发票在审核无误的情况下可以抵扣税额。

3. 凭证填制要点

出差费用的报销账务处理应根据允许抵扣的增值税专用发票金额，再加其他发票的合计金额借记"管理费用——差旅费"，再按允许抵扣的增值税专用发票税额，借记"应交税费——应交增值税（进项税额）"，按交回冲账现金借记"库存现金"，总计金额贷记"其他应收款——××人"。

【业务 20】1 月 16 日收到华夏清水市第十三中学货款。

要求：请裁剪下"附册"中业务回单（收款）（见单据 1-20-1），审核单据并据以填制记账凭证。

说明：此回单为网上银行查询打印。

1. 原始凭证审核

审核业务回单中的日期、付款人、收款人、金额是否填写准确齐全。

2. 凭证填制要点

按回单中收款金额借记"银行存款"科目，按付款人单位贷记"应收账款——某公司"科目。

【业务21】1月17日采购华夏春晖木业有限公司一批学生桌椅。

要求：请裁剪下"附册"中购销合同、销售单、增值税专用发票、入库单（见单据1-21-1、单据1-21-2、单据1-21-3、单据1-21-4、单据1-21-5），审核单据并据以填制记账凭证。

说明：请同学以供货方单位销售部经办人的角色，按销售合同内容填写销售单；发货日期与开票日期相同。以本单位仓库管理员的角色填写入库单，假设应收数量与实收数量相同且1月16日到货，开具单据时可参照前面的业务单据填写。

1. 原始凭证审核

按前面所注"采购业务处理"的要求进行。

2. 凭证填制要点

根据增值税专用发票的各商品的不含税金额分别借记"库存商品——某产品"，根据发票的税额借记"应交税费——应交增值税（进项税额）"，合计金额贷记"应付账款——某公司"科目。

【业务22】1月17日销售给华夏清水市第三十八中学一批计算机。

要求：请裁剪下"附册"中的购销合同、销售单、出库单、增值税专用发票（见单据1-22-1、单据1-22-2、单据1-22-3、单据1-22-4），审核单据并据以填制记账凭证。

说明：在销售业务中，与公司核算时，无论是否收到货款，收款业务和销售业务均应分开核算，分别填制凭证，便于今后核对往来账。

1. 原始凭证审核

按前面所注"销售业务处理"的要求进行。

2. 经济业务分析

注意相关单据的填写和签字流程，在后面的业务中需要同学自己完成。

3. 凭证填制要点

根据本单位开具增值税专用发票的价税合计金额借记"应收账款——某客户"，根据发票上不同的商品品种和金额贷记"主营业务收入——某产品"科目，按发票上的税额贷记"应交税费——应交增值税（销项税额）"。

【业务23】1月17日销售给华夏清水市传习中学一批设备。

要求：请裁剪下"附册"中购销合同、销售单、出库单、增值税专用发票（见单据1-23-1、单据1-23-2、单据1-23-3、单据1-23-4），完善有关单据并据以填制记账凭证。

说明：请以本单位销售部经办人的角色，按销售合同内容填写销售单，具体可参考业务

22。以仓库管理员的角色填写出库单，再根据销售合同及填写的出库单等内容开具增值税专用发票。

1．原始凭证审核

审核填写单据是否准确齐全。

2．凭证填制要点

根据本单位开具增值税专用发票的价税合计金额借记"应收账款——某客户"，根据发票上不同的商品品种和金额贷记"主营业务收入——某产品"科目，按发票上的税额贷记"应交税费——应交增值税（销项税额）"。

【业务 24】 1 月 17 日支付华夏春晖木业有限公司货款及电汇手续费（电汇形式）。

要求： 请裁剪下"附册"中的付款申请单、电汇凭证（回单）、手续费业务收费凭条（见单据 1-24-1、单据 1-24-2、单据 1-24-3），审核单据并据以填制记账凭证。

说明： 此笔支付业务为电汇形式支付，是出纳员填写电汇单去银行柜台办理的，同时从公司账户上扣除手续费。

1．原始凭证审核

（1）根据费用审批制度，对预付货款的经济业务进行审核，检查单据中相关人员是否按职责要求审核该笔付款业务并签字，审核手续是否符合企业的付款制度。

（2）审核付款申请单中金额大小写是否一致。

2．经济业务分析

此笔业务存在支付货款及手续费，是一个完整的业务，应该做在一张会计凭证上，但为了今后方便与银行对账单逐笔勾对，可分别编写银行存款分录来完整反映此笔业务。

3．凭证填制要点

根据支付货款金额借记"应付账款——××公司"，贷记"银行存款"科目；根据支付手续费金额借记"财务费用——手续费用"，贷记"银行存款"科目。

【业务 25】 1 月 19 日用银行承兑汇票支付索尼华夏设备有限公司货款。

要求： 请裁剪下"附册"中的付款申请单、银行承兑汇票复印件、银行承兑汇票粘单复印件（见单据 1-25-1、单据 1-25-2、单据 1-25-3），审核单据并据以填制记账凭证。

说明： 此笔支付业务为用公司之前收到的银行承兑汇票支付，需要对方公司在银行承兑汇票的粘单复印件上签收并盖章（详情见单据 1-25-3）。

1．原始凭证审核

（1）根据费用审批制度，对支付货款的经济业务进行审核，检查单据中相关人员是否按职责要求审核该笔付款业务并签字，审核手续是否符合企业的付款制度。

（2）审核付款申请单中金额大小写是否一致。

2．经济业务分析

此笔业务为用之前收到银行承兑汇票支付货款，贷方科目是"应收票据——××公司"，如果是本公司开具银行承兑汇票支付货款，贷方科目就是"应付票据——××公司"。

3. 凭证填制要点

根据支付的银行承兑汇票金额借记"应付账款——××公司",贷方科目是"应收票据——清水市航天设备制造有限公司"。

【业务 26】 1 月 19 日销售给个人笔记本计算机一台(销售未开发票只有收款收据给客户)。

要求: 请裁剪下"附册"中收款收据、销售单、出库单(见单据 1-26-1、单据 1-26-2、单据 1-26-3),完善有关单据并据以填制记账凭证。

说明: 客户以网银转账方式支付货款,此处假设对个人买家只开具收款收据和销售单作为销售依据,并不开具增值税专用发票。

以本单位销售部经办人的角色,对客户开具销售单,以仓库管理员的角色填写出库单,可参考业务 22、业务 23 内容。

1. 原始凭证审核

审核填写单据是否准确齐全。

2. 凭证填制要点

根据本单位收款收据的金额借记"银行存款",根据收据上的商品品种和换算的不含税金额贷记"主营业务收入——某产品"科目,按计算的增值税税额贷记"应交税费——应交增值税(销项税额)"。

【业务 27】 1 月 25 日销售给华夏工商职业学院一批教学设备。

要求: 请裁剪下"附册"中的购销合同、销售单、出库单、增值税专用发票(见单据 1-27-1、单据 1-27-2、单据 1-27-3、单据 1-27-4),完善有关单据并据以填制记账凭证。

说明: 请以本单位销售部经办人的角色,按销售合同内容填写销售单,可参考业务 22、业务 23 的内容。以仓库管理员的角色填写出库单,再根据销售合同及填写的出库单等内容开具增值税专用发票。

1. 原始凭证审核

审核填写单据是否准确齐全。

2. 凭证填制要点

根据本单位开具增值税专用发票的价税合计金额借记"应收账款——某客户",根据发票上不同的商品品种和金额贷记"主营业务收入——某产品"科目,按发票上的税额贷记"应交税费——应交增值税(销项税额)"。

【业务 28】 1 月 26 日支付商场广告宣传费用。

要求: 请裁剪下"附册"中付款申请单、增值税专用发票、网上银行电子回单(见单据 1-28-1、单据 1-28-2、单据 1-28-3、单据 1-28-4),审核单据并据以填制记账凭证。

说明: 此业务为企业通过网银支付广告宣传费用,业务处理较为简单。

1. 原始凭证审核

(1)根据费用审批制度,对支付货款的经济业务进行审核,检查单据中相关人员是否按职责要求审核该笔付款业务并签字,审核手续是否符合企业的付款制度。

（2）审核付款申请单中金额大小写是否一致。

（3）审核所附增值税专用发票是否符合要求。

2. 经济业务分析

此笔账务是广告宣传业务已发生，经办人拿到增值税专用发票来申请付款，根据现行制度规定，广告宣传费用的发票税额允许抵扣。

3. 凭证填制要点

根据增值税专用发票的金额借记"销售费用——广告费"，根据发票的税额借记"应交税费——应交增值税（进项税额）"，合计金额贷记"银行存款"科目。

【业务29】1月29日支付水费。

要求：请裁剪下"附册"中付款申请单、增值税专用发票、网上银行电子回单、网上行电子回单（手续费）（见单据1-29-1、单据1-29-2、单据1-29-3、单据1-29-4、单据1-29-5），审核单据并据以填制记账凭证。

说明：此业务为企业网上支付本月水费，由于是跨行支付存在手续费，可参考前面类似业务处理。

1. 原始凭证审核

（1）根据费用审批制度，对支付货款的经济业务进行审核，检查单据中相关人员是否按职责要求审核该笔付款业务并签字，审核手续是否符合企业的付款制度。

（2）审核付款申请单中金额大小写是否一致。

（3）审核所附增值税专用发票是否符合要求。

2. 经济业务分析

此笔业务是交费即可拿回增值税专用发票的业务，不需要将交款与费用账务处理分开成两张会计凭证。

3. 凭证填制要点

根据增值税专用发票的金额借记"管理费用——水费"，根据发票的税额借记"应交税费——应交增值税（进项税额）"，合计金额贷记"银行存款"科目；根据支付手续费金额借记"财务费用——手续费用"，贷记"银行存款"科目。

【业务30】1月29日支付本月电费。

要求：请裁剪下"附册"中付款申请单、增值税专用发票、网上银行电子回单（见单据1-30-1、单据1-30-2、单据1-30-3、单据1-30-4），审核单据并据以填制记账凭证。

说明：此业务为企业网上支付本月电费，业务处理较为简单。

1. 原始凭证审核

（1）根据费用审批制度，对支付货款的经济业务进行审核，检查单据中相关人员是否按职责要求审核该笔付款业务并签字，审核手续是否符合企业的付款制度。

（2）审核付款申请单中金额大小写是否一致。

（3）审核所附增值税专用发票是否符合要求。

2. 经济业务分析

此笔业务也是交费即可拿回增值税专用发票的业务，不需要将交款与费用账务处理分开成两张会计凭证。

3. 凭证填制要点

根据增值税专用发票的金额借记"管理费用——电费"，根据发票的税额借记"应交税费——应交增值税（进项税额）"，合计金额贷记"银行存款"科目。

【业务31】 1月29日销售部陈启飞报销业务招待费4000元冲账。

要求： 请裁剪下"附册"中报销单、增值税专用发票（见单据1-31-1、单据1-31-2、单据1-31-3），审核单据并据以填制记账凭证。

说明： 此处报销单为空白单据，需要学生自己填写。

1. 原始凭证审核

具体可参考"业务事项处理及原始凭证填写说明"内容。

（1）根据费用审批制度，对销售部陈启飞的招待费用报销业务进行审核，检查单据中相关人员是否按职责要求审核该笔报销业务并签字，审核手续是否符合企业的报销制度。

（2）审核报销单中金额大小写是否一致。

（3）所附增值税专用发票的内容是否真实有效。

（4）审核票据间的钩稽关系是否正确。

2. 经济业务分析

就餐费用可以开具增值税专用发票，但税额不能抵扣。

3. 凭证填制要点

招待费用的报销账务应根据增值税专用发票全额借记"销售费用——业务招待费"，贷记"其他应收款——××人"。

【业务32】 1月29日销售部办事员报销本月华夏清水市传习中学销售产品运输费。

要求： 请裁剪下"附册"中付款申请单、增值税专用发票、网上银行电子回单（见单据1-32-1、单据1-32-2、单据1-32-3、单据1-32-4），审核单据并据以填制记账凭证。

说明： 此业务为企业通过网银支付销售产品运输费，业务处理较为简单，但在增值税专用发票的审核时应注意：按现行税务政策要求，开具运输费用增值税专用发票应注明起运地、到达地、运输车辆牌号、车型、运输物品等内容。

1. 原始凭证审核

（1）根据费用审批制度，对支付运输费用的经济业务进行审核，检查单据中相关人员是否按职责要求审核该笔付款业务并签字，审核手续是否符合企业的付款制度。

（2）审核付款申请单中金额大小写是否一致。

（3）审核所附增值税专用发票是否符合要求。

2. 经济业务分析

此笔账务是运输业务已发生，经办人拿到增值税专用发票来申请付款，根据现行制度规定，销售产品运输费的发票税额允许抵扣。

3. 凭证填制要点

根据增值税专用发票的金额借记"销售费用——运输费",根据发票的税额借记"应交税费——应交增值税（进项税额）",合计金额贷记"银行存款"科目。

【业务 33】1 月 29 日支付办公室及仓库租金。

要求：请裁剪下"附册"中的付款申请单、增值税专用发票、网上银行电子回单（见单据 1-33-1、单据 1-33-2、单据 1-33-3、单据 1-33-4），审核单据并据以填制记账凭证。

说明：请以行政部办事员的角色，按房屋租赁增值税发票内容填写付款申请单，可参考有关付款申请单的填写。

此业务为企业通过网银支付办公室及仓库租金，业务处理较为简单，但在增值税专用发票的审核时应注意：按现行税务政策要求，开具房屋出租类增值税专用发票应注明房屋所在地地址。

1. 原始凭证审核

（1）根据费用审批制度，检查单据中相关人员是否按职责要求审核该笔付款业务并签字，审核手续是否符合企业的付款制度。

（2）审核付款申请单中金额大小写是否一致。

（3）审核所附增值税专用发票是否符合要求。

2. 经济业务分析

此笔房屋租赁业务已发生，经办人拿着增值税专用发票来申请付款，根据现行制度规定房屋租赁的发票税额允许抵扣。

3. 凭证填制要点

根据增值税专用发票的金额借记"管理费用——租金"，根据发票的税额借记"应交税费——应交增值税（进项税额）"，合计金额贷记"银行存款"科目。

【业务 34】1 月 30 日银行承兑汇票贴现（按月息 4.5‰计息 162 天）。

要求：请裁剪下"附册"中的银行承兑汇票复印件、银行承兑汇票粘单复印件、贴现凭证（见单据 1-34-1、单据 1-34-2、单据 1-34-3），审核单据并据以填制记账凭证。

说明：银行承兑汇票从贴现日 1 月 30 日至到期日 7 月 11 日，算头不算尾共 162 天，月息按 4.5‰计算。

1. 原始凭证审核

审核银行计算单是否计算准确。

2. 经济业务分析

作为财务费用的贴现利息与收到的银行存款合计金额等于票面金额。

3. 凭证填制要点

按收到的银行存款金额借记"银行存款"科目，按贴现利息借记"财务费用"科目，按银行承兑汇票票面金额贷记"应收票据——清水市航天设备制造有限公司"。

【业务 35】1 月 30 日计提职工年终奖（按职工 12 月份基本工资的 80%计提）。

要求：请裁剪下"附册"中的年终奖汇总表（见单据 1-35-1），审核单据并据以填制记账凭证。

说明：年终奖汇总表中的基本工资这一列，是用于计算年终奖基数的。

1. 原始凭证审核

审核年终奖汇总表的日期、职员、金额等是否计算准确齐全。

2. 经济业务分析

此业务应注意年终奖的个人所得税计算方法。

3. 凭证填制要点

根据年终奖汇总表上各部门的相关金额分别借记"销售费用——工资""管理费用——工资"科目，根据年终奖汇总表上列项的相关金额分别贷记"应付职工薪酬——工资""应交税费——应交个人所得税"科目。

【业务 36】1 月 30 日发放职工年终奖并清理职工借款。

要求：请裁剪下"附册"中的付款申请单、年终奖发放明细表、收款收据、网上银行电子回单（见单据 1-36-1 至单据 1-36-5），审核单据并据以填制记账凭证。

说明：本次企业年终奖按个人月基本工资的 80%计算发放。

1. 原始凭证审核

（1）根据费用审批制度，检查付款申请单中相关人员是否按职责要求审核该笔付款业务并签字，审核手续是否符合企业的付款制度。

（2）审核付款申请单中金额大小写是否一致。

（3）审核所附网上银行电子回单是否与职工"实发金额"相同。

2. 经济业务分析

因为很多人在领取了企业的年终奖后明年可能不再来了，所以企业在发放年终奖的同时清理职工欠款，支付金额就等于税后应发数扣除的个人欠款。

3. 凭证填制要点

按年终奖发放表上的税后应发数总额借记"应付职工薪酬——工资"，按收款收据的职工姓名分别贷记"其他应收款——某职工"科目，按差额贷记"银行存款"科目。

【业务 37】1 月 31 日收到华夏工商职业学院货款。

要求：请裁剪下"附册"中的业务回单（收款）（见单据 1-37-1），审核单据并据以填制记账凭证。

说明：此回单为网上银行查询打印。

1. 原始凭证审核

审核业务回单中的日期、付款人、收款人、金额是否填写准确齐全。

2. 凭证填制要点

按回单中收款金额借记"银行存款"科目，按付款人单位贷记"应收账款——某公司"科目。

【业务38】1月31日收到华夏清水市传习中学货款。

要求：请裁剪下"附册"中的业务回单（收款）（见单据1-38-1），审核单据并据以填制记账凭证。

1. 原始凭证审核

审核业务回单中的日期、付款人、收款人、金额是否填写准确齐全。

2. 凭证填制要点

按回单中收款金额借记"银行存款"科目，按付款人单位贷记"应收账款——某公司"科目。

【业务39】1月31日支付燕京联想自动化设备有限公司货款50万元及电汇手续费。

要求：请裁剪下"附册"中付款申请单、网上银行电子回单、网上银行电子回单——手续费（见单据1-39-1、单据1-39-2、单据1-39-3），审核单据并据以填制记账凭证。

说明：先核实支付的是预付款，还是以前欠款。此笔业务是支付欠款，申请支付金额一定不能大于欠款金额。

1. 原始凭证审核

（1）根据费用审批制度，对支付货款的经济业务进行审核，检查单据中相关人员是否按职责要求审核该笔付款业务并签字，审核手续是否符合企业的付款制度。

（2）审核付款申请单中金额大小写是否一致。

2. 经济业务分析

此业务为企业网上支付供应商货款，且为跨行支付产生手续费，支付货款及手续费是一个完整的业务，应该做在同一张会计凭证上，但为了今后方便与银行对账单逐笔勾对，可分别编写银行存款分录来完整反映此笔业务。

3. 凭证填制要点

根据支付货款金额借记"应付账款——某某公司"，贷记"银行存款"科目；根据支付手续费金额借记"财务费用——手续费用"，贷记"银行存款"科目。

【业务40】1月31日计提本月贷款利息（年贷款利率10.06%）。

要求：请裁剪下"附册"中的利息计算表（见单据1-40-1）。

1. 原始凭证审核

审核利息是否计算准确。

2. 经济业务分析

利息按月计提，按季支付，支付当月直接进财务费用。

3. 凭证填制要点

按利息计算单金额借记"财务费用"，贷记"应付利息"科目。

【业务41】1月31日结转销售成本（按有关数量金额式明细账内容计算填列）。

要求：请裁剪下"附册"中的产品销售成本计算表、20××年1月产品销售明细表、产品数量收发存报表（见单据1-41-1、单据1-41-2、单据1-41-3），填写单据并据以填制记账凭证。

说明：库存商品每月的单价是有变动的，本实训采用累计平均单价进行核算。

这里的难点是需要在月底正确登记库存商品明细账后，结转销售成本，以账上累计算平均单价为计算依据，如图 3.8 所示。

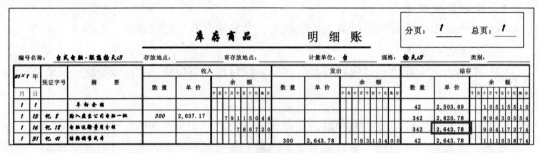

图 3.8　库存商品明细账

1. 原始凭证审核

审核单据的数据来源及计算是否真实准确。

2. 经济业务分析

根据 20××年 1 月产品销售明细表、产品数量收、发、存报表及出库单等计算出当月各商品销售数量，根据已登账的库存商品明细账上的累计平均单价，再计算填写"产品销售成本计算表"。

3. 凭证填制要点

根据产品销售成本计算表上各库存商品的金额分别借记"主营业务成本——某商品"，贷记对应的"库存商品——某商品"科目。

【业务 42】1 月 31 日计提 1 月折旧。

要求：请裁剪下"附册"中的固定资产折旧明细表（见单据 1-42-1），审核单据并据以填制记账凭证。

说明：根据固定资产折旧明细表填制记账凭证。

1. 原始凭证审核

审核单据的数据来源及计算是否真实准确。

2. 经济业务分析

固定资产折旧明细表的数据来源是固定资产明细账及上月固定资产折旧明细表。

3. 凭证填制要点

根据固定资产折旧明细表上各部门的折旧金额分别借记"管理费用——折旧费""销售费用——折旧费"科目，根据表上固定资产类别金额分别贷记对应的"累计折旧"明细科目。

【业务 43】1 月 31 日计提 1 月工资。

要求：请裁剪下"附册"中的工资汇总表、工资单（见单据 1-43-1、单据 1-43-2），审核单据并据以填制记账凭证。

说明：本实训中企业的工资汇总表、工资单是由行政部编制的。

为便于同学理解，本实训将计提工资、社保费用、住房公积金分成 3 张凭证处理。

1. 原始凭证审核

审核工资汇总表、工资单中的日期、职员、金额等数据来源及计算是否真实准确。

2. 经济业务分析

计提时关注"应付工资"项进行核算。

3. 凭证填制要点

根据工资汇总表上各部门"应付工资"项的金额分别借记"管理费用——工资""销售费用——工资"科目，根据表上金额分别贷记"应付职工薪酬——工资"科目。

【**业务 44**】1 月 31 日计提 1 月社保费用。

要求：请裁剪下"附册"中的社保及住房公积金费用分配计算表（见单据 1-44-1），审核计算表并据以填制记账凭证。

说明：本实训中企业的"社保及住房公积金费用分配计算表"是由会计编制的。

企业承担的社会保险是以应付工资作为计提基数（为便于学员理解和学习，本实训中各项费用的计算按所在期应发工资数计算，且计算比例统一按整数计算），计提比例如下。

基本养老保险为 24%，其中企业承担 16%，个人承担 8%；医疗保险为 8%，其中企业承担 6%，个人承担 2%；失业保险为 3%，其中企业承担 2%，个人承担 1%；工伤保险 1%全部由企业承担；生育保险 1%全部由企业承担。

为便于同学理解，本实训单独进行社保费用核算。

1. 原始凭证审核

审核单据的数据来源及计算是否真实准确。

2. 经济业务分析

企业的社保费用＝基本养老保险＋医疗保险＋失业保险＋工伤保险＋生育保险。

3. 凭证填制要点

根据社保及住房公积金费用分配计算表上各部门的社保类合计金额，分别借记"管理费用——社保费""销售费用——社保费"科目；根据表上社保类各分项金额，分别贷记对应的"应付职工薪酬——社会保险费（基本养老保险）""应付职工薪酬——社会保险费（医疗保险）""应付职工薪酬——社会保险费（失业保险）""应付职工薪酬——社会保险费（工伤保险）""应付职工薪酬——社会保险费（生育保险）"明细科目。

【**业务 45**】1 月 31 日计提 1 月住房公积金（附件同业务 44）。

要求：审核上笔业务的附件单据并据以填制记账凭证。

说明：职工的住房公积金为固定金额，企业与个人承担金额相等。

1. 原始凭证审核

审核"社保及住房公积金费用分配计算表"中的公积金项中职员、金额等是否计算准确齐全。

2. 凭证填制要点

根据"社保及住房公积金费用分配计算表"上住房公积金项的相关金额分别借记"销售

费用——住房公积金”“管理费用——住房公积金”科目，根据社保及住房公积金费用分配计算表上住房公积金项的合计金额贷记“应付职工薪酬——住房公积金”科目。

【业务 46】1 月 31 日结转 1 月未交增值税（计算填列）。

要求：请裁剪下“附册”中增值税税金计算表（见单据 1-46-1），根据增值税明细账内容进行填制，再以此填制会计凭证。

说明：这里的重点是需要在月底正确登录“应交增值税明细账”后，再根据明细上有关明细项填列“增值税税金计算表”，计算出的税金金额应该与“应交增值税明细账”账上的贷方金额相等，应交增值税明细账余额如图 3.9 所示。最后的本期贷方余额 103,355.12 元就是要结转的未交增值税（此数据非实训答案）。如果本期“应交增值税明细账”账上的余额为借方金额，则表示本期有进项留抵税额，没有实现应交增值税。

1. 原始凭证审核

审核增值税计算表是否与增值税明细账内容相符。

应交税费——应交增值税明细账　1　总页：1

20×1年 月	日	凭证 种类	号数	摘要	借方 合计	借方 进项税额	借方 转出未交增值税	贷方 合计	贷方 销项税额	借或贷	余额
1	1			上年结转	216826754	191357600	25469154	216826754	216826754	贷	-0-
1	12	记	7	购入索尼华夏设备公司投影仪30台	1748673	1748673				贷	-1748673
1	15	记	8	购入蓝京联想有限公司电脑一批	18223009	18223009				贷	-19971682
1	16	记	18	报销采购电脑运输费用并付款	125505	125505				贷	-20097187
1	16	记	19	李丹阳报销出差费并交回现金冲借款	5592	5592				贷	-20102779
1	17	记	21	采购学生桌椅一批	471681	471681				贷	-20574460
1	17	记	22	销售清水市第三十八中学电脑一批				13135291	13135291	贷	-7439169
1	17	记	23	销售华夏清水市传习中学设备一批				8821592	8821592	贷	1382423
1	19	记	26	个人购买笔记本电脑				74779	74779	贷	1457202
1	25	记	27	销售华夏工商职业学院教学设备一批				7434159	7434159	贷	8891361
1	26	记	28	支付商场广告宣传费用	33962	33962				贷	8857399
1	29	记	29	支付公司本月水费	6597	6597				贷	8850802
1	29	记	30	支付公司本月电费	28109	28109				贷	8822693
1	29	记	32	销售部申请支付产品销售运输费用	56147	56147				贷	8766546
1	29	记	33	支付办公室及仓库租金	257143	257143				贷	8509403
1	31	记	46	结转本月未交增值税	8509403		8509403			平	-0-

图 3.9　应交增值税明细账

2. 凭证填制要点

根据“增值税税金计算表”的实现税金金额借记“应交税费——应交增值税（转出未交增值税）”，贷记“应交税费——未交增值税”。

【业务 47】1 月 31 日计提 1 月税金及附加（计算填列）。

要求：请裁剪下“附册”中的税金及附加计算表（见单据 1-47-1），审核单据并据以填制记账凭证。

说明：本企业适用的城市维护建设税税率为 7%，教育费附加征收率为 3%，地方教育费附加征收率为 2%，以此税率计算填列“税金及附加计算表”。

1. 原始凭证审核

审核计算表内容是否正确。

2. 凭证填制要点

根据“税金及附加计算表”的金额分别借记“税金及附加——城市维护建设税”“税金及

附加——教育费附加""税金及附加——地方教育费附加",对应科目贷记"应交税费——应交城市维护建设税""应交税费——应交教育费附加""应交税费——应交地方教育费附加"。

【业务48】1月31日计提1月印花税（计算填列）。

要求：请裁剪下"附册"中的印花税计算表（见单据1-48-1），根据相关税率计算填列"印花税计算表"，再以此填制会计凭证。

说明：购销业务的印花税税率按0.3‰计算，运输费用的印花税税率按0.5‰计算。

1. **原始凭证审核**

审核印花税计算表内容是否正确。

2. **凭证填制要点**

根据印花税计算表的金额借记"税金及附加——印花税"，贷记"应交税费——应交印花税"。

【业务49】1月31日计提1月企业所得税（计算填列）。

要求：请裁剪下"附册"中的企业所得税计算表（见单据1-49-1），审核单据并据以填制记账凭证。

说明：

收入总额＝收入类科目贷方合计数，是根据登账后的总分类账中收入类科目的贷方发生额进行计算填列的。

成本费用总额＝成本费用类科目借方合计数，是根据登账后的总分类账中成本费用类科目的借方发生额进行计算填列的，本企业为小型微利企业，应纳税所得额减按25%，并按20%的税率计算企业所得税。然后根据编制完的企业所得税计算表填制记账凭证。

1. **原始凭证审核**

审核企业所得税计算表是否正确。

2. **凭证填制要点**

根据"企业所得税计算表"的金额借记"所得税费用"，贷记"应交税费——应交企业所得税"。

【业务50】1月31日结转本期损益。

要求：根据收入类明细账余额和成本费用类明细账余额填制一张结转凭证。

说明：期末结转，会计应将损益类科目转入"本年利润"科目，结平所有损益类科目。按结转时是否一步处理，可分为分开结转和合并结转两种方式。

（1）分开结转，是指先将收入类科目转入"本年利润"科目，借记"主营业务收入""其他业务收入"等收入类科目，贷记"本年利润"；再将成本费用类科目转入"本年利润"科目，借记"本年利润"，贷记"主营业务成本""管理费用""税金及附加""所得税费用"等成本费用类科目。

（2）合并结转，是将所有损益类科目一次结转，差额部分计入"本年利润"科目，借记"主营业务收入"等收入类科目，贷记"主营业务成本"等成本费用类科目，按其差额借记或贷记"本年利润"。

在此本实训练习要求用合并结转。

四、2月经济业务列表

华夏自强教学设备贸易有限公司20××年2月经济业务如表3.2所示，要求及解析可参考1月相同业务，或扫描二维码了解具体内容。

表 3.2　华夏自强教学设备贸易有限公司20××年2月经济业务列表

业务序号	日期	业务摘要	原始凭证
业务 1	20××-02-02	报销汽车费用	报销单、加油发票、高速公路过路费发票、停车定额发票
业务 2	20××-02-05	收到货款	业务回单（收款）
业务 3	20××-02-06	支付货款及手续费	付款申请单、网上银行电子回单、网上银行电子回单（手续费）
业务 4	20××-02-09	员工借款	借款单
业务 5	20××-02-12	收到尾款	业务回单（收款）
业务 6	20××-02-13	发放1月工资	付款申请单、网上银行电子回单
业务 7	20××-02-13	缴纳社保费	付款申请单、社会保险基金专用收据
业务 8	20××-02-13	缴纳住房公积金	付款申请单、转账支票存根、银行进账单（回单）
业务 9	20××-02-13	缴纳个人所得税	电子缴款凭证
业务 10	20××-02-13	缴纳工会经费	付款申请单、转账支票存根、银行进账单（回单）、工会经费收入专用收据
业务 11	20××-02-13	缴纳上月实现增值税	电子缴款凭证
业务 12	20××-02-13	缴纳上月实现附加税费	电子缴款凭证
业务 13	20××-02-13	缴纳上月印花税	电子缴款凭证
业务 14	20××-02-22	报销费用并冲借款	报销单、增值税普通发票（发票联）、收款收据
业务 15	20××-02-22	支付货款	付款申请单、网上银行电子回单、网上银行电子回单（手续费）
业务 16	20××-02-23	收到货款	业务回单（收款）
业务 17	20××-02-23	预付货款	付款申请单、网上银行电子回单、网上银行电子回单（手续费）
业务 18	20××-02-23	收到预付货款	业务回单（收款）
业务 19	20××-02-26	借差旅费	借款单
业务 20	20××-02-26	购入计算机一批	购销合同、销售单、增值税专用发票（抵扣联和发票联）、入库单
业务 21	20××-02-26	销售设备一批	购销合同、销售单、出库单、增值税专用发票（发票联）
业务 22	20××-02-27	销售设备一批	购销合同、销售单、出库单、增值税专用发票（发票联）
业务 23	20××-02-27	提取备用金	现金支票存根
业务 24	20××-02-27	支付电费	付款申请单、增值税专用发票（抵扣联和发票联）、网上银行电子回单
业务 25	20××-02-28	销售计算机一批	购销合同、销售单、出库单、增值税专用发票（发票联）
业务 26	20××-02-28	支付运输费用	付款申请单、增值税专用发票（抵扣联和发票联）、网上银行电子回单
业务 27	20××-02-28	收到货款	业务回单（收款）
业务 28	20××-02-28	收到货款	业务回单（收款）

业务序号	日期	业务摘要	原始凭证
业务 29	20××-02-28	计提贷款利息	利息计算表
业务 30	20××-02-28	结转销售成本	产品销售成本计算表、产品销售明细表、产品数量收发存报表
业务 31	20××-02-28	计提 2 月折旧	固定资产折旧明细表
业务 32	20××-02-28	计提 2 月工资	工资汇总表、工资单
业务 33	20××-02-28	计提 2 月社保费用	社保及住房公积金费用分配计算表
业务 34	20××-02-28	计提 2 月住房公积金	同上
业务 35	20××-02-28	结转 2 月未交增值税	增值税税金计算表
业务 36	20××-02-28	计提 2 月税金及附加	税金及附加计算表
业务 37	20××-02-28	计提 2 月印花税	印花税计算表
业务 38	20××-02-28	计提 2 月企业所得税	企业所得税计算表
业务 39	20××-02-28	结转本期损益	结转本期损益

五、2 月经济业务具体要求及解析

请扫描下方二维码阅读相应内容。

业务 1 至业务 10

业务 11 至业务 20

业务 21 至业务 30

业务 31 至业务 39

第四部分　登　账

实训中的登账工作包括登记日记账、登记明细账、登记 T 形账、期末计提与结转、编制科目汇总表、登记总分类账以及编制试算平衡表。

登记会计账簿必须以审核无误的会计凭证为依据。会计人员应当将会计凭证上的日期、编号、业务摘要、金额和其他有关的数据逐项记入账簿的对应项目中，做到数据准确、字迹工整、摘要清楚、登记及时。

登记账簿时，应按凭证号的先后顺序依次登记明细账，每登记好一笔明细账后，应同时在记账凭证对应科目最右边的记账标志方格内打"✓"，以避免重记或漏记。一张凭证的所有科目全部登记到明细账后，应在此记账凭证的"记账"签字栏处签名或盖章。

登记账簿时要保持账页整洁、字迹清晰规范。书写的文字和数字上面要留有适当空间，不要顶格写满，一般占单元格空间的 1/2 为佳，便于在有错时进行更改。

登账要求使用蓝黑或碳素墨水笔，不得使用铅笔或圆珠笔书写。除冲销、更正或者表示负数时可用红色签字笔登记金额外，其余一律不得用红色签字笔登记。

登记账簿应按页次顺序连续登记，不得出现跳页、跳行。如果不慎登记错误，请按正确方法更正。

凡需要结出余额的账户，结出余额后应书写"借"或"贷"等字样来表示余额方向。没有余额的应书写"平"字，余额栏内用"-0-"表示。

账簿的每一页登记完毕要结转下一页时，应当结出合计数和余额，并在摘要栏中注明"过次页"和"承前页"字样。对于需要结计本年累计发生额的账户，结计"过次页"的本页合计数就应该填写自年初起至本页末止的累计发生额；对于只需要结计本月发生额的账户，结计"过次页"的本页合计数就填写自本月初起至本页末止的合计发生额。

实务中会计应根据已审核好的记账凭证，按凭证号的顺序登记明细账。每登记完一笔明细账后在记账凭证该笔科目对应的"计账"栏内画"✓"，表示已登记，这样可避免漏记或重记。

一、登记日记账

登记日记账时按凭证号的先后顺序依次登记，每登记好一笔明细账后，同时在记账凭证对应科目最右边的记账标志方格内打"✓"。

本书要求现金日记账和银行存款日记账必须每天结出余额，且每登记一笔日记账结出余额，库存现金日记账登账范例如图 4.1 所示。银行存款日记账登账范例如图 4.2 所示。登账后的库存现金日记账范例（非实训单据的标准答案）如图 4.3 至图 4.4 所示。登账后的银行存款日记账范例（非实训单据的标准答案）如图4.5至图4.6所示。

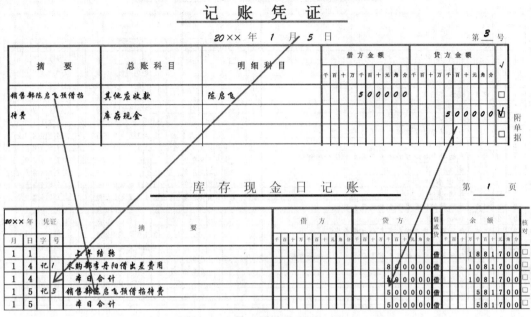

图4.1　库存现金日记账登账范例

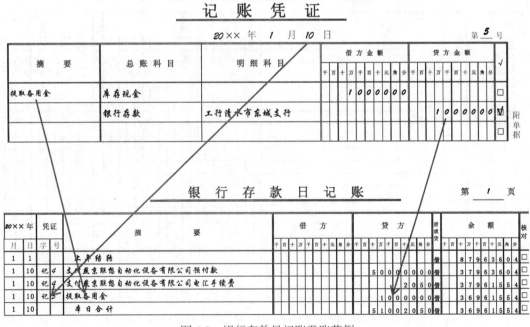

图4.2　银行存款日记账登账范例

库存现金日记账　　第 1 页

20XX年 月	日	凭证 字	号	摘要	借方	贷方	借或贷	余额	核对
1	1			上年结转			借	1881700	□
1	4	记	1	采购部李丹阳借出差费用		800000	借	1081700	□
1	4			本日合计		800000	借	1081700	□
1	5	记	3	销售部陈启飞预借招待费		500000	借	581700	□
1	5			本日合计		500000	借	581700	□
1	10	记	5	提取备用金	1000000		借	1581700	□
1	10	记	6	行政部杨梦娟报销打印装订费		118500	借	1463200	□
1	10			本日合计	1000000	118500	借	1463200	□
1	16	记	19	采购部李丹阳报销出差费异变回现金冲借款	301000		借	1764200	□
1	16			本日合计	301000		借	1764200	□
1	31			本期合计	1301000	1418500	借	1764200	□
1	31			本年累计	1301000	1418500	借	1764200	□
2	2	记	1	行政部驾驶员宋小雷报销汽车费用		67400	借	1696800	□
2	2			本日合计		67400	借	1696800	□
2	9	记	4	行政部杨梦娟借春节年会订餐费用		1000000	借	696800	□
2	9			本日合计		1000000	借	696800	□
2	22	记	14	行政部杨梦娟报销春节年会费用异变现金冲账	100000		借	796800	□
2	22			本日合计	100000		借	796800	□
2	26	记	19	采购部李丹阳借差旅费		600000	借	196800	□
2	26			过次页	1401000	2345900	借	196800	□

图 4.3　库存现金日记账（第 1 页）登账范例

库存现金日记账　　第 2 页

20XX年 月	日	凭证 字	号	摘要	借方	贷方	借或贷	余额	核对
2	26			承前页	1401000	2345900	借	196800	□
2	26			本日合计		600000	借	196800	□
2	27	记	23	提取备用金	1000000		借	1196800	□
2	27			本日合计	1000000		借	1196800	□
2	28			本期合计	1100000	1667400	借	1196800	□
2	28			本年累计	2401000	3085900	借	1196800	□

图 4.4　库存现金日记账（第 2 页）登账范例

银行存款日记账　第 1 页

20××年 月	日	凭证 字	号	摘要	借方	贷方	借或贷	余额	核对
1	1			上年结转			借	879636.04	□
1	10	记	4	支付蓝东联想自动化设备有限公司预付款		500000.00	借	379636.04	□
1	10	记	4	支付蓝东联想自动化设备有限公司电汇手续费		20.50	借	379615.54	□
1	10	记	5	提取备用金		10000.00	借	369615.54	□
1	10			本日合计		510020.50	借	369615.54	□
1	15	记	9	发放上年12月工资		108798.70	借	260816.84	□
1	15	记	10	缴纳社保费		47942.01	借	212874.83	□
1	15	记	11	缴纳住房公积金		17400.00	借	195474.83	□
1	15	记	12	缴纳个人所得税		638.27	借	194836.56	□
1	15	记	13	缴纳工会经费		2661.00	借	192175.56	□
1	15	记	14	缴纳上月实现增值税		126512.33	借	65663.23	□
1	15	记	15	缴纳上月实现附加税费		15185.32	借	50477.91	□
1	15	记	16	缴纳印花税及购买本年账簿贴用印花税税票		15986.39	借	34491.52	□
1	15			本日合计		335124.02	借	34491.52	□
1	16	记	18	采购部报销采购蓝东联想公司计算机运输费用用现付款		1520.00	借	32971.52	□
1	16	记	20	收到华夏清水市第十三中学货款	160000.00		借	192971.52	□
1	16			本日合计	160000.00	1520.00	借	192971.52	□
1	17	记	24	支付华夏春晖模具制造有限公司货款		117000.00	借	75971.52	□
1	17	记	24	支付华夏春晖模具制造有限公司电汇手续费		15.50	借	75956.02	□
1	17			过次页	160000.00	963680.02	借	75956.02	□

图 4.5　银行存款日记账（第 1 页）登账范例

银行存款日记账　第 2 页

20××年 月	日	凭证 字	号	摘要	借方	贷方	借或贷	余额	核对
1	17			承前页	160000.00	963680.02	借	75956.02	□
1	17			本日合计		117015.50	借	75956.02	□
1	19	记	26	个人购买笔记本电脑	6500.00		借	82456.02	□
1	19			本日合计	6500.00		借	82456.02	□
1	26	记	28	支付商场广告宣传费用		6000.00	借	76456.02	□
1	26			本日合计		6000.00	借	76456.02	□
1	29	记	29	支付公司本月水费		799.00	借	75657.02	□
1	29	记	29	支付公司本月水费手续费		5.50	借	75651.52	□
1	29	记	30	支付公司本月电费		2443.32	借	73208.20	□
1	29	记	32	销售部申请支付产品销售运输费用		6800.00	借	66408.20	□
1	29	记	33	支付办公室及仓库租金		54000.00	借	12408.20	□
1	29			本日合计		64047.82	借	12408.20	□
1	30	记	34	银行承兑汇票贴现	195140.00		借	207548.20	□
1	30	记	36	发放年终奖		102609.80	借	104938.40	□
1	30			本日合计	195140.00	102609.80	借	104938.40	□
1	31	记	37	收到华夏工商职业学院货款	400000.00		借	504938.40	□
1	31	记	38	收到华夏清水市传习中学货款	200000.00		借	704938.40	□
1	31	记	39	支付蓝东联想自动化设备有限公司货款		500000.00	借	204938.40	□
1	31	记	39	支付蓝东联想自动化设备有限公司电汇手续费		20.50	借	204917.90	□
1	31			过次页	961640.00	1636358.14	借	204917.90	□

图 4.6　银行存款日记账（第 2 页）登账范例

二、登记明细账

本实训案例企业设置以下三类明细账，具体建账操作如下。

1. 三栏式明细账

三栏式明细账的登账与库存现金日记账的登账相同，登账后的三栏式明细账范例（非实训单据的标准答案）如图 4.7 至图 4.19 所示，扫描二维码可查看其他范例。

2. 数量金额式明细账

根据销售发票、销售单、入库单等附件中的原始凭证填写数量、单价。登账后的数量金额式明细账范例（非实训单据的标准答案）如图 4.20 至图 4.21 所示，扫描二维码可查看其他范例。

补充范例

其他三栏式明细账的登账范例

应收票据 明细账 分页：1 总页：___

一级科目 应收票据　　二级科目 清水市航天设备制造有限公司

20××年		凭证		摘要	借方	贷方	借或贷	余额
月	日	种类	号数		千百十万千百十元角分	千百十万千百十元角分		千百十万千百十元角分
1	1			上年结转			平	－ 0 －
1	15	记	17	收到清水市航天设备制造有限公司货款	3 2 0 0 0 0 0 0		借	3 2 0 0 0 0 0 0
1	19	记	25	支付索尼华夏设备有限公司货款		1 2 0 0 0 0 0 0	借	2 0 0 0 0 0 0 0
1	30	记	34	银行承兑汇票贴现		2 0 0 0 0 0 0 0	平	－ 0 －
1	31			本期合计	3 2 0 0 0 0 0 0	3 2 0 0 0 0 0 0	平	－ 0 －
1	31			本年累计	3 2 0 0 0 0 0 0	3 2 0 0 0 0 0 0	平	－ 0 －

图 4.7　应收票据明细账登账范例

其他应收账款 明细账 分页：1 总页：___

一级科目 其他应收账款　　二级科目 陈启飞

20××年		凭证		摘要	借方	贷方	借或贷	余额
月	日	种类	号数		千百十万千百十元角分	千百十万千百十元角分		千百十万千百十元角分
1	1			上年结转			平	－ 0 －
1	5	记	3	销售部陈启飞预借招待费	5 0 0 0 0 0		借	5 0 0 0 0 0
1	29	记	31	销售部陈启飞报销业务招待费并交现金冲账		4 0 0 0 0 0	借	1 0 0 0 0 0
1	30	记	36	清理职工借款		1 0 0 0 0 0	平	－ 0 －
1	31			本期合计	5 0 0 0 0 0	5 0 0 0 0 0	平	－ 0 －
1	31			本年累计	5 0 0 0 0 0	5 0 0 0 0 0	平	－ 0 －

图 4.8　其他应收账款明细账登账范例

累计折旧 明细账 分页：1 总页：___

一级科目 累计折旧　　二级科目 办公电子设备

20××年		凭证		摘要	借方	贷方	借或贷	余额
月	日	种类	号数		千百十万千百十元角分	千百十万千百十元角分		千百十万千百十元角分
1	1			上年结转			贷	3 3 7 8 5 9
1	31	记	42	计提折旧		4 0 2 4 5	贷	3 7 8 1 0 4
1	31			本期合计		4 0 2 4 5	贷	3 7 8 1 0 4
1	31			本年累计		4 0 2 4 5	贷	3 7 8 1 0 4
2	28	记	31	计提折旧		4 0 2 4 5	贷	4 1 8 3 4 9
2	28			本期合计		4 0 2 4 5	贷	4 1 8 3 4 9
2	28			本年累计		8 0 4 9 0	贷	4 1 8 3 4 9

图 4.9　累计折旧明细账登账范例

图 4.10 应付账款明细账

应付账款 明细账 　分页：1　总页：＿＿＿

一级科目　应付账款　　　　二级科目　庄东联想自动化设备有限公司

20××年 月	日	凭证 种类	号数	摘要	借方	贷方	借或贷	余额
1	1			上年结转			贷	22567188
1	10	记	4	支付庄东联想自动化设备有限公司预付款及电汇手续费	500000000		贷	27432812
1	15	记	8	购入庄东联想自动化设备有限公司计算机一把		1584000000	贷	130967188
1	31	记	39	支付庄东联想自动化设备有限公司货款及电汇手续费	500000000		贷	80967188
1	31			本期合计	1000000000	1584000000	贷	80967188
1	31			本年累计	1000000000	1584000000	贷	80967188
2	6	记	3	支付庄东联想自动化设备有限公司货款及电汇手续费	600000000		贷	20967188
2	23	记	17	预付庄东联想自动化设备有限公司货款及电汇手续费	500000000		贷	29032812
2	26	记	20	购入庄东联想自动化设备有限公司计算机一把		1208200000	贷	91787188
2	28			本期合计	1100000000	1208200000	贷	91787188
2	28			本年累计	2100000000	2792200000	贷	91787188

图 4.10　应付账款明细账登账范例

应付职工薪酬 明细账 　分页：1　总页：＿＿＿

一级科目　应付职工薪酬　　　　二级科目　工资

20××年 月	日	凭证 种类	号数	摘要	借方	贷方	借或贷	余额
1	1			上年结转			贷	13307300
1	15	记	9	发放上年12月工资	13307300		平	- 0 -
1	30	记	35	计提职工保费		10380980	平	10380980
1	30	记	36	发放职工保费	10380980		平	
1	31	记	43	计提1月工资		12957300	贷	12957300
1	31			本期合计	23688280	23338280	贷	12957300
1	31			本年累计	23688280	23338280	贷	12957300
2	13	记	6	发放上年1月工资	12957300		平	
2	28	记	32	计提2月工资		12507300	贷	12507300
2	28			本期合计	12957300	12507300	贷	12507300
2	28			本年累计	36645580	35845580	贷	12507300

图 4.11　应付职工薪酬明细账登账范例

应交税费 明细账 　分页：3　总页：＿＿＿

一级科目　应交税费　　　　二级科目　应交企业所得税

20××年 月	日	凭证 种类	号数	摘要	借方	贷方	借或贷	余额
1	1			上年结转			平	- 0 -
1	31	记	49	计提本月所得税		756741	贷	756741
1	31			本期合计		756741	贷	756741
1	31			本年累计		756741	贷	756741
2	28	记	38	计提本月所得税		1118420	贷	1875161
2	28			本期合计		1118420	贷	1875161
2	28			本年累计		1875161	贷	1875161

图 4.12　应交税费明细账登账范例（1）

应交税费 明细账

一级科目 应交税费　　二级科目 应交教育费附加

20××年 月	日	凭证 种类	号数	摘要	借方	贷方	借或贷	余额
1	1			上年结转			贷	3 7 9 6 3 3
1	15	记	15	缴纳上月实现附加税费	3 7 9 6 3 3		平	-0-
1	31	记	47	计提本月附加税		2 5 5 2 8 2	贷	2 5 5 2 8 2
1	31			本期合计	3 7 9 6 3 3	2 5 5 2 8 2	贷	2 5 5 2 8 2
1	31			本年累计	3 7 9 6 3 3	2 5 5 2 8 2	贷	2 5 5 2 8 2
2	13	记	18	缴纳上月实现附加税费	2 5 5 2 8 2		平	-0-
2	28	记	36	计提本月附加税		2 4 2 9 2 3	贷	2 4 2 9 2 3
2	28			本期合计	2 5 5 2 8 2	2 4 2 9 2 3	贷	2 4 2 9 2 3
2	28			本年累计	6 3 4 9 1 5	4 9 8 2 0 5	贷	2 4 2 9 2 3

图 4.13　应交税费明细账登账范例（2）

应付利息 明细账

一级科目 应付利息　　二级科目 清水市商业银行东城支行贷款

20××年 月	日	凭证 种类	号数	摘要	借方	贷方	借或贷	余额
1	1			上年结转			平	-0-
1	31	记	40	计提本月贷款利息		4 1 9 1 6 7	贷	4 1 9 1 6 7
1	31			本期合计		4 1 9 1 6 7	贷	4 1 9 1 6 7
1	31			本年累计		4 1 9 1 6 7	贷	4 1 9 1 6 7
2	28	记	29	计提本月贷款利息		4 1 9 1 6 7	贷	8 3 8 3 3 4
2	28			本期合计		4 1 9 1 6 7	贷	8 3 8 3 3 4
2	28			本年累计		8 3 8 3 3 4	贷	8 3 8 3 3 4

图 4.14　应付利息明细账登账范例

本年利润 明细账

一级科目 本年利润　　级科目

20××年 月	日	凭证 种类	号数	摘要	借方	贷方	借或贷	余额
1	1			上年结转			平	-0-
1	31	记	50	结转本期损益		2 2 6 6 6 0 1 7 9	贷	2 2 6 6 6 0 1 7 9
1	31	记	50	结转本期损益	2 1 2 2 8 2 0 9 6		贷	1 4 3 7 8 0 8 3
1	31			本期合计	2 1 2 2 8 2 0 9 6	2 2 6 6 6 0 1 7 9	贷	1 4 3 7 8 0 8 3
1	31			本年累计	2 1 2 2 8 2 0 9 6	2 2 6 6 6 0 1 7 9	贷	1 4 3 7 8 0 8 3
2	28	记	39	结转本期损益		1 6 9 9 3 3 6 2 8	贷	1 8 4 3 1 1 7 1 1
2	28	记	39	结转本期损益	1 4 8 6 8 3 6 5 8		贷	3 5 6 2 8 0 5 3
2	28			本期合计	1 4 8 6 8 3 6 5 8	1 6 9 9 3 3 6 2 8	贷	3 5 6 2 8 0 5 3
2	28			本年累计	3 6 0 9 6 5 7 5 4	3 9 6 5 9 3 8 0 7	贷	3 5 6 2 8 0 5 3

图 4.15　本年利润明细账登账范例

主营业务成本 明细账　　分页：1　总页：_____

一级科目　主营业务成本　　　　二级科目　台式计算机-联想扬天B

20××年 月	日	凭证 种类	号数	摘要	借方 千百十万千百十元角分	贷方 千百十万千百十元角分	借或贷	余额 千百十万千百十元角分
1	1			上年结转			平	-0-
1	31	记	41	结转销售成本	7931134 00		借	7931134 00
1	31	记	50	结转本期损益		7931134 00	平	-0-
1	31			本期合计	7931134 00	7931134 00	平	-0-
1	31			本年累计	7931134 00	7931134 00	平	-0-
2	28	记	30	结转销售成本	3204333 60		借	3204333 60
2	28	记	39	结转本期损益		3204333 60	平	-0-
2	28			本期合计	3204333 60	3204333 60	平	-0-
2	28			本年累计	11135676 0	11135676 0	平	-0-

图 4.16　主营业务成本明细账登账范例

税金及附加 明细账　　分页：1　总页：_____

一级科目　税金及附加　　　　二级科目　城市维护建设税

20××年 月	日	凭证 种类	号数	摘要	借方 千百十万千百十元角分	贷方 千百十万千百十元角分	借或贷	余额 千百十万千百十元角分
1	1			上年结转			平	-0-
1	31	记	47	计提本月附加税	59565 8		借	59565 8
1	31	记	50	结转本期损益		59565 8	平	-0-
1	31			本期合计	59565 8	59565 8	平	-0-
1	31			本年累计	59565 8	59565 8	平	-0-
2	28	记	36	计提本月附加税	56668 20		借	56668 20
2	28	记	39	结转本期损益		56668 20	平	-0-
2	28			本期合计	56668 20	56668 20	平	-0-
2	28			本年累计	116247 8	116247 8	平	-0-

图 4.17　税金及附加明细账登账范例

所得税费用 明细账　　分页：1　总页：_____

一级科目　所得税费用　　　　级科目

20××年 月	日	凭证 种类	号数	摘要	借方 千百十万千百十元角分	贷方 千百十万千百十元角分	借或贷	余额 千百十万千百十元角分
1	1			上年结转			平	-0-
1	31	记	49	计提本月所得税	756741		借	756741
1	31	记	50	结转本期损益		756741	平	-0-
1	31			本期合计	756741	756741	平	-0-
1	31			本年累计	756741	756741	平	-0-
2	28	记	38	计提本月所得税	1118420		借	1118420
2	28	记	39	结转本期损益		1118420	平	-0-
2	28			本期合计	1118420	1118420	平	-0-
2	28			本年累计	1875161	1875161	平	-0-

图 4.18　所得税费用明细账登账范例

固定资产明细账

分页：1　总页：2

名　称：兄弟7360一体机　　年折旧率：19.00%　　预计残值：120.00　　使用部门：行政部

使用年限：5　　年折旧额：454.63　　存放地点：　　财产编号：

20××年 月	日	凭证字号	摘要	单价	购进或转入 数量	购进或转入 金额	累计折旧 金额	余额 数量	余额 金额
1	1		上年结转		1	2 3 9 3 1 6	3 4 1 2 3	1	2 0 5 1 9 3
1	31	记42	计提本月折旧				3 7 8 9	1	2 0 1 4 0 4
1	31		本期合计				3 7 8 9	1	2 0 1 4 0 4
2	28	记31	计提本月折旧				3 7 8 9	1	1 9 7 6 1 5
2	28		本期合计				3 7 8 9	1	1 9 7 6 1 5
2	28		本年累计				7 5 7 8		1 9 7 6 1 5

图 4.19　固定资产明细账登账范例

库存商品　明细账

分页：1　总页：1

编号名称：台式计算机-联想扬天13　　存放地点：　　寄存放地点：　　计量单位：台　　规格：扬天13　　类别：

20××年 月	日	凭证字号	摘要	收入 数量	收入 单价	收入 金额	发出 数量	发出 单价	发出 金额	结存 数量	结存 单价	结存 金额
1	1		年初余额							42	2,503.69	1 0 5 1 5 5 1 0
1	15	记8	购入嘉东公司计算机一批	300	2,637.17	7 9 1 1 5 0 4 4				342	2,620.78	8 9 6 3 0 5 5 4
1	16	记18	计算机运输费用分摊			7 8 6 7 2 0				342	2,643.78	9 0 4 1 7 2 7 4
1	31	记41	结转销售成本				300	2,643.78	7 9 3 1 3 4 0 0	42	2,643.78	1 1 1 0 3 8 7 4
1	31		本期合计	300		7 9 9 0 1 7 6 4	300		7 9 3 1 3 4 0 0	42	2,643.78	1 1 1 0 3 8 7 4
1	31		本年累计	300		7 9 9 0 1 7 6 4	300		7 9 3 1 3 4 0 0	42	2,643.78	1 1 1 0 3 8 7 4
2	26	记20	购入嘉东公司计算机一批	100	2,681.42	2 6 8 1 4 1 5 9				142	2,670.28	3 7 9 1 8 0 0 3 3
2	28	记30	结转销售成本				120	2,582.18	3 2 0 4 3 3 6 0	22	2,670.31	5 8 7 4 6 7 3
2	28		本期合计	100		2 6 8 1 4 1 5 9	120		3 2 0 4 3 3 6 0	22	2,670.31	5 8 7 4 6 7 3
2	28		本年累计	400		1 0 6 7 1 5 9 2 3	420		1 1 1 3 5 6 7 6 0	22	2,670.31	5 8 7 4 6 7 3

图 4.20　库存商品明细账登账范例

主营业务收入　明细账

分页：1　总页：8

编号名称：台式计算机-联想扬天13　　存放地点：　　寄存放地点：　　计量单位：台　　规格：扬天13　　类别：

20××年 月	日	凭证字号	摘要	借方 数量	借方 单价	借方 金额	贷方 数量	贷方 单价	贷方 金额	结存 数量	结存 单价	结存 金额
1	1		年初余额									- 0 -
1	17	记22	销售市第三十八中学电脑一批				240	3,433.63	8 2 4 0 7 0 8 0	240	3,433.63	8 2 4 0 7 0 8 0
1	25	记27	售工商职业学院教学设备一批				60	3,362.83	2 0 1 7 6 9 9 1	300	3,419.47	1 0 2 5 8 4 0 7 1
1	31	记50	结转本期损益	300	3,419.47	1 0 2 5 8 4 0 7 1						- 0 -
1	31		本期合计	300		1 0 2 5 8 4 0 7 1	300		1 0 2 5 8 4 0 7 1			- 0 -
1	31		本年累计	300		1 0 2 5 8 4 0 7 1	300		1 0 2 5 8 4 0 7 1			- 0 -
2	26	记21	售工商职业学院教学设备一批				120	3,318.58	3 9 8 2 3 0 0 9	120	3,318.58	3 9 8 2 3 0 0 9
2	28	记39	结转本期损益	120	3,318.58	3 9 8 2 3 0 0 9						- 0 -
2	28		本期合计	120		3 9 8 2 3 0 0 9	120		3 9 8 2 3 0 0 9			- 0 -
2	28		本年累计	420		1 4 2 4 0 7 0 8 0	420		1 4 2 4 0 7 0 8 0			- 0 -

图 4.21　主营业务收入明细账登账范例

3．多栏式明细账

费用类科目的明细科目比较多，为了集中反映这些明细科目的具体发生情况，一般采用多栏式明细账，将费用类一级科目下的各明细科目金额在一张账页上进行集中登记。登记多栏式明细账的步骤如下。

（1）按照记账凭证所载信息分别填列多栏明细账的日期、凭证字号和摘要栏（此处与登记三栏式明细账相同）。

（2）按记账凭证上的金额分别登记合计栏和专项栏的金额处。

（3）结出合计栏的余额。

登账后的多栏式明细账范例（非实训单据的标准答案）如图 4.22 至图 4.25 所示。

管 理 费 用

20××年 月	日	凭证字号	摘要	借方	贷方	借或贷	余额	办公费	业务招待费	差旅费
1	1		上年结转			平	- 0 -			
1	4	记 8	梅梦园板销先立职工宴费用	8800000		借	8800000			
1	10	记 6	行政部梅梦园板销打印装订费	1185000		借	9985000	1185000		
1	15	记 15	缴纳工会经费	2661000		借	12646000			
1	16	记 19	齐齐阳板销庭差费	4934008		借	17580008		1500000	3434008
1	29	记 29	支付公司本月水费	733303		借	18313311			
1	29	记 30	支付公司本月电费	2162223		借	20475534			
1	29	记 33	支付办公室及仓库租金	5142857		借	71903391			
1	30	记 35	计提职工薪酬	78400000		借	150303390			
1	31	记 42	计提印刷		40245	借	150706640			
1	31	记 43	计提1月工资	94273000		借	244979300			
1	31	记 44	计提1月工资的五险	24510098		借	269490030			
1	31	记 45	计提1月公积金	6400000		借	275890030			
1	31	记 50	结转本期损益		275890034	平	- 0 -			
1	31		本期合计	275890034	275890034	平	- 0 -	1185000	1500000	3434008
1	31		本年累计	275890034	275890034	平	- 0 -	1185000	1500000	3434008

图 4.22　管理费用多栏式明细账 1/2 登账范例

明 细 账

分页：**1** 　总页：**3**

	（ 借 ）方 项 目								
租金	折旧费	工资	社保费	住房公积金	福利费	水费	电费	工会经费
					880000			
								2661000
						733303		
							2162223	
5142857								
	40245							
		9427300						
			2451098					
				640000				
5142857	40245	17267300	2451098	640000	880000	733303	2162223	2661000
5142857	40245	17267300	2451098	640000	880000	733303	2162223	2661000

图 4.23　管理费用多栏式明细账 2/2 登账范例

応 Table 1:

20××年 月	日	凭证 种类	凭证 号数	摘要	借方 合计	借方 进项税额	借方 已交税金	借方 减免税款
1	1			上年结转	2168267 54	1913576 00		
1	12	记	7	购入索尼华夏设备公司投影仪30台	17486 73	17486 73		
1	15	记	8	购入盘兴联想有限公司计算机一批	182230 09	182230 09		
1	16	记	18	报销采购计算机运输费用并付款	1255 05	1255 05		
1	16	记	19	李丹阳报销出差费并交回现金冲借款	55 92	55 92		
1	17	记	21	采购学生桌椅一批	4716 81	4716 81		
1	17	记	22	销售清水市第三十八中学计算机一批				
1	17	记	23	销售华夏清水市传习中学设备一批				
1	19	记	26	个人购买笔记本电脑				
1	25	记	27	销售华夏工商职业学院教学设备一批				
1	26	记	28	支付商场广告宣传费用	339 62	339 62		
1	29	记	29	支付公司本月水费	65 97	65 97		
1	29	记	30	支付公司本月电费	281 09	281 09		
1	29	记	32	销售部申请支付产品销售运输费用	561 47	561 47		
1	29	记	33	支付办公室及仓库租金	2571 43	2571 43		
1	31	记	46	结转本月未交增值税	85094 03			
1	31			本期合计	294658 21	209564 18		
1	31			本年累计	294658 21	209564 18		

图 4.24 应交增值税多栏式明细账 1/2 登账范例

应交税费——应交增值税明细账

分页：1　总页：1

Table 2:

转出未交增值税	贷方 合计	贷方 销项税额	贷方 出口退税	贷方 进项税额转出	借或贷	余额
254691 54	2168267 54	2168267 54			贷	- 0 -
					贷	-17486 73
					贷	-199716 82
					贷	-200971 87
					贷	-201027 79
					贷	-205744 60
	131352 91	131352 91			贷	-74391 69
	88215 92	88215 92			贷	13824 23
	747 79	747 79			贷	14572 02
	74341 59	74341 59			贷	88913 61
					贷	88573 99
					贷	88508 02
					贷	88226 93
					贷	87665 46
					贷	85094 03
85094 03					平	- 0 -
85094 03	294658 21	294658 21			平	- 0 -
85094 03	294658 21	294658 21			平	- 0 -

图 4.25 应交增值税多栏式明细账 2/2 登账范例

三、登记 T 形账

据审核无误的记账凭证，编制 T 形账，以汇总当期各科目的发生额，然后再根据 T 形账编制科目汇总表。

在绘制 T 形账账户时，只针对一级科目进行绘制，可按照当月记账凭证有发生额的会计科目进行设置，期初余额直接摘抄上月总账科目的期末余额。

为了方便查找对应的每一笔经济业务，在登记 T 形账的发生额时，按顺序把相应的科目发生金额和凭证号一起登记到 T 形账上。为与发生金额进行区分，在凭证编号上加括号。

所有凭证登记到 T 形账上后，应在最后一笔业务下画一横线，并汇总出当期的合计发生额。

最后，根据科目的属性计算出期末余额。

期末余额（借）＝期初余额（借）＋本期发生额（借）－本期发生额（贷）

期末余额（贷）＝期初余额（贷）＋本期发生额（贷）－本期发生额（借）

1 月的 T 形账填写范例如图 4.26 至图 4.28 所示，扫描二维码可查看其他范例。

库存现金			
期初余额	18,817.00		
（5）	10,000.00	（1）	8,000.00
（19）	3,010.00	（3）	5,000.00
		（6）	1,185.00
本期发生额	13,010.00	本期发生额	14,185.00
期末余额	17,642.00		

图 4.26　T 形账填写范例

银行存款			
期初余额	879,636.04		
(20)	160,000.00	(4)	500,020.50
(26)	6,500.00	(5)	10,000.00
(34)	195,140.00	(9)	108,798.70
(37)	400,000.00	(10)	47,942.01
(38)	200,000.00	(11)	17,400.00
		(12)	636.27
		(13)	2,661.00
		(14)	126,544.32
		(15)	15,185.32
		(16)	2,276.40
		(18)	15,200.00
		(24)	117,015.50
		(28)	6,000.00
		(29)	804.50
		(30)	2,443.32
		(32)	6,800.00
		(33)	54,000.00
		(36)	102,609.80
		(39)	500,020.50
本期发生额	961,640.00	本期发生额	1,636,358.14
期末余额	197,512.52		

图 4.27　T 形账填写范例

财务费用			
期初余额	0		
(4)	20.50	(50)	9,113.67
(24)	15.50		
(29)	5.50		
(34)	4,860.00		
(39)	20.50		
(40)	4,191.67		
本期发生额	9,113.67	本期发生额	9,113.67
期末余额	0		

图 4.28　T 形账填写范例

四、编制科目汇总表

科目汇总表是根据每本凭证 T 形账编制的，是在 T 形账的基础上编制的科目汇总表，编制完成的 1 月科目汇总表（非实训单据的标准答案）如图 4.29 所示。

科 目 汇 总 表

20×× 年 1 月 1 日至 1 月 31 日

凭证号数		
记	第 1 号至 50 号共 50 张	
	第 号至 号共 张	
编号 01	附件共 175 张	

会计科目	借方金额	贷方金额	会计科目	借方金额	贷方金额
库存现金	13,010.00	14,185.00			
银行存款	961,640.00	1,636,358.14			
应收票据	320,000.00	320,000.00			
应收账款	2,554,760.00	1,080,000.00			
其他应收款	35,953.03	45,638.03			
库存商品	1,586,511.32	1,726,590.08			
累计折旧	-	1,566.27			
应付账款	1,237,000.00	1,777,000.00			
应付职工薪酬	290,732.78	287,232.78			
应交税费	439,300.52	402,364.85			
应付利息		4,191.67			
本年利润	2,122,820.96	2,266,601.79			
主营业务收入	2,266,601.79	2,266,601.79			
主营业务成本	1,726,590.08	1,726,590.08			
税金及附加	11,578.73	11,578.73			
销售费用	92,080.73	92,080.73			
管理费用	275,890.34	275,890.34			
财务费用	9,113.67	9,113.67			
所得税费用	7,567.41	7,567.41			
合 计	13,951,151.36	13,951,151.36			

财务主管	记账	复核	制表 张守财

图 4.29　1 月科目汇总表填写范例

五、登记总分类账

补充范例
其他总分类账登记
范例

总分类账简称总账，登记时，日期一般填写当期最后一天。总账是根据每本凭证的科目汇总表进行登记的，因此凭证字一般填写"科汇"，凭证号填写每本凭证的当月编号或科目汇总表的编号，摘要为"本期发生额"，金额按科目汇总表里对应的金额进行填写。

登记完成的总分类账（非实训单据的标准答案）如图 4.30 和图 4.31 所示，扫描二维码可查看其他范例。

库存现金　总分类账

分页 **1** 总页 **1**

20××年		凭证		摘 要	借 方	贷 方	借或贷	余 额	√
月	日	字	号						
1	1			上年结转			借	18817.00	
1	31	科汇	1	本期发生额	13010.00	14185.00	借	17642.00	
1	31			本年累计	13010.00	14185.00	借	17642.00	
2	28	科汇	1	本期发生额	11000.00	16674.00	借	11968.00	
2	28			本年累计	24010.00	30859.00	借	11968.00	

图 4.30　总分类账登记范例（1）

六、编制试算平衡表

根据登记完成的总分类账，再进行试算平衡表的编制，编制的 1 月试算平衡表（非实训单据的标准答案）如图 4.32 所示。

图 4.31 总分类账登记范例（2）

科目代码	科目名称	期初余额 借方	期初余额 贷方	本期发生额 借方	本期发生额 贷方	期末余额 借方	期末余额 贷方
			华夏自强教学设备贸易有限公司 1 月试算平衡表				
			20×× 年 1 月				（单位：元）
1001	库存现金	18,817.00		13,010.00	14,185.00	17,642.00	–
1002	银行存款	879,636.04		961,640.00	1,636,358.14	204,917.90	–
1121	应收票据	–		320,000.00	320,000.00	–	
1122	应收账款	1,279,450.00		2,554,760.00	1,080,000.00	2,754,210.00	–
1221	其他应收款	60,638.03		35,953.03	45,638.03	50,953.03	–
1405	库存商品	470,898.77		1,586,511.32	1,726,590.08	330,820.01	–
1601	固定资产	84,222.23		–	–	84,222.23	
1602	累计折旧		12,689.16	–	1,566.27	–	14,255.43
2001	短期借款		500,000.00	–	–	–	500,000.00
2202	应付账款		511,771.88	1,237,000.00	1,777,000.00	–	1,051,771.88
2203	应付职工薪酬		133,073.00	290,732.78	287,232.78	–	129,573.00
2221	应交税费		144,642.31	439,300.52	402,364.85	–	107,706.64
2231	应付利息				4,191.67	–	4,191.67
4001	实收资本		1,500,000.00	–	–	–	1,500,000.00
4103	本年利润			2,122,820.96	2,266,601.79		143,780.83
4104	利润分配		–8,514.28	–	–	–	–8,514.28
6001	主营业务收入			2,266,601.79	2,266,601.79		
6401	主营业务成本			1,726,590.08	1,726,590.08		
6403	税金及附加			11,578.73	11,578.73		
6601	销售费用			92,080.73	92,080.73		
6602	管理费用			275,890.34	275,890.34		
6603	财务费用			9,113.67	9,113.67		
6801	所得税费用			7,567.41	7,567.41		
	合计	2,793,662.07	2,793,662.07	13,951,151.36	13,951,151.36	3,442,765.17	3,442,765.17

复核： 制表： 杨守财

图 4.32　1 月试算平衡表范例

编制完试算平衡表后，应将总账与试算平衡表进行比对，以校验总账的正确性。具体方法如下。

（1）检查试算平衡表科目期初借、贷方余额与总账科目期初借、贷方余额是否相等。

（2）检查试算平衡表科目本期借、贷方发生额与总账科目本期借、贷方发生额是否相等。

（3）检查试算平衡表科目期末借、贷方余额与总账科目期末借、贷方余额是否相等。

第五部分　期末对账与结账

一、对账

月末会计在登记完账簿后，为保证会计数据正确与可靠，对账簿、凭证等会计资料中的关联数据进行检查和核对，以及与实物进行核对，对发现的错误及时更正。

对账的内容包括以下几个方面。

（一）账证核对

账证核对是指核对会计账簿的登记与记账凭证和原始凭证在对应的时间、凭证字号、摘要内容等方面是否一致，金额是否一致，会计科目借贷方向是否一致。

在账证核对过程中，还要注意记账凭证后附的原始凭证与账簿记录的是否一致。

例如，对于数量金额式明细账，应将账簿记录的数量与记账凭证后附的出库单、入库单等原始凭证记录的数量进行核对。

（二）账账核对

账账核对是指核对不同会计账簿之间的有关记录是否相符。账簿与账簿之间存在着相互依存的钩稽关系，通过账簿的相互核对，可以发现账簿记录是否有误。账账核对的内容包括以下几项。

1. **总分类账中相关账户余额的核对**

在进行总账相关账户余额的核对时，通常可以采用编制试算平衡表的方法来完成。

2. **总分类账与所属明细账的核对**

登记总分类账与明细账时，通常采用平行登记法，即总账账户与其所属明细账各账户的登记依据、期间、借贷方向金额应完全一致。

核对时应将总账的本月合计数与所属明细账的本月数之和进行核对（包括发生额和余额）。如果出现不一致的现象，就表示账簿记录有错，会计人员应查明原因后予以更正。

3. **总分类账与日记账的核对**

总分类账中的库存现金总账、银行存款总账应与出纳员登记的库存现金日记账、银行存款日记账进行核对。

4. **会计账与其他部门账的核对**

企业发生的经济业务，一般都会与其他部门有关联，除了会计部门有核算记录外，其他部门也有对应的台账等记录，如有关的统计台账、实物保管账、业务账等。为了保证账簿记录的正确性，还应在月末将会计账与其他部门账进行核对。

（三）账实核对

账实核对是指核对各项财产物资、债权债务等账簿账面余额与实有数额进行核对，账实核对是会计人员必须掌握的重要技能，主要包括以下几项。

（1）库存现金日记账的余额是否与库存现金数核对相符。

（2）银行存款日记账的余额是否与银行对账单金数核对相符。

（3）相关财产物资明细账的结存数量是否同实存数量核对相符。

（4）债权债务明细账的余额是否与有关单位或个人核对相符。

二、结账

结账是指会计期末根据各种账簿的记录结算出本期发生额及期末余额，并将期末余额转入下期的工作。

结账工作分为月结和年结。

1. 月结

月结即月末结账，是指按月结出各类账簿的本期发生额和期末余额。一般来说，所有账簿都要求结出"本月合计"和"本年累计"数，并在"本年累计"栏的上下通栏画单红线。

2. 年结

年结即年度结账。年终，会计人员应当对所有账簿结账，既要做出 12 月的月结，又要进行年终结账。年结过程与月结大致相同，主要区别如下。

年结时，所有科目都需要结出本年累计发生额，并在此栏下面画通栏双红线（即封账线）。

年结时有余额的账户，要将余额结转下年，并在下一行的摘要栏中注明"结转下年"字样。

第六部分　编制会计报表

一、资产负债表

资产负债表是反映每一期期末企业所拥有的资产、承担的负债以及股东权益这三项财务状况的报表，企业通常按月、季度、年度编制资产负债表。

1. 填写基础信息

填制资产负债表的基础信息，具体包括编制单位、编制时间、货币单位等。

2. 填写年初余额

资产负债表的年初余额是上一会计年度的期末余额，填写时可直接将上年度的年度报表期末余额摘抄到本期资产负债表年初余额的对应位置，或按期初数据进行分析填列。本企业上年 12 月资产负债表如图 6.1 所示。

资产负债表

会企01表

编制单位：华夏自强教学设备贸易有限公司　　　　　　上年 12 月 31 日　　　　　　（单位：元）

资产	期末余额	年初余额	负债和所有者权益（或股东权益）	期末余额	年初余额
流动资产：			流动负债：		
货币资金	898,453.04		短期借款	500,000.00	
交易性金融资产			交易性金融负债		
衍生金融资产			衍生金融负债		
应收票据及应收账款	1,279,450.00		应付票据及应付账款	511,771.88	
预付款项			预收款项		
其他应收款	60,638.03		合同负债		
存货	470,898.77		应付职工薪酬	133,073.00	
合同资产			应交税费	144,642.31	
持有待售资产			其他应付款		
一年内到期的非流动资产			持有待售负债		
其他流动资产			一年内到期的非流动负债		
流动资产合计	**2,709,439.84**		其他流动负债		
非流动资产：			**流动负债合计**	**1,289,487.19**	
债权投资			非流动负债：		
其他债权投资			长期借款		
长期应收款			应付债券		
长期股权投资			其中：优先股		
其他权益工具投资			永续债		
其他非流动金融资产			长期应付款		
投资性房地产			预计负债		
固定资产	71,533.07		递延收益		
在建工程			递延所得税负债		
生产性生物资产			其他非流动负债		
油气资产			**非流动负债合计**		
无形资产			**负债合计**	**1,289,487.19**	
开发支出			所有者权益（或股东权益）：		
商誉			实收资本（或股本）	1,500,000.00	
长期待摊费用			其他权益工具		
递延所得税资产			其中：优先股		
其他非流动资产			永续债		
非流动资产合计	**71,533.07**		资本公积		
			减：库存股		
			其他综合收益		
			盈余公积		
			未分配利润	-8,514.28	
			所有者权益（或股东权益）合计	1,491,485.72	
资产总计	**2,780,972.91**		**负债和所有者权益（或股东权益）总计**	**2,780,972.91**	

单位负责人：　　　　　　　　　会计主管：王清香　　　　　　　制表：张守财

注：表中年份应为实际年份，本实训用虚拟年份，故以"上"代替前一年份。

图 6.1　上年 12 月资产负债表

3. 填写期末余额

根据总分类账和明细账填写资产负债的期末余额。报表项目的期末金额填列有以下五种情况。

（1）按有关总账科目的期末余额直接填列。

（2）按有关总账科目余额的合计数填列。

（3）按有关总账科目的期末余额分析计算填列。

（4）按有关明细科目的期末余额分析计算填列。

（5）报表中合计与总计项目计算填列。

20××年1月资产负债表填写范例（非实训单据的标准答案）如图6.2所示。

资产负债表

会企01表

编制单位：华夏自强教学设备贸易有限公司　　　　20××年1月31日　　　　（单位：元）

资产	期末余额	年初余额	负债和所有者权益（或股东权益）	期末余额	年初余额
流动资产：			流动负债：		
货币资金	222,559.90	898,453.04	短期借款	500,000.00	500,000.00
交易性金融资产			交易性金融负债		
衍生金融资产			衍生金融负债		
应收票据及应收账款	2,754,210.00	1,279,450.00	应付票据及应付账款	1,051,771.88	511,771.88
预付款项			预收款项		
其他应收款	50,953.03	60,638.03	合同负债		
存货	330,820.01	470,898.77	应付职工薪酬	129,573.00	133,073.00
合同资产			应交税费	107,706.64	144,642.31
持有待售资产			其他应付款	4,191.67	
一年内到期的非流动资产			持有待售负债		
其他流动资产			一年内到期的非流动负债		
流动资产合计	3,358,542.94	2,709,439.84	其他流动负债		
非流动资产：			流动负债合计	1,793,243.19	1,289,487.19
债权投资			非流动负债：		
其他债权投资			长期借款		
长期应收款			应付债券		
长期股权投资			其中：优先股		
其他权益工具投资			永续债		
其他非流动金融资产			长期应付款		
投资性房地产			预计负债		
固定资产	69,966.80	71,533.07	递延收益		
在建工程			递延所得税负债		
生产性生物资产			其他非流动负债		
油气资产			非流动负债合计		—
无形资产			负债合计	1,793,243.19	1,289,487.19
开发支出			所有者权益（或股东权益）：		
商誉			实收资本（或股本）	1,500,000.00	1,500,000.00
长期待摊费用			其他权益工具		
递延所得税资产			其中：优先股		
其他非流动资产			永续债		
非流动资产合计	69,966.80	71,533.07	资本公积		
			减：库存股		
			其他综合收益		
			盈余公积		
			未分配利润	135,266.55	-8,514.28
			所有者权益（或股东权益）合计	1,635,266.55	1,491,485.72
资产总计	3,428,509.74	2,780,972.91	负债和所有者权益（或股东权益）总计	3,428,509.74	2,780,972.91

单位负责人：　　　　会计主管：王清香　　　　制表：张守财

图6.2　20××年1月资产负债表填写范例

4. 签字盖章

会计人员编制完报表后，应在"制表"栏签字或盖章，再将报表交给相关负责人进行审核，审核无误后，相关负责人在报表上签名或盖章。

二、利润表

利润表是反映企业在一定会计期间经营成果的报表。企业通常按月、季度、年度编制利润表。

1. 填写基础信息

填制利润表的基础信息，具体包括编制单位、编制时间、货币单位等。

2. 填写本期金额

根据科目汇总表或总分类账填写利润表的本期金额。

（1）"营业收入"项目应根据"主营业务收入"和"其他业务收入"科目的发生额合计数填列，"营业成本"项目应根据"主营业务成本"和"其他业务成本"科目的发生额合计数填列。

（2）其他项目可直接根据有关总账科目发生额填列，如"税金及附加""销售费用""管理费用""财务费用""营业外收入""营业外支出""所得税费用"等。

3. 填写本年累计数

利润表的本年累计数可以根据对应项目上各月的本年累计数加上本月发生额填写，也可以根据总分类账的累计发生额进行填写。

20××年1月利润表填写范例（非实训单据的标准答案）如图6.3所示。

利 润 表

会企02表

编制单位：华夏自强教学设备贸易有限公司　　　20××年 1 月　　　（单位：元）

项　　　目	本期金额	上期金额
一、营业收入	2,266,601.79	
减：营业成本	1,726,590.08	
税金及附加	11,578.73	
销售费用	92,080.73	
管理费用	275,890.34	
研发费用		
财务费用	9,113.67	
其中：利息费用	9,051.67	
利息收入		
资产减值损失		
信用减值损失		
加：其他收益		
投资收益（损失以"-"号填列）		
其中：对联营企业和合营企业的投资收益		
净敞口套期收益（损失以"-"号填列）		
公允价值变动收益（损失以"-"号填列）		
资产处置收益（损失以"-"号填列）		
二、营业利润（亏损以"-"号填列）	151,348.24	
加：营业外收入		
减：营业外支出		
三、利润总额（亏损总额以"-"号填列）	151,348.24	
减：所得税费用	7,567.41	
四、净利润（净亏损以"-"号填列）	143,780.83	
（一）持续经营净利润（净亏损以"-"号填列）		
（二）终止经营净利润（净亏损以"-"号填列）		

单位负责人：　　　　　会计主管：王清香　　　制表：张守财

图6.3　20××年1月利润表填写范例

4. 签字盖章

会计人员编制完报表后，应在"制表"栏签字或盖章，再将报表交给相关负责人进行审核，审核无误后相关负责人在报表上签名或盖章。

三、现金流量表

现金流量表是用于反映一定期间内企业现金及现金等价物增减变动情况的报表。现金流量表可以反映出企业短期的资金充裕情况。企业通常按月、季度、年度编制现金流量表。

现金流量表的编制步骤和资产负债表、利润表的编制类似，也包括表头基础信息填写、正表内容填写和审核签章三个步骤。

1. 填写基础信息

填制现金流量表的基础信息，具体包括编制单位、编制时间、货币单位等。

2. 填制现金流量正表数据

正表的填写主要是根据记账凭证、账簿、资产负债表、利润表、科目汇总表等编制现金流量表。

现金流量信息主要应填写三大现金流量项目的发生额，并计算出现金流量净额。

三大现金流量项目是指经营活动、投资活动、筹资活动所产生的现金流量对现金及现金等价物的影响。

现金流量信息的填写可分为以下三步。

（1）根据凭证和账簿信息分析得出的数据，分别填列三大现金流量项目对应子项目的流量，并统计出三大现金流量项目产生的当期现金流量净额。

（2）根据三大现金流量项目的金额计算出"现金及现金等价物净增加额"的金额。

（3）结合"期初现金及现金等价物余额"的数据计算得出期末现金及现金等价物的余额。

3. 签字盖章

会计人员编制完报表后，应在"制表"栏签字或盖章，再将报表交给相关负责人进行审核，审核无误后，相关负责人在报表上签名或盖章。

20××年1月现金流量表填写范例（非实训单据的标准答案）如图6.4所示。

现 金 流 量 表

会企03表

编制单位：华夏自强贸易有限公司　　　20×× 年 1 月　　　（单位：元）

项　　　目	金　　额
一、经营活动产生的现金流量：	
销售商品、提供劳务收到的现金	961,640.00
收到的税费返还	
收到的其他与经营活动有关的现金	3,010.00
现金流入小计	964,650.00
购买商品、接受劳务支付的现金	1,132,256.50
支付给职工以及为职工支付的现金	279,411.51
支付的各项税费	144,642.31
支付的其他与经营活动有关的现金	84,232.82
现金流出小计	1,640,543.14
经营活动产生的现金流量净额	−675,893.14
二、投资活动产生的现金流量：	
收回投资所收到的现金	
取得投资收益所收到的现金	
处置固定资产、无形资产和其他长期资产所收回的现金净额	
收到的其他与投资活动有关的现金	
现金流入小计	
购建固定资产、无形资产和其他长期资产所支付的现金	
投资所支付的现金	
支付的其他与投资活动有关的现金	
现金流出小计	
投资活动产生的现金流量净额	
三、筹资活动产生的现金流量：	
吸收投资所收到的现金	
借款所收到的现金	
收到的其他与筹资活动有关的现金	
现金流入小计	
偿还债务所支付的现金	
分配股利、利润或偿付利息所支付的现金	
支付的其他与筹资活动有关的现金	
现金流出小计	
筹资活动产生的现金流量净额	
四、汇率变动对现金的影响	
五、现金及现金等价物净增加额	−675,893.14
加：期初现金及现金等价物余额	898,453.04
六、期末现金及现金等价物余额	222,559.90

单位负责人：　　　　　会计主管：王清香　　　制表：张守财

图 6.4　20××年 1 月现金流量表填写范例

第七部分　会计档案处理

一、记账凭证的装订

会计凭证一般在每月结账后装订一次，装订好后要妥善保存，以方便后期查阅。

整理记账凭证时要确保不断号、不跳号。会计人员应按照凭证的编号进行排查，检查记账凭证是否缺失或者跳号。如果存在凭证缺失或者跳号，应当及时进行更正。

检查记账凭证上所载的日期、金额、经济业务与后附的原始凭证是否一一对应，如检查记账凭证的附件数与后附原始凭证数是否一致。

装订完的每本凭证要整齐、美观、牢固。每本凭证的厚度一般为 1.5 厘米，最多不超过 3 厘米，如果本月记账凭证过多，可装订为多本。

科目汇总表和 T 形账放在每本凭证最前面，试算平衡表放在最后一本凭证的最后面。

银行对账单、银行存款余额调节表不是原始凭证，但却是重要的会计资料，可装订在每月第一本凭证中，或年终单独装订保存，按企业历来要求处理。

凭证中不能有大头针、曲别针、订书钉等金属物，因为时间长了金属会生锈不利于资料保管。用线绳装订的线绳结要打在凭证背面。

凭证打孔装订的方式有以下两种。

（1）左侧打孔装订，北方企业多采用此方法：距左边沿 1.5 厘米处等距打 3 个孔，两孔之间距离为 3 厘米，穿好线绳，在背面打结系紧后，剪掉多余线头，用胶水粘好包角纸，凭证装订过程如图 7.1 所示。

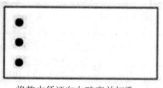
将整本凭证向左磕齐并打孔

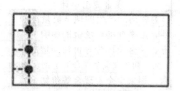
用线绳穿过三个孔并捆绑紧

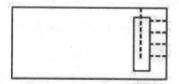
将绳结打在背面，并用纸条封盖

图 7.1　左侧凭证装订示意图

（2）左上角打孔装订，南方企业多采用此方法：分别距左边沿、上边沿 1.5 厘米各打 1 个孔，然后按图 7.2 所示穿线装订。

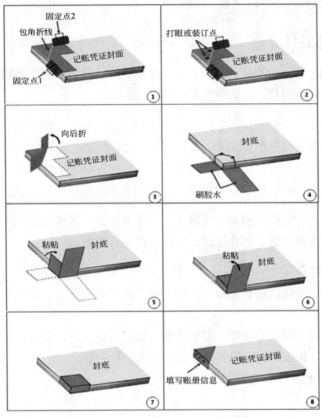

图 7.2　左上角凭证装订示意图

会计凭证装订后的注意事项。

（1）在每本凭证封面上填写好单位名称、年度、月份、凭证种类、起止号码、凭证张数等信息，会计主管人员和装订人员签章，并在包角纸的骑缝处加盖财务专用章。

（2）在封面上编好卷号，按编号顺序入柜，并要在侧边显露处书写注明凭证种类编号等，以便于调阅。

二、会计账簿的装订

在实际工作中，账簿分为订本式和活页式。总账和日记账采用的是订本式，期末无须再重新装订；三栏式明细账、多栏式明细账和数量金额式明细账一般采用活页式，因此在期末要装订成册。

在会计账簿装订前，首先按账簿启用表的使用页数核对各个账户是否相符，账页数是否齐全，序号排列是否连续，将账页数填写齐全，再将账户目录填写完整。

其次按会计账簿的账壳封面、账簿启用表、账户目录、该账簿按页数顺序排列的账页、会计账簿的账壳封底，从上到下对齐摆放，然后在打孔处用账页钉将账簿固定。如果账簿的账壳封面没有写账簿名称，还要在封面填上账簿名称。

最后将装订完的会计账簿交档案室登记保管。

三、会计报表的装订

企业在每期期末都会编制会计报表，主要包括资产负债表、利润表和现金流量表。会计报表是企业重要的财务资料，应装订成册，并妥善保管。

1. 整理报表

整理的报表主要包括资产负债表、利润表、现金流量表。整理时，应将报表的上边、左边分别对齐压平，以防止折角，如有损坏部位修补后，完整无缺地装订。

2. 装订

整理完成后，就可以将报表装订成册了，具体方法是：将会计报表封面、整理后的会计报表、会计报表封底从上到下对齐摆放，然后直接装订成册。

3. 填写报表封面

报表封面内容主要包括企业名称、报表所属期、企业负责人、财务负责人、制表人、编报日期等。

填写完企业名称、报表所属期、编报日期、制表人信息后，需请企业负责人、财务负责人等人员签章，并在报表封面及每张报表上加盖本单位公章。

最后将装订完的会计报表交档案室登记保管。

第八部分　会计电算化实训业务解析

实际工作中绝大多数小微企业所使用的财务软件都是单机版的。在当前国内主流单机版财务软件中，金蝶 KIS 财务软件具有安装简单、操作方便、免维护的特点。

作者经深圳金蝶奇思科技软件公司授权，在此选用金蝶财务软件中的单机版作为本教材的配套教学财务软件，软件版本为金蝶公司 KIS 迷你版 V12.0（更新一些的版本或较早版本功能相似，一般都可使用）。

一、初始化及建账

（一）软件下载及安装

用网络搜索引擎（如"百度"）以"金蝶社区"为关键词搜索金蝶社区网址，登录后在"选择正在使用的产品"中单击"KIS 标准版"，进入 KIS 标准版界面，单击左上角"论坛"进入 KIS 标准版（迷你版/记账王）论坛界面，其中有"KIS 标准版、迷你版 V12.0 新功能介绍及安装包下载地址"，单击即可下载（下载时需要先注册，免费）。

软件安装后只是试用版，可进行两个月的数据处理，作为本实训的实训软件已足够，如要对第三个月的数据进行处理，则需付费后才能使用。

下载安装包解压后（如图 8.1 所示），双击"金蝶 KIS 迷你版 V12.0 安装程序"文件安装软件，安装完成后桌面会出现金蝶 KIS 迷你版财务软件的程序图标。

音视空间

金蝶财务软件下载演示操作（视频）

金蝶财务软件安装演示操作（视频）

图 8.1　金蝶 KIS 迷你版 V12.0 安装文件

（二）初始化设置

双击桌面金蝶 KIS 迷你版财务软件图标，打开启用界面，如图 8.2 所示。

安装的财务软件是试用版，可进行两个月的账务数据处理，在此只能单击【演示】按钮进入系统。第一次运行软件系统需要进行"新建账套"操作，单击图 8.3 所示对话框中的【新建账套】按钮，进入如图 8.4 所示对话框。

图 8.2　金蝶 KIS 迷你版启用界面

图 8.3　【金蝶 KIS 迷你版系统登录】对话框

在图 8.4 所示账套文件对话框"文件名"文本框中，".AIS"表示账套文件后缀名为 AIS，将"*"字符删除，输入要新建的账套文件名。

输入账套文件名后,按图 8.5 至图 8.11 所示的步骤完成账套设置,设置过程中需要注意以下几项。

(1)图 8.6 中,"请输入账套名称"输入预设的账套名。

(2)图 8.7 中,公司所属的行业选择"新会计准则"。

(3)图 8.8 中,系统默认记账本位币为人民币,不需要改动。

(4)图 8.9 中,确认会计科目结构级数及长度时,只需将第一行会计科目级数由 10 改 4,其他不需要改动。

(5)图 8.10 中,将账套"会计年度开始日期"设置为 1 月 1 日,启用会计期间选择为 20××年 1 期(注:应为实际年份,可自定,以下截图以"2018 年"为例),下方的"账套启用日期"自动显示为 20××年 1 月 1 日。

图 8.4　输入新建账套文件名

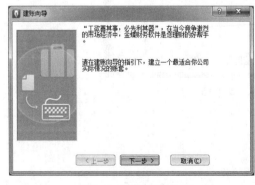

图 8.5　建账向导(1)

图 8.6　建账向导(2)

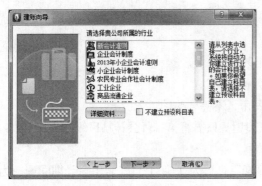

图 8.7　建账向导（3）　　　　　　　　　　图 8.8　建账向导（4）

　　完成账套的设置后，单击如图 8.11 所示对话框中的【完成】按钮，进入会计科目初始化窗口（见图 8.12），单击【会计科目】打开【会计科目】对话框，如图 8.13 所示。

图 8.9　建账向导（5）　　　　　　　　　　图 8.10　建账向导（6）

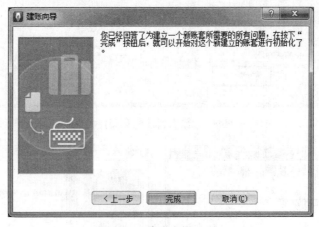

图 8.11　建账向导（7）

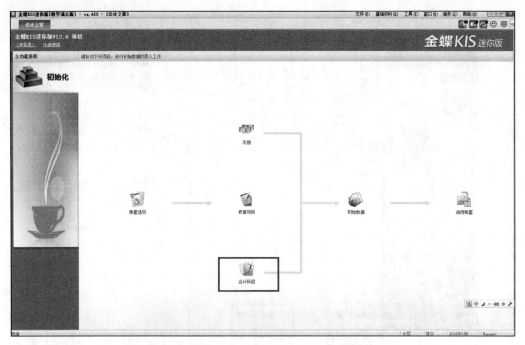

图 8.12 账套初始化窗口

图 8.13 【会计科目】对话框

音视空间

新建账套科目初始化
操作（视频）

按本实训第二部分表 2.1 中会计科目表的内容，对会计科目及其明细科目进行设置。

提示

  为便于同学理解和使用软件，本实训以最简单的方式进行操作，只使用总账模块，且所有科目不设辅助核算，另"库存商品""主营业务收入""固定资产"设为数量金额式明细账，设置操作如图 8.14 和图 8.15 所示。

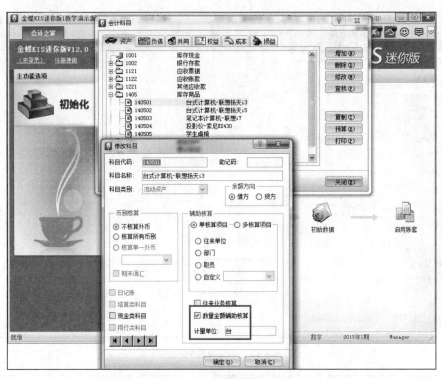

图 8.14　库存商品科目设置数量金额式明细账

图 8.15　主营业务收入科目设置数量金额式明细账

　　会计科目设置完成后，再回到账套初始化窗口，单击【初始数据】打开图 8.16 所示的初始数据录入窗口，录入表 2.1 中的期初余额金额数据。

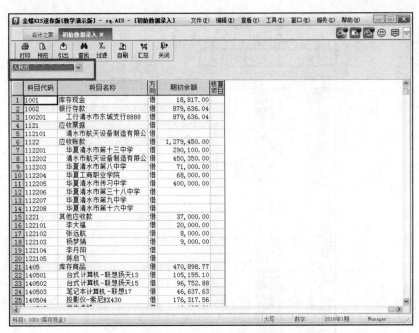

图 8.16　录入金额初始数据

如图 8.17 所示，在【初始数据录入】窗口下拉列表框中选择【－数量－】，录入初始数量。

音视空间

新建账套初始数据录入操作（视频）

图 8.17　录入数量初始数据

全部初始数据录入完成后，在【初始数据录入】窗口下拉列表框中选择【－试算平衡表－】，自动进行试算平衡，检查数据借贷是否相等，如图 8.18 所示。

	科目代码	科目名称	期初借方	期初贷方
1	1001	库存现金	18,817.00	
2	1002	银行存款	879,636.04	
3	1121	应收票据		
4	1122	应收账款	1,279,450.00	
5	1221	其他应收款	37,000.00	
6	1405	库存商品	470,898.77	
7	1601	固定资产	84,222.23	
8	1602	累计折旧		12,689.16
9	1603	固定资产减值准备		
10	1901	待处理财产损溢		
11	2001	短期借款		500,000.00
12	2202	应付账款		434,994.96
13	2203	应付职工薪酬		184,656.36
14	2221	应交税费		146,197.84
15	2231	应付利息		
16	2241	其他应付款		
17	4001	实收资本		1,500,000.00
18	4002	资本公积		
19	4101	盈余公积		
20	4103	本年利润		
21	4104	利润分配	8,514.28	
22	5001	生产成本		
23	5101	制造费用		
24	6001	主营业务收入		
25	6051	其他业务收入		
26	6301	营业外收入		
27	6401	主营业务成本		
28	6402	其他业务成本		
29	6403	税金及附加		
30	6601	销售费用		
31	6602	管理费用		
32	6603	财务费用		
33	6711	营业外支出		
34	6801	所得税费用		
35		合　计	2,778,538.32	2,778,538.32

图 8.18　初始数据试算平衡表

　　初始化处理最后一项工作就是启用账套，一旦启用账套，就意味着关闭初始化界面，这一过程是不可逆的。

　　启用账套之后，科目初始内容不能再进行修改，因此在启用账套之前，应仔细检查初始化的科目及数据，确保无误后再进行账套启用。

　　在账套初始化界面，单击【启用账套】，按图 8.19 至图 8.22 所示完成账套的初始化设置，而后进入账务处理状态。

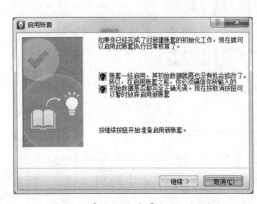

图 8.19　【启用账套】初始对话框

图 8.20　【账套备份】对话框

会计综合实训（视频指导版）

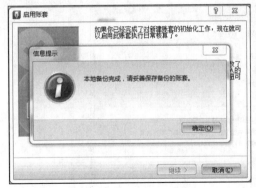

图 8.21 【启用账套】备份对话框

图 8.22 【启用账套】完成对话框

二、日常账务处理

（一）账套选项设置

在处理日常账务前，先要进行"账套选项"设置。进入账务处理窗口，单击窗口左侧的【主功能选项】（如图 8.23 所示），而后单击窗口右侧的【账套选项】，打开【账套选项】对话框，按图 8.23 至图 8.27所示步骤对【账套选项】进行设置（各选项注意按图中所示进行设置）。

音视空间

账套选项设置演示操作（视频）

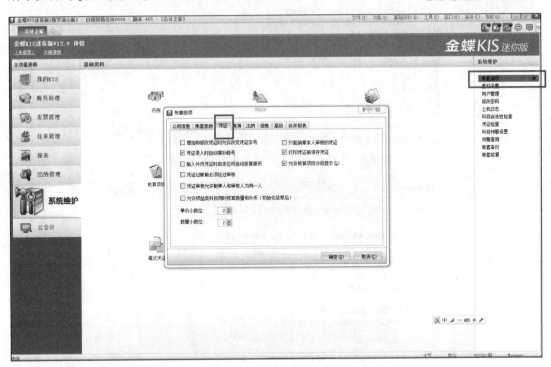

图 8.23 打开【账套选项】对话框步骤

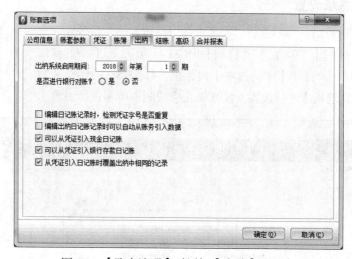

图 8.24 【账套选项】对话框【账簿】选项卡

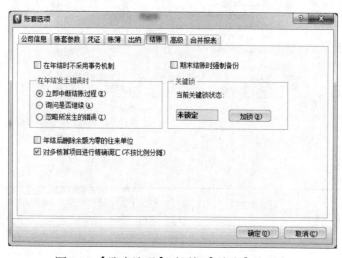

图 8.25 【账套选项】对话框【出纳】选项卡

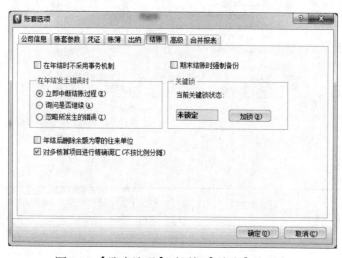

图 8.26 【账套选项】对话框【结账】选项卡

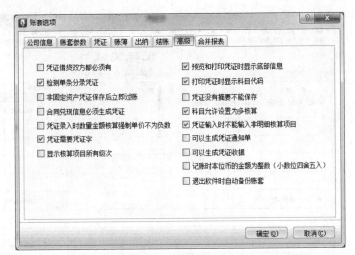

图 8.27 【账套选项】对话框【高级】选项卡

（二）凭证操作

回到账务处理窗口，进行"凭证录入"处理，操作步骤为【财务处理】→【凭证录入】，如图 8.28 所示。

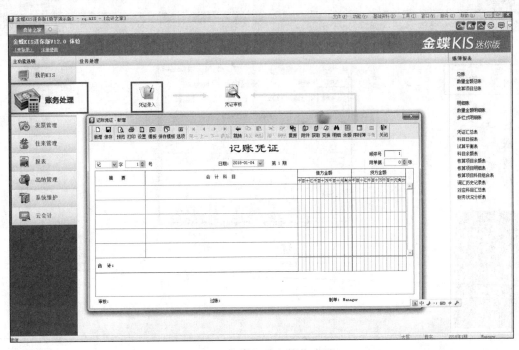

图 8.28 凭证录入操作步骤

根据"附册"中相关业务单据在系统中逐笔填写记账凭证，如图 8.29 所示。【记账凭证】窗口中的"摘要"内容可直接录入，"会计科目"可直接输入会计科目代码，也可按 F7 键进入会计科目维护界面双击选择科目，金额直接录入（按空格键可实现借贷转换，按"="键可实现借贷相等），录入完成后单击【保存】按钮。

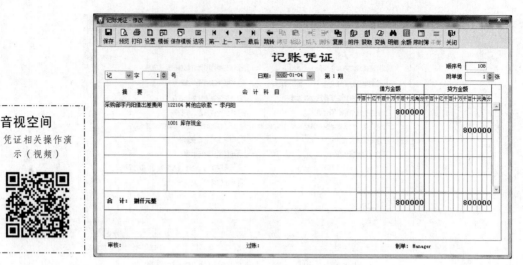

图 8.29 【记账凭证】窗口

音视空间
凭证相关操作演示（视频）

修改凭证操作步骤为【财务处理】→【凭证查询】→【确定】，如图 8.30 所示。需要注意的是，凭证未过账才能进行修改。

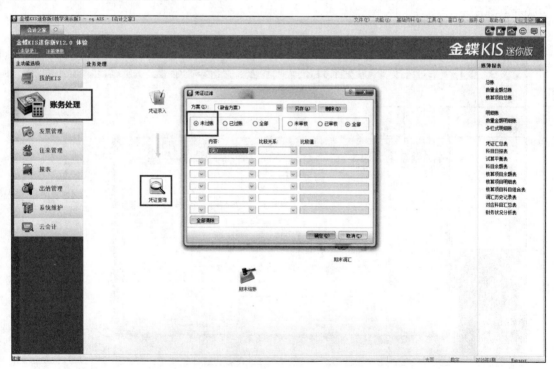

图 8.30 凭证查询步骤

如图 8.31 所示，找到需要修改的凭证并双击，打开【记账凭证—修改】窗口，即可修改记账凭证中的内容，修改完成后单击【保存】按钮即可。凭证删除操作步骤与凭证查询相似。

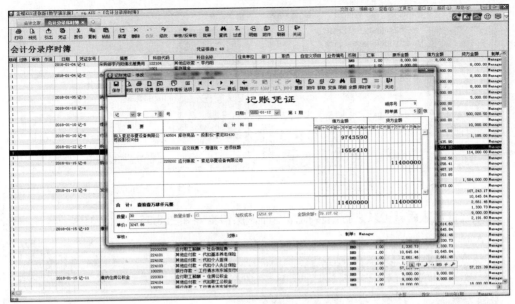

图 8.31　凭证查询、修改

音视空间

期末相关业务操作
演示（视频）

三、月末损益结转账务处理

月末损益结转的账务处理操作是在凭证处理无误，且已录入本月月末的计提业务凭证，只差最后一笔月末损益结转的情况下进行的。

月末损益结转之前先进行凭证过账处理，操作步骤如图 8.32 至图 8.34 所示。

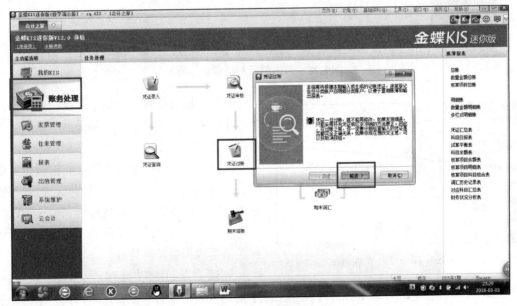

图 8.32　凭证过账操作步骤

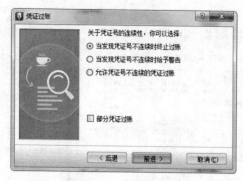

图 8.33 凭证过账选项

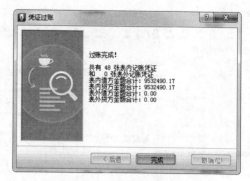

图 8.34 完成凭证过账

完成凭证过账后就可以进行结转损益处理，操作步骤如图 8.35 和图 8.36 所示。

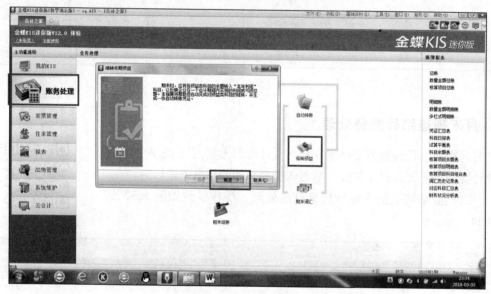

图 8.35 月末结转损益操作步骤

图 8.36 损益结转完成界面

生成的损益结转凭证如果无误，在【账务处理】中单击【凭证过账】，将最后生成的凭证过账后即可进行下一步操作。

如发现生成的损益结转凭证有错误，可删除系统生成的这张凭证后，对前面已过账的凭证进行"反过账"操作。凭证要在"未记账"状态下才能进行修改，消除错误后再按上面流程重新生成损益结转凭证。

凭证"反过账"操作过程如图 8.37 和图 8.38 所示。出现如图 8.38 所示【期末结账】对话框后，注意一定要选取界面中第二个选项【反过账当期凭证】。

会计综合实训（视频指导版）

图 8.37 凭证反过账操作步骤

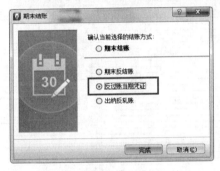

图 8.38 【期末结账】对话框

四、报表业务处理

在生成报表的过程中，有时报表单元格会出现"#科目"的情况，如图 8.39 所示，这是报表取数出现错误的提示，最常见的原因是报表单元格公式中的科目不存在。

出现这种情况，如果是账套中此科目确实不需要，科目在账套初始化时已删除，报表单元格的修改方法是选中提示错误的单元格，单击 Delete 键直接删除；如果是公式有错，单击报表右上角的【格式】按钮，就出现报表取数编辑界面如图 8.40 所示，将公式中有错误的科目编码进行更正，再按【回车】键即可完成修改。

应收股利	#科目	#科目
其他应收款	37,000.00	37,000.00
存货	#科目	#科目

图 8.39 报表取数错误提示界面

其他应收款	=<1221>
存货	=<1321>+<1401:1406>+<1408>-<1407>+<1411>+<5001>+<5201>-<1471>
一年内到期的非流动资产	

图 8.40 报表取数公式编辑界面

生成资产负债表的操作步骤如图 8.41 和图 8.42 所示。在图 8.42 所示的资产负债表生成窗口单击【重算】按钮，生成当期的资产负债表。确认生成的报表数据正确无误，再单击【保存】按钮。

第八部分 会计电算化实训业务解析

生成利润表（如图 8.43 所示）的操作与生成资产负债表的操作相似。

图 8.41 打开资产负债表生成窗口步骤

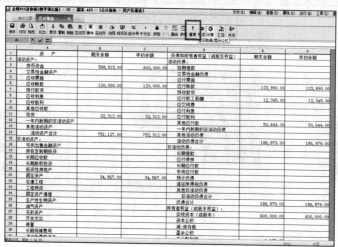

图 8.42 资产负债表

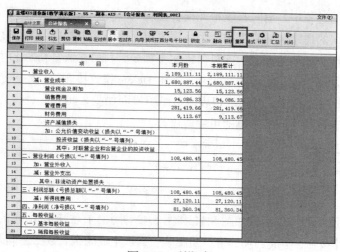

图 8.43 利润表

五、数据查询及引出

（一）凭证查询及引出

凭证查询操作步骤如图 8.44 所示，要注意选择凭证类别，单击【确定】按钮进入图 8.45 所示的凭证查询结果界面。

要将查询的凭证数据引出保存为电子表格文件格式，可单击左上角【引出】按钮进行操作，如图 8.45 所示。按提示操作对引出的电子表格文件确定路径并命名保存，即完成凭证引出操作，如图 8.46 所示。

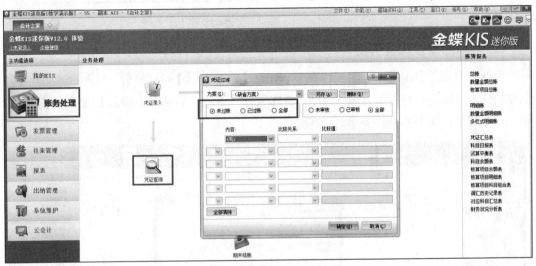

图 8.44　凭证查询步骤

图 8.45　凭证查询结果

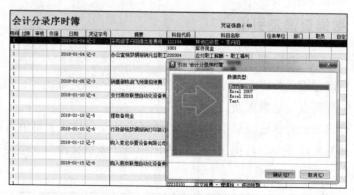

音视空间
凭证查询及引出相关
操作演示（视频）

图 8.46　数据引出步骤

（二）明细账查询及引出

明细账查询及引出操作如图 8.47 所示，出现【过滤提示】对话框后，输入过滤条件（注意在凭证未过账前查询需要勾选"包括未过账凭证"条件）后单击【确定】按钮，即出现明细账查询结果，如图 8.48 所示。

图 8.47　明细账查询步骤

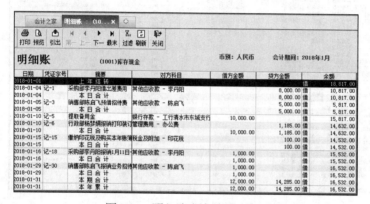

图 8.48　明细账查询结果

音视空间
明细账查询及引出相关操
作演示（视频）

报表查询及引出相关操作
演示（视频）

明细账簿引出操作过程与凭证引出相同。

（三）报表查询及引出

查询已生成的资产负债表步骤仍旧为【报表】→【资产负债表】，其他报表查询步骤与此相同。

报表引出操作如图 8.49 和图 8.50 所示，同样操作也可引出"利润表"报表数据。

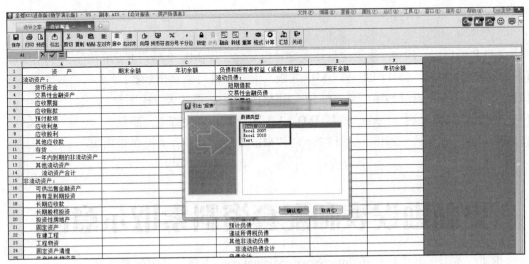

图 8.49　报表数据引出操作步骤

图 8.50　【引出"报表"】对话框

音视空间
已设置好初始数据的
账套下载

主要参考文献

[1] ATEP 项目组. 2014. 手工全盘账及会计电算化实操[M]. 2 版. 北京：清华大学出版社.

[2] 程淮中. 2017. 会计职业基础[M]. 3 版. 北京：高等教育出版社.

[3] 王巧云，王艳青. 2016. 会计综合实训[M]. 北京：清华大学出版社.

[4] 杨桂洁. 2016. 会计基础与实务[M]. 3 版. 北京：人民邮电出版社.

[5] 甄立敏，张亚兵. 2015. 会计综合实训[M]. 2 版. 北京：人民邮电出版社.

更新勘误表和配套资料索取示意图

说明：本书配套资料可在 http://www.ryjiaoyu.com/ 下载，其中配套学习资料注册后可直接下载；**教学用资料仅供采用本书授课的教师下载，教师身份、用书教师身份**需网站后台审批（咨询邮箱 13051901888@163.com）。

更新勘误及意见建议记录表

1 登录人邮教育社区（www.ryjiaoyu.com/）

2 未注册，请注册；已注册，请登录

3 新注册老师申请"教师认证"

后台完成教师身份审批，可下载非专有教学资源

同学和普通读者注册后可直接下载学习资料。用书教师请参考本图所示四步获取教学资料下载权限

4 用书教师站内给编辑留言，说明用书情况

可下载学习参考资料

网站后台完成用书教师审批

用书教师可下载专有教学资料，邮箱绑定后新增资料有邮件提醒

工业和信息化普通高等教育"十三五"规划教材立项项目

21世纪高等学校会计学系列教材

会计综合实训（视频指导版）
原始凭证及账簿

□ 杨荐　管晶　主编

人民邮电出版社

北　京

原始凭证

一、1月原始凭证目录表

业务序号	业务简介	原始单据			
		附件张数	序号	名　　称	页码
业务 1	采购部李丹阳借差旅费	1	1-1-1	借款单	101
业务 2	行政部杨梦娟报销元旦职工就餐费用冲账	2	1-2-1	报销单	101
			1-2-2	增值税普通发票（发票联）	103
业务 3	销售部陈启飞预借招待费	1	1-3-1	借款单	103
业务 4	支付燕京联想自动化设备有限公司预付款及电汇手续费	3	1-4-1	付款申请单	105
			1-4-2	网上银行电子回单	105
			1-4-3	网上银行电子回单（手续费）	107
业务 5	提取备用金	1	1-5-1	现金支票存根	107
业务 6	行政部杨梦娟报销打印装订费费用	2	1-6-1	报销单	109
			1-6-2	增值税普通发票（发票联）	109
业务 7	购入索尼华夏设备有限公司投影仪 40 台	5	1-7-1	购销合同	111
			1-7-2	增值税专用发票（抵扣联）	111
			1-7-3	增值税专用发票（发票联）	113
			1-7-4	销售单	113
			1-7-5	入库单	113
业务 8	购入燕京联想自动化设备有限公司一批计算机	5	1-8-1	购销合同	115
			1-8-2	增值税专用发票（抵扣联）	115
			1-8-3	增值税专用发票（发票联）	117
			1-8-4	销售单	117
			1-8-5	入库单	117
业务 9	发放上年 12 月工资	4	1-9-1	付款申请单	119
			1-9-2	工资汇总表	119
			1-9-3	工资单	121
			1-9-4	网上银行电子回单	123
业务 10	缴纳社保费	3	1-10-1	付款申请单	123
			1-10-2	社会保险基金费用分配计算表	125
			1-10-3	社会保险基金专用收据	125
业务 11	缴纳住房公积金	3	1-11-1	付款申请单	127
			1-11-2	转账支票存根	127
			1-11-3	银行进账单（回单）	127

业务序号	业务简介	原始单据			
		附件张数	序号	名　称	页码
业务 12	缴纳个人所得税	1	1-12-1	电子缴款凭证	129
业务 13	缴纳工会经费	4	1-13-1	付款申请单	129
			1-13-2	转账支票存根	131
			1-13-3	银行进账单（回单）	131
			1-13-4	工会经费收入专用收据	131
业务 14	缴纳上月实现增值税	1	1-14-1	电子缴款凭证	133
业务 15	缴纳上月实现附加税费	1	1-15-1	电子缴款凭证	133
业务 16	缴纳印花税	1	1-16-1	电子缴款凭证	135
业务 17	收到清水市航天设备制造有限公司货款（两张银行承兑汇票）	4	1-17-1	银行承兑汇票 1 复印件	135
			1-17-2	银行承兑汇票 2 复印件	137
			1-17-3	银行承兑汇票 1 粘单复印件	139
			1-17-4	银行承兑汇票 2 粘单复印件	137
业务 18	采购部报销采购燕京联想公司计算机运输费用	6	1-18-1	付款申请单	139
			1-18-2	增值税专用发票（抵扣联）	141
			1-18-3	增值税专用发票（发票联）	141
			1-18-4	运输费用分配表	143
			1-18-5	收款收据	143
			1-18-6	现金支票存根	143
业务 19	采购部李丹阳报销 1 月 11 日至 13 日业务洽谈出差费并交回现金冲借款	10	1-19-1	报销单	145
			1-19-2	航空运输电子客票行程单	145
			1-19-3	高铁车票	147
			1-19-4	出租车车票	147
			1-19-5	出租车车票	147
			1-19-6	增值税专用发票（抵扣联）	149
			1-19-7	增值税专用发票（发票联）	149
			1-19-8	增值税专用发票（抵扣联）	151
			1-19-9	增值税专用发票（发票联）	151
			1-19-10	收款收据	151
业务 20	收到华夏清水市第十三中学货款	1	1-20-1	业务回单（收款）	153
业务 21	采购华夏春晖木业有限公司一批学生桌椅	5	1-21-1	购销合同	153
			1-21-2	销售单	155
			1-21-3	增值税专用发票（抵扣联）	155
			1-21-4	增值税专用发票（发票联）	155
			1-21-5	入库单	157
业务 22	销售给华夏清水市第三十八中学一批计算机	4	1-22-1	购销合同	157
			1-22-2	销售单	159
			1-22-3	出库单	159
			1-22-4	增值税专用发票（发票联）	159

业务序号	业务简介	原始单据			
		附件张数	序号	名　称	页码
业务23	销售给华夏清水市传习中学一批设备	4	1-23-1	购销合同	161
			1-23-2	销售单	161
			1-23-3	出库单	163
			1-23-4	增值税专用发票（发票联）	163
业务24	支付华夏春晖木业有限公司货款及电汇手续费	3	1-24-1	付款申请单	165
			1-24-2	电汇凭证（回单）	165
			1-24-3	收费凭条	165
业务25	支付索尼华夏设备有限公司货款	3	1-25-1	付款申请单	167
			1-25-2	银行承兑汇票复印件	167
			1-25-3	银行承兑汇票粘单复印件	169
业务26	销售给个人笔记本计算机一台	3	1-26-1	收款收据	169
			1-26-2	销售单	171
			1-26-3	出库单	171
业务27	销售给华夏工商职业学院一批教学设备	4	1-27-1	购销合同	173
			1-27-2	销售单	173
			1-27-3	出库单	173
			1-27-4	增值税专用发票（发票联）	175
业务28	支付商场广告宣传费用	4	1-28-1	付款申请单	175
			1-28-2	增值税专用发票（抵扣联）	177
			1-28-3	增值税专用发票（发票联）	177
			1-28-4	网上银行电子回单	179
业务29	支付水费	5	1-29-1	付款申请单	179
			1-29-2	增值税专用发票（抵扣联）	181
			1-29-3	增值税专用发票（发票联）	181
			1-29-4	网上银行电子回单	183
			1-29-5	网上银行电子回单（手续费）	183
业务30	支付本月电费	4	1-30-1	付款申请单	185
			1-30-2	增值税专用发票（抵扣联）	185
			1-30-3	增值税专用发票（发票联）	187
			1-30-4	网上银行电子回单	187
业务31	销售部陈启飞报销业务招待费冲账	4	1-31-1	报销单	189
			1-31-2	增值税专用发票（抵扣联）	189
			1-31-3	增值税专用发票（发票联）	191
业务32	销售部办事员报销本月华夏清水市传习中学销售产品运输费	4	1-32-1	付款申请单	191
			1-32-2	增值税专用发票（抵扣联）	193
			1-32-3	增值税专用发票（发票联）	193
			1-32-4	网上银行电子回单	195
业务33	支付办公室及仓库租金	4	1-33-1	付款申请单	195
			1-33-2	增值税专用发票（抵扣联）	197

业务序号	业务简介	原始单据			
		附件张数	序号	名　　称	页码
业务33	支付办公室及仓库租金	4	1-33-3	增值税专用发票（发票联）	197
			1-33-4	网上银行电子回单	199
业务34	银行承兑汇票贴现	3	1-34-1	银行承兑汇票复印件	199
			1-34-2	银行承兑汇票粘单复印件	201
			1-34-3	贴现凭证	201
业务35	计提职工年终奖	1	1-35-1	年终奖汇总表	203
业务36	发放职工年终奖并清理职工借款	5	1-36-1	付款申请单	203
			1-36-2	年终奖发放明细表	205
			1-36-3	收款收据	205
			1-36-4	收款收据	207
			1-36-5	网上银行电子回单	207
业务37	收到华夏工商职业学院货款	1	1-37-1	业务回单（收款）	209
业务38	收到华夏清水市传习中学货款	1	1-38-1	业务回单（收款）	209
业务39	支付燕京联想自动化设备有限公司货款及电汇手续费	3	1-39-1	付款申请单	211
			1-39-2	网上银行电子回单	211
			1-39-3	网上银行电子回单（手续费）	213
业务40	计提本月贷款利息	1	1-40-1	利息计算表	213
业务41	结转销售成本	3	1-41-1	产品销售成本计算表	213
			1-41-2	20××年1月产品销售明细表	215
			1-41-3	产品数量收、发、存报表	215
业务42	计提1月折旧	1	1-42-1	固定资产折旧明细表	215
业务43	计提1月工资	2	1-43-1	工资汇总表	217
			1-43-2	工资单	217
业务44	计提1月社保费用	1	1-44-1	社会保险基金费用分配计算表	219
业务45	计提1月住房公积金			同上	219
业务46	结转1月未交增值税	1	1-46-1	增值税税金计算表	219
业务47	计提1月税金及附加	1	1-47-1	税金及附加计算表	221
业务48	计提1月印花税	1	1-48-1	印花税计算表	221
业务49	计提1月企业所得税	1	1-49-1	企业所得税计算表	221
业务50	结转本期损益			结转本期损益	221

二、2月原始单据目录表

业务序号	业务简介	原始单据			
		附件张数	序号	名　　称	页码
业务1	行政部驾驶员宋小雷报销汽车费用	9	2-1-1	报销单	223
			2-1-2	加油发票	223
			2-1-3	加油发票	223
			2-1-4	高速公路过路费发票	225
			2-1-5	高速公路过路费发票	225

业务序号	业务简介	原始单据			
		附件张数	序号	名　称	页码
业务 1	行政部驾驶员宋小雷报销汽车费用	9	2-1-6	停车定额发票	225
			2-1-7	停车定额发票	225
			2-1-8	停车定额发票	225
			2-1-9	停车定额发票	225
业务 2	收到华夏清水市第三十八中学货款	1	2-2-1	业务回单（收款）	227
业务 3	支付燕京联想自动化设备有限公司货款及电汇手续费	3	2-3-1	付款申请单	227
			2-3-2	网上银行电子回单	229
			2-3-3	网上银行电子回单（手续费）	229
业务 4	行政部杨梦娟借春节年会订餐费用	1	2-4-1	借款单	231
业务 5	收到清水市航天设备制造有限公司尾款	1	2-5-1	业务回单（收款）	231
业务 6	发放 1 月工资	2	2-6-1	付款申请单	233
			2-6-2	网上银行电子回单	233
业务 7	缴纳社保费	2	2-7-1	付款申请单	235
			2-7-3	社会保险基金专用收据	235
业务 8	缴纳住房公积金	3	2-8-1	付款申请单	237
			2-8-2	转账支票存根	237
			2-8-3	银行进账单（回单）	239
业务 9	缴纳个人所得税	1	2-9-1	电子缴款凭证	239
业务 10	缴纳工会经费	4	2-10-1	付款申请单	241
			2-10-2	转账支票存根	241
			2-10-3	银行进账单（回单）	243
			2-10-4	工会经费收入专用收据	243
业务 11	缴纳上月实现增值税	1	2-11-1	电子缴款凭证	243
业务 12	缴纳上月实现附加税费	1	2-12-1	电子缴款凭证	245
业务 13	缴纳上月印花税	1	2-13-1	电子缴款凭证	245
业务 14	行政部杨梦娟报销春节年会费用并交现金冲借款	3	2-14-1	报销单	247
			2-14-2	增值税普通发票（发票联）	247
			2-14-3	收款收据	249
业务 15	支付索尼华夏设备有限公司货款及电汇手续费	3	2-15-1	付款申请单	249
			2-15-2	网上银行电子回单	251
			2-15-3	网上银行电子回单（手续费）	251
业务 16	收到华夏工商职业学院尾款及预付部分货款	1	2-16-1	业务回单（收款）	253
业务 17	预付燕京联想自动化设备有限公司货款及电汇手续费	3	2-17-1	付款申请单	253
			2-17-2	网上银行电子回单	255
			2-17-3	网上银行电子回单（手续费）	255
业务 18	收到华夏清水市第九中学预付货款	1	2-18-1	业务回单（收款）	257
业务 19	采购部李丹阳借差旅费	1	2-19-1	借款单	257
业务 20	购入燕京联想自动化设备有限公司一批计算机	5	2-20-1	购销合同	259
			2-20-2	销售单	259
			2-20-3	增值税专用发票（抵扣联）	261

原始凭证

业务序号	业务简介	原始单据			
		附件张数	序号	名　称	页码
业务20	购入燕京联想自动化设备有限公司一批计算机	5	2-20-4	增值税专用发票（发票联）	261
			2-20-5	入库单	263
业务21	销售给华夏工商职业学院一批教学设备	4	2-21-1	购销合同	263
			2-21-2	销售单	265
			2-21-3	出库单	265
			2-21-4	增值税专用发票（发票联）	265
业务22	销售给华夏清水市第十六中学一批教学设备	4	2-22-1	购销合同	267
			2-22-2	销售单	267
			2-22-3	出库单	269
			2-22-4	增值税专用发票（发票联）	269
业务23	提取备用金	1	2-23-1	现金支票存根	269
业务24	支付公司电费	4	2-24-1	付款申请单	271
			2-24-2	增值税专用发票（抵扣联）	271
			2-24-3	增值税专用发票（发票联）	273
			2-24-4	网上银行电子回单	273
业务25	销售给华夏清水市第九中学一批计算机	4	2-25-1	购销合同	275
			2-25-2	销售单	275
			2-25-3	出库单	277
			2-25-4	增值税专用发票（发票联）	277
业务26	销售部申请支付产品销售运输费用	4	2-26-1	付款申请单	279
			2-26-2	增值税专用发票（抵扣联）	279
			2-26-3	增值税专用发票（发票联）	281
			2-26-4	网上银行电子回单	281
业务27	收到华夏工商职业学院货款	1	2-27-1	业务回单（收款）	283
业务28	收到华夏清水市传习中学货款	1	2-28-1	业务回单（收款）	283
业务29	计提2月贷款利息	1	2-29-1	利息计算表	283
业务30	结转销售成本	3	2-30-1	产品销售成本计算表	285
			2-30-2	2月产品销售明细表	285
			2-30-3	产品数量收、发、存报表	285
业务31	计提本月折旧	1	2-31-1	固定资产折旧明细表	285
业务32	计提2月工资	2	2-32-1	工资汇总表	287
			2-32-2	工资单	287
业务33	计提2月社保费用	1	2-33-1	社保费用分配计算表	289
业务34	计提2月住房公积金			同上	289
业务35	结转2月未交增值税	1	2-35-1	增值税税金计算表	289
业务36	计提2月税金及附加	1	2-36-1	税金及附加计算表	291
业务37	计提2月印花税	1	2-37-1	印花税计算表	291
业务38	计提2月所得税	1	2-38-1	企业所得税计算表	291
业务39	结转本期损益			结转本期损益	291

三、1 月原始凭证

[业务 1]　1 月 4 日采购部李丹阳借差旅费。

教学专用　　　　　　　　　　　　1-1-1

借 款 单

资金性质：　　　　　　　　　　　　20×× 年 1 月 4 日

借款部门：	采购部		借款人：	李丹阳

借款事由：

出差燕京联想自动化设备有限公司参加20××年供需洽谈会

现金付讫

借款数额	人民币（大写）：捌仟元整		￥ 8,000.00

公司负责人	财务负责人	财务复核	部门负责人
李大福	王清香	张守财	
			李丹阳

注：填写规范 不得涂改　　　　出纳：徐颖颖　　　　经办人：

[业务 2]　1 月 4 日行政部杨梦娟报销元旦职工就餐费用冲账（此处单据未填"原有借款金额"，为后面留下处理职工借款的业务做铺垫）。

教学专用　　　　　　　　　　　　1-2-1

报 销 单

报销形式：　冲个人借款　　　　　　20×× 年 1 月 4 日

报销人：	杨梦娟	原有借款金额：	
收款人开户行及账号（卡号）：			附件：　　张

报销项目	摘　　要	金额
福利费用	元旦职工就餐费用	8800
费 用 合 计		8800

人民币（大写）：捌仟捌佰元整		应退款：　￥

公司负责人	财务负责人	财务审核	部门负责人
李大福	王清香	张守财	陈光程

注：填写规范 不得涂改　　　出纳：徐颖颖　　　报销（领款）人：杨梦娟

1808112524
教学专用

华夏增值税普通发票

NO 50214255

1808112524
50214255

校验码 22898 15158 95874 85214

发票联

开票日期：20××年01月01日

购买方	名　　称：	华夏自强教学设备贸易有限公司						
	纳税人识别号：	91180868123456788R					
	地址、电话：	华夏清水市西南电脑城88号 011-88886688					
	开户行及账号：	工行清水支行015645477000123888					

密码区

7@005*7896<8*12=67+/92*9600#
67/9$#2#48586&6968-+*8->876=
6<7976<8<70 97-75*788*121887/
4*9897*5<76+4?95//725 8-187/<+

货物或应税劳务、服务名称	规格型号	单位	数量	单价	金额	税率	税额
生活服务 餐饮服务			1	8301.8868	8,301.89	6%	498.11
合计					¥ 8,301.89		¥ 498.11

价税合计（大写）	⊗捌仟捌佰元整		（小写）¥ 8,800.00

销售方	名　　称：	清水市金元餐饮有限公司	备注
	纳税人识别号：	91180868510321488G	
	地址、电话：	清水市清正北路28号 011-83669777	
	开户行及账号：	中国建设银行清水市支行 0902713000065962	

收款人：　　　　复核：　　　　开票人：王丽　　　　销售单位：（章）

第三联：发票联购买方记账凭证

[业务3] 1月5日销售部陈启飞预借招待费。

教学专用

1-3-1

借 款 单

资金性质：

20×× 年 1 月 5 日

借款部门：	销售部	借款人：	陈启飞
借款事由：	预借客户招待费用		现金付讫
借款数额	人民币（大写）：伍仟元整		¥ 5,000.00
公司负责人	财务负责人	财务复核	部门负责人
李大福	王清香	张守财	陈启飞

注：填写规范 不得涂改　　　出纳：徐颖颖　　　经办人：陈启飞

[业务 4] 1 月 10 日支付燕京联想自动化设备有限公司预付款及电汇手续费（网银支付）。

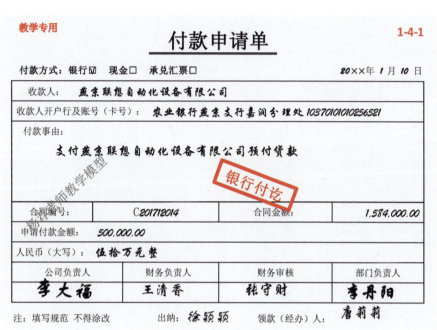

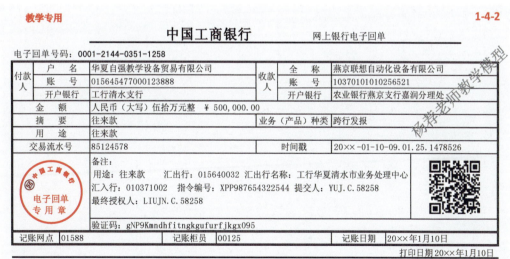

中国工商银行

网上银行电子回单

电子回单号码：0018-2144-0356-1100

付款人	户 名	华夏自强教学设备贸易有限公司	收款人	全 称	
	账 号	015645477000123888		账 号	
	开户银行	工行清水支行		开户银行	
金 额		人民币（大写）贰拾元零伍角整 ￥20.50			
摘 要		对公收费明细入账	业务（产品）种类		对公收费
用 途					
交易流水号		00000000	时间戳		20××-01-10-09.01.25.1478526

备注：
产品名称：人行境内大额汇款　费用名称：对公跨行汇款手续费
应收金额：20.50元　实收金额：20.50元
收费渠道：业务发生账号：015645477000123888

验证码：gNP9KmndhfitngkgufurfPckk/w=

记账网点	01588	记账柜员	00125	记账日期	20××-1-10

打印日期 20××-1-10

重要提示：

1. 如果您是收款方，请到工行网站www.icbc.com.cn电子回单验证处进行回单验证。

2. 本单不作为收款方发货依据，并请勿重复记账。

3. 您可以选择发送邮件，将电子回单发送给指定的接收人。

[业务 5]　1 月 10 日提取备用金。

[业务 6] 1 月 10 日行政部杨梦娟报销打印装订费用。

教学专用 | **报 销 单** | 1-6-1

报销形式：**现金支付**　　　　　　　　　　　　　　　　　20×× 年 1 月 10 日

报销人：**杨梦娟**		原有借款金额：		
收款人开户行及账号（卡号）：			附件：　张	
报销项目	摘　要		金额	
打印装订费	**公司上年打印装订费**		1,185.00	
费用合计		现金付讫	1,185.00	
人民币（大写）：**壹仟壹佰捌拾伍元整**		应退款：¥		
公司负责人	财务负责人	财务审核	部门负责人	
李大福	**王清香**	**张守财**	**陈光柱**	

注：填写规范 不得涂改　　　　出纳：**徐颖颖**　报销（领款）人：**杨梦娟**

1808112506　　华夏增值税普通发票　　NO 15988225　　1808112506　　1-6-2
教学专用　　　　　　　　　　　　　　　　　　　　　15988225
校验码 87988 15124 95806 58478　　发票联　　开票日期：20××年01月10日

购买方	名　称：	华夏自强教学设备贸易有限公司			密码区	7/8+*9897*5<76+5>+79*865+*982 575~446-75*788*17<702=677?98 */>3+75*+79*7078976<+*8->876 * 95*788*1267/987< 333+79<2968-1		
	纳税人识别号：	91180868123456788R						
	地址、电话：	华夏清水市西南电脑城88号 011-88886688						
	开户行及账号：	工行清水支行015645477000123888						

货物或应税劳务、服务名称	规格型号	单位	数量	单价	金额	税率	税额
生活服务 打字复印					1,150.49	3%	34.51
合计					¥ 1,150.49		¥34.51
价税合计（大写）		⊗壹仟壹佰捌拾伍元整				（小写）¥ 1,185.00	

销售方	名　称：	清水李静创意图文	
	纳税人识别号：	18012619881010296	
	地址、电话：	华夏清水市西南电脑城附4号 011-85215963	
	开户行及账号：	农行清水市支行01547700012388814774552	

收款人：　　　复核：　　　开票人：何伟　　　销售单位：（章）

第三联：发票联购买方记账凭证

原始凭证

109

[业务 7] 1 月 12 日购入索尼华夏设备有限公司投影仪 40 台。

1800114201
教学专用

校验码 12895 15124 95806 55514

华夏增值税专用发票   *NO* 50696494

华夏
发票联

1800114201
50696494

开票日期：20××年01月10日

购买方	名　　称：华夏自强教学设备贸易有限公司
	纳税人识别号：91180868123456788R
	地址、电话：华夏清水市西南电脑城88号 011-88886688
	开户行及账号：工行清水支行015645477000123888

密码区：
*-4689012<75>+79*8=67*/987<95
586-75*78976<8*12=67/9968-187/
786976<>707976<*8>876=67/9
<++*9897*5<76+?99=67/976<575~

第三联：发票联购买方记账凭证

货物或应税劳务、服务名称	规格型号	单位	数量	单价	金额	税率	税额
设备 投影仪-索尼EX430	EX430	台	40	3,362.83	134,513.27	13%	17,486.73
合计					¥134,513.27		¥17,486.73

价税合计（大写）　⊗壹拾伍万贰仟元整　　　　　　　　　　（小写）¥152,000.00

销售方	名　　称：索尼华夏设备有限公司
	纳税人识别号：91180019065521345R
	地址、电话：金阳市迎春路23号 013-23722098
	开户行及账号：建设银行金阳市支行 010570100001075762

备注

索尼华夏设备有限公司
91180019065521345R
发票专用章

收款人：　　复核：　　开票人：张新　　销售单位：（章）

教学专用

销　售　单

NO：201801010

客户名称：华夏自强教学设备贸易有限公司
客户信息：华夏清水市西南电脑城88号 011-88886688

日期：20××年1月10日

编码	产品名称	规格	单位	数量	单价	金额	备注
	投影仪-索尼	EX430	台	40	3800	152,000.00	
合计	人民币（大写）：壹拾伍万贰仟元整					152,000.00	

销售联

销售部负责人：王祥　　经办人：李圆圆　　仓库人员：　　签收：

教学专用

入　库　单

供货单位：索尼华夏设备有限公司
发票号码：50696494　　　　20××年1月11日　　　　验收仓库：商品库

编号	名称及规格	计量单位	数量		价格	
			应收	实收	单价	金额
1	投影仪-索尼EX430	台	40	40		
	合计					

采购联

部门负责人：李丹阳　　库管：叶文龙　　制单人：康永华

[业务 8] 1 月 15 日购入燕京联想自动化设备有限公司一批计算机。

1-8-1

购销合同

供方：燕京联想自动化设备有限公司   合同编号：   C201801004

需方：华夏自强教学设备贸易有限公司   签订日期：   20×× 年 1 月 12 日

经供需双方友好协议，订立本合同如下。

型号	名称	数量（台）	单价（元）	总额（元）	其他要求
i3	台式计算机-扬天	300	2,980.00	894,000.00	
i5	台式计算机-扬天	150	3,200.00	480,000.00	
i7	笔记本计算机	50	4,200.00	210,000.00	
	合计			1,584,000.00	

货款总计（大写）：人民币壹佰伍拾捌万肆仟元整

质量验收标准：符合国家有关质量标准。

交货日期：20×× 年 1 月 15 日

交货地点：供方仓库

结算方式：需方须预付50万元货款，交货后3天内需方须结清余款。

违约条款：违约方须赔偿对方一切经济损失。但遇天灾人祸或其他人力不能控制之因素而导致延误交货，需方不能要求供方赔偿任何损失。

解决合同纠纷的方式：经双方友好协商解决，如协商不成，可向当地仲裁委员会提出申诉解决。

本合同一式两份，供需双方各执一份，自签订之日起生效。

供方：燕京联想自动化设备有限公司   需方：华夏自强教学设备贸易有限公司

地址：燕京市嘉润路136号   地址：华夏清水市西南电脑城88号

法人代表（或委托人）：   郝钢   法人代表（或委托人）：   李丹阳

联系电话：010-86813145   联系电话：011-88886688

1100152136

1-8-2

燕京增值税专用发票

NO 50664361

1100152136
50664361

校验码 12895 15124 95806 85213

抵 扣 联

开票日期：20×× 年01月13日

购买方	名 称：	华夏自强教学设备贸易有限公司
	纳税人识别号：	91180868123456788R
	地址、电话：	华夏清水市西南电脑城88号 011-88886688
	开户行及账号：	工行清水支行015645477000123888

密码区：
+5-2/4*65412+79*8=67*/987< 696/
586-75*78976<8*12=67/9968-187/
412+79*876<+*8->876=67/178695
412+79*876+?99=67/976<575~88

货物或应税劳务、服务名称	规格型号	单位	数量	单价	金额	税率	税额
设备 台式计算机-联想扬天	i3	台	300	2,637.17	791,150.44	13%	102,849.56
设备 台式计算机-联想扬天	i5	台	150	2,831.86	424,778.76	13%	55,221.24
设备 笔记本计算机-联想	i7	台	50	3,716.81	185,840.71	13%	24,159.29
合计					¥1,401,769.91		¥182,230.09
价税合计（大写）	⊗壹佰伍拾捌万肆仟元整				(小写) ¥1,584,000.00		

销售方	名 称：	燕京联想自动化设备有限公司
	纳税人识别号：	91110115151461232W
	地址、电话：	燕京市嘉润路136号 010-86813145
	开户行及账号：	农业银行燕京支行嘉润分理处 10370101010256521

第二联：抵扣联 购买方抵扣凭证

收款人：   复核：   开票人：李文   销售单位：（章）

原始凭证

1-8-3

1100152136
教学专用

校验码 12895 15124 95806 85213

燕京增值税专用发票

NO 50664361

1100152136
50664361

发票联

开票日期：20××年01月13日

购买方	名 称：华夏自强教学设备贸易有限公司
	纳税人识别号：9118086812345678 8R
	地址、电话：华夏清水市西南电脑城88号 011-88886688
	开户行及账号：工行清水支行015645477000123888

密码区：
+5-2/4*65412+79*8=67*/987< 696/
586-75*78976<8*12=67/9968-187/
412+79*876<+*8>876=67/178695
412+79*876+?99=67/976<575=88

第三联：发票联购买方记账凭证

货物或应税劳务、服务名称	规格型号	单位	数量	单价	金额	税率	税额
设备 台式计算机-联想扬天	i3	台	300	2,637.17	791,150.44	13%	102,849.56
设备 台式计算机-联想扬天	i5	台	150	2,831.86	424,778.76	13%	55,221.24
设备 笔记本计算机-联想	i7	台	50	3,716.81	185,840.71	13%	24,159.29
合计					¥1,401,769.91		¥182,230.09
价税合计（大写）	⊗壹佰伍拾捌万肆仟元整				（小写）¥1,584,000.00		

销售方	名 称：燕京联想自动化设备有限公司	备注
	纳税人识别号：91110115151461232W	
	地址、电话：燕京市嘉润路136号 010-86813145	
	开户行及账号：农业银行燕京支行嘉润分理处 10370101010256521	

收款人： 复核： 开票人：李文 销售单位：（章）

1-8-4

教学专用

燕京联想公司 销 售 单

NO： 20180110009

客户名称：华夏自强教学设备贸易有限公司
客户信息：华夏清水市西南电脑城88号 011-88886688

日期：20××年1月13日

编码	产品名称	规格	单位	数量	单价	金额	备注
	台式计算机-扬天	i3	台	300	2980	894,000.00	
	台式计算机-扬天	i5	台	150	3200	480,000.00	
	笔记本计算机	i7	台	50	4200	210,000.00	
合计	人民币（大写）：壹佰伍拾捌万肆仟元整					1,584,000.00	

销售部负责人： 郜纲 经办人：何正青 仓库人员： 签收：

销售联

1-8-5

教学专用

入 库 单

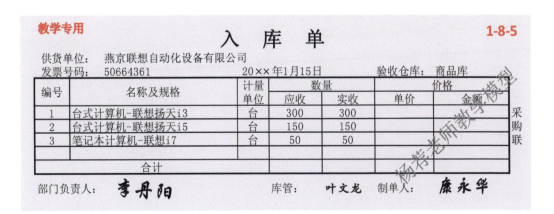

供货单位：燕京联想自动化设备有限公司
发票号码：50664361

20××年1月15日

验收仓库：商品库

编号	名称及规格	计量单位	数量 应收	数量 实收	价格 单价	价格 金额
1	台式计算机-联想扬天i3	台	300	300		
2	台式计算机-联想扬天i5	台	150	150		
3	笔记本计算机-联想i7	台	50	50		
	合计					

部门负责人： 李丹阳 库管： 叶文龙 制单人： 康永华

采购联

原始凭证

[业务9] 1月15日发放上年12月工资。工资发放网上银行电子回单仅展示一张，省略其余23张。

付款申请单

1-9-1

付款方式：银行转账☑V 现金☐ 承兑汇票☐　　　　　　　　20××年1月15日

收款人：	本单位
收款人开户行及账号（卡号）：	

付款事由：

发放12月工资

银行付讫

合同编号：		合同金额：	
申请付款金额：	108,798.70		
人民币（大写）：	壹拾万捌仟柒佰玖拾捌元柒角整		

公司负责人	财务负责人	财务审核	部门负责人
李大福	王清香	张守财	陈光柱

注：填写规范 不得涂改　　　出纳：徐颖颖　　　领款（经办）人：杨梦娟

华夏自强教学设备贸易有限公司工资汇总表

1-9-2

12月31日

部门	应付工资	各项扣款				扣款合计	税前应发工资	个税	税后实发工资
		社保费	医保	失业保险	公积金				
总经办	43,300.00	3,464.00	866.00	433.00	2,600.00	7,363.00	35,937.00	455.10	35,481.90
财务部	17,000.00	1,360.00	340.00	170.00	1,100.00	2,970.00	14,030.00	41.25	13,988.75
销售部	35,300.00	2,824.00	706.00	353.00	2,300.00	6,183.00	29,117.00	69.96	29,047.04
采购部	37,473.00	2,997.84	749.46	374.73	3,000.00	7,122.03	30,350.97	69.96	30,281.01
总合计	133,073.00	10,645.84	2,661.46	1,330.73	9,000.00	23,638.03	109,434.97	636.27	108,798.70

制表：李梅　　　　财务审核：王清香　　　　总经理：李大福

原始凭证

119

华夏自强教学设备贸易有限公司工资单

12月31日

序号	姓名	岗位	基本工资	出勤天数	应付工资	各项扣款				扣款合计	税前应发工资	个税	税后实发工资
						社保费	医保	失业保险	公积金				
1	李大福	董事长	12000	22	12,000.00	960.00	240.00	120.00	500.00	1820.00	10,180.00	308.00	9,872.00
2	张远航	总经理	10000	22	10,000.00	800.00	200.00	100.00	500.00	1600.00	8,400.00	130.00	8,270.00
3	陈光柱	办公室主任	6800	22	6,800.00	544.00	136.00	68.00	500.00	1248.00	5,552.00	16.56	5,535.44
4	李梅	人事专员	6200	22	6,200.00	496.00	124.00	62.00	500.00	1182.00	5,018.00	0.54	5,017.46
5	杨梦娟	办事员	4500	22	4,500.00	360.00	90.00	45.00	300.00	795.00	3,705.00	–	3,705.00
6	宋小雷	驾驶员	3800	22	3,800.00	304.00	76.00	38.00	300.00	718.00	3,082.00	–	3,082.00
	行政部合计		43300		43,300.00	3,464.00	866.00	433.00	2,600.00	7,363.00	35,937.00	455.10	35,481.90
7	王清香	财务经理	7500	22	7,500.00	600.00	150.00	75.00	300.00	1125.00	6,375.00	41.25	6,333.75
8	张守财	会计	5500	22	5,500.00	440.00	110.00	55.00	500.00	1105.00	4,395.00	–	4,395.00
9	徐颖颖	出纳	4000	22	4,000.00	320.00	80.00	40.00	300.00	740.00	3,260.00	–	3,260.00
	财务部合计		17000		17,000.00	1,360.00	340.00	170.00	1,100.00	2,970.00	14,030.00	41.25	13,988.75
10	陈启飞	销售经理	8800	22	8,800.00	704.00	176.00	88.00	500.00	1468.00	7,332.00	69.96	7,262.04
11	徐通顺	业务员	4500	22	4,500.00	360.00	90.00	45.00	300.00	795.00	3,705.00	–	3,705.00
12	郭祥	业务员	4500	22	4,500.00	360.00	90.00	45.00	300.00	795.00	3,705.00	–	3,705.00
13	龙学友	业务员	4500	22	4,500.00	360.00	90.00	45.00	300.00	795.00	3,705.00	–	3,705.00
14	魏长生	业务员	4500	22	4,500.00	360.00	90.00	45.00	300.00	795.00	3,705.00	–	3,705.00
15	张国超	业务员	4500	22	4,500.00	360.00	90.00	45.00	300.00	795.00	3,705.00	–	3,705.00
16	唐莉莉	办事员	4000	22	4,000.00	320.00	80.00	40.00	300.00	740.00	3,260.00	–	3,260.00
	销售部合计		35300		35,300.00	2,824.00	706.00	353.00	2,300.00	6,183.00	29,117.00	69.96	29,047.04
17	李丹阳	采购部经理	8800	22	8,800.00	704.00	176.00	88.00	500.00	1468.00	7,332.00	69.96	7,262.04
18	陈庆宏	采购员	4800	22	4,800.00	384.00	96.00	48.00	300.00	828.00	3,972.00	–	3,972.00
19	欧阳正	采购员	4800	22	4,800.00	384.00	96.00	48.00	500.00	1028.00	3,772.00	–	3,772.00
20	康永华	采购员	3500	22	3,500.00	280.00	70.00	35.00	500.00	885.00	2,615.00	–	2,615.00
21	张红云	办事员	3800	22	3,800.00	304.00	76.00	38.00	300.00	718.00	3,082.00	–	3,082.00
22	叶文龙	仓库主管	5000	21	4,773.00	381.84	95.46	47.73	300.00	825.03	3,947.97	–	3,947.97
23	杨发才	保安	3500	22	3,500.00	280.00	70.00	35.00	300.00	685.00	2,815.00	–	2,815.00
24	高华	保安	3500	22	3,500.00	280.00	70.00	35.00	300.00	685.00	2,815.00	–	2,815.00
	采购部合计		37700		37,473.00	2,997.84	749.46	374.73	3,000.00	7,122.03	30,350.97	69.96	30,281.01
	总合计		133300		133,073.00	10,645.84	2,661.46	1,330.73	9,000.00	23,638.03	109,434.97	636.27	108,798.70

制表：穿梅　　　　财务审核：王清香　　　　　　　　　总经理：

原始凭证

中国工商银行　　网上银行电子回单

电子回单号码：0001-2144-0351-2584

付款人	户　名	华夏自强教学设备贸易有限公司	收款人	全　称	李大福
	账　号	015645477000123888		账　号	015645478000123452
	开户银行	工行清水支行		开户银行	工行清水支行
金　额		人民币（大写）玖仟捌佰柒拾贰元整　￥9,872.00			
摘　要		工资薪金	业务（产品）种类		汇划发报
用　途		工资薪金			
交易流水号		85165812	时间戳		20××-01-15-09.33.25.1478412
备注：		用途：工资薪金　　汇出行：016510032　汇出行名称：工行华夏清水市业务处理中心 汇入行：016510032　指令编号：XPP987654321123　提交人：YUJ.C.58258 最终授权人：LIUJN.C.58258			
		验证码：gNP9Kmndhfitngkgufurfjkgx095			
记账网点	01588	记账柜员　00125		记账日期	20××年1月15日

打印日期 20××年1月16日

重要提示：
1. 如果您是收款方，请到工行网站www.icbc.com.cn电子回单验证处进行回单验证。
2. 本单不作为收款方发货依据，并请勿重复记账。
3. 您可以选择发送邮件，将电子回单发送给指定的接收人。

[业务 10]　1月15日缴纳社保费。

付款申请单

付款方式：银行转账☑　现金☐　承兑汇票☐　　　　20×× 年 1 月 15 日

收款人：	市社保局		
收款人开户行及账号（卡号）：			
付款事由： 缴纳1月社保费用			
合同编号：		合同金额：	
申请付款金额：	47,942.01		
人民币（大写）：	肆万柒仟玖佰肆拾贰元零壹分		
公司负责人	财务负责人	财务审核	部门负责人
李大福	王清香	张守财	陈光桂

注：填写规范 不得涂改　　出纳：徐颖颖　　领款（经办）人：杨梦娟

银行付讫

原始凭证

1-10-2

社保费用分配计算表

20××年1月15日

部门	应发工资	个人缴纳社保费8%	个人缴纳医保2%	个人缴纳失业保险1%	个人缴纳公积金	个人缴纳所得税	实发工资	单位缴纳社保费16%	单位缴纳医保6%	单位缴纳失业保险2%	单位缴纳工伤保险1%	单位缴纳生育保险1%	单位缴纳公积金	单位总支出
总经办	43,300.00	3,464.00	866.00	433.00	2,600.00	455.10	35,481.90	6,928.00	2,598.00	866.00	433.00	433.00	2,600.00	57,158.00
财务部	17,000.00	1,360.00	340.00	170.00	1,100.00	41.25	13,988.75	2,720.00	1,020.00	340.00	170.00	170.00	1,100.00	22,520.00
销售部	35,300.00	2,824.00	706.00	353.00	2,300.00	69.96	29,047.04	5,648.00	2,118.00	706.00	353.00	353.00	2,300.00	46,778.00
采购部	33,973.00	2,717.84	679.46	339.73	2,700.00	69.96	27,466.01	5,435.68	2,038.38	679.46	339.73	339.73	2,700.00	45,505.98
合计	129,573.00	10,365.84	2,591.46	1,295.73	8,700.00	636.27	105,983.70	20,731.68	7,774.38	2,591.46	1,295.73	1,295.73	8,700.00	171,961.98

1-10-3

华夏社会保险基金专用收据（机制三联）

NO 008423446

第 二 联 收 据

缴款单位：华夏自强教学设备贸易有限公司

编号 20×× 26007745

日期 20×× 年 01 月 15 日

基金名称	单位缴款	个人缴款	收款金额 小计
基本养老保险基金	20731.68	10365.84	31097.52
失业保险基金	2591.46	1295.73	3887.19
医疗保险基金	7774.38	2591.46	10365.84
工伤保险基金	1295.73	0.00	1295.73
生育保险基金	1295.73	0.00	1295.73
合计（大写） 肆万柒仟玖佰肆拾贰元零壹分		滞纳金2‰	47942.01

（小写）¥ 47942.01

交款人（章）：

收款人（章）：

原始凭证

125

[业务 11] 1 月 15 日缴纳住房公积金。

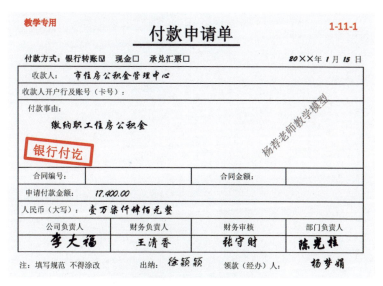

[业务 12]　1 月 15 日缴纳个人所得税（税款缴纳按金税三期的要求，使用企业、税务局、银行三方协议自动缴税）。

1-12-1

电子缴款凭证

打印日期：20××年1月15日

凭证编号：20180115030225458281

纳税人识别号	91180868123456788R		税务征收机关	国家税务总局清水市税务局玄武区税务分局	
纳税人全称	华夏自强教学设备贸易有限公司		银行帐号	015645477000123888	
系统税票号	税（费）种	税（品）目	所属时期	缴款日期	实缴金额
320180180100025844	个人所得税	工资薪金	上年12-01至12-31	20××-1-15	636.27
金额合计	（大写）陆佰叁拾陆元贰角柒分				¥636.27

税务机关（电子章）

本缴款凭证仅作为纳税人记账核算凭证使用，需与银行对账单电子划缴记录核对一致方有效。纳税人如需开具正式完税凭证，请凭税务登记证副本到主管税务机关开具。

备注：第　次打印

第1页　共1页

[业务 13]　1 月 15 日缴纳工会经费（按应发工资总额计算）。

1-13-1

付款申请单

付款方式：银行转账☑　现金☐　承兑汇票☐　　　　20××年 1 月 15 日

收款人：	工会委员会		
收款人开户行及账号（卡号）：			
付款事由： 缴纳工会经费			
合同编号：		合同金额：	
申请付款金额：	2,661.00		
人民币（大写）：	贰仟陆佰陆拾壹元整		
公司负责人	财务负责人	财务审核	部门负责人
李大福	王清香	张守财	陈光桂

银行付讫

注：填写规范　不得涂改　　　出纳：　徐颖颖　　　领款（经办）人：　杨梦娟

原始凭证

教学专用

1-13-2

工商银行
转账支票存根 （黔）

G B
0 2 00582137

附加信息：

出票日期 20××年01月15日

收款人： 工会委员会

金　额： 2,661.00

用　途： 12月工会经费转款

单位主管　　　会计

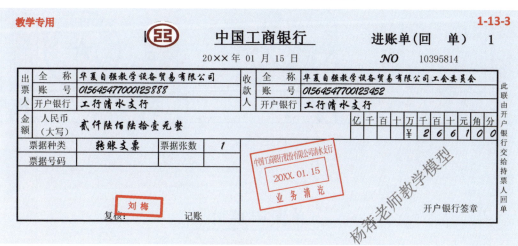

教学专用　　　　　　　　　　　　　　　　　　1-13-3

中国工商银行　　　进账单（回　单）　1

20××年 01 月 15 日　　　NO 10395814

出票人	全　称	华夏自强教学设备贸易有限公司	收款人	全　称	华夏自强教学设备贸易有限公司工会委员会
	账　号	01564547700123888		账　号	01564547700123452
	开户银行	工行清水支行		开户银行	工行清水支行

金额 人民币（大写）　贰仟陆佰陆拾壹元整　　亿千百十万千百十元角分 ￥2 6 6 1 0 0

票据种类　转账支票　票据张数　1

票据号码

复核：　刘梅　　记账：

开户银行签章

此联由开户银行交给持票人回单

中国工商银行股份有限公司清水支行
20XX.01.15
业务清讫

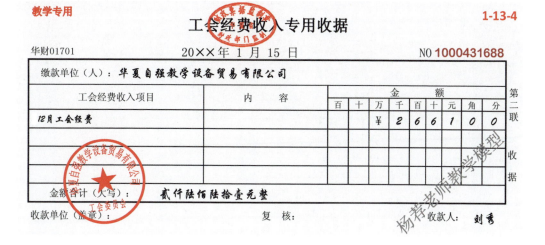

教学专用　　　　　　　　　　　　　　　　　　1-13-4

工会经费收入专用收据

华财01701　　　20××年 1 月 15 日　　　NO 1000431688

缴款单位（人）：华夏自强教学设备贸易有限公司

工会经费收入项目	内　容	金　额								
		百	十	万	千	百	十	元	角	分
12月工会经费				￥	2	6	6	1	0	0

金额合计（大写）：贰仟陆佰陆拾壹元整

收款单位（盖章）：　　　　复　核：　　　　收款人：刘秀

第二联　收据

原始凭证

131

[业务 14]　1 月 15 日缴纳上月实现增值税。

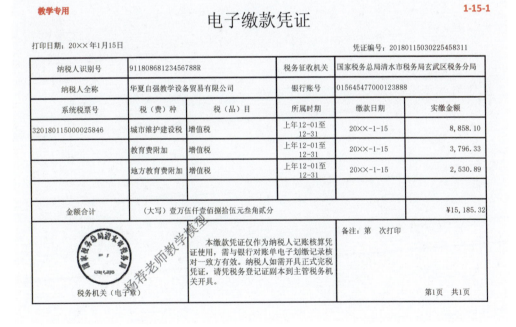

1-14-1

电子缴款凭证

打印日期：20××年1月15日　　　　　　　　　　　　　　　　　　　凭证编号：20180115020852458236

纳税人识别号	91180868123456788R		税务征收机关	国家税务总局清水市税务局玄武区税务分局
纳税人全称	华夏自强教学设备贸易有限公司		银行账号	015645477000123888
系统税票号	税（费）种	税（品）目	所属时期	缴款日期	实缴金额
32018018010025845	增值税	通信设备、计算机及其他电子设备	上年12-01至12-31	20××-1-15	126,544.32
金额合计	（大写）壹拾贰万陆仟伍佰肆拾肆元叁角贰分				¥126,544.32

备注：第　次打印

本缴款凭证仅作为纳税人记账核算凭证使用，需与银行对账单电子划缴记录核对一致方有效。纳税人如需开具正式完税凭证，请凭税务登记证副本到主管税务机关开具。

税务机关（电子章）　　　　　　　　　　　　　　　　　　　　　第1页　共1页

[业务 15]　1 月 15 日缴纳上月实现附加税费。

1-15-1

电子缴款凭证

打印日期：20××年1月15日　　　　　　　　　　　　　　　　　　　凭证编号：20180115030225458311

纳税人识别号	91180868123456788R		税务征收机关	国家税务总局清水市税务局玄武区税务分局
纳税人全称	华夏自强教学设备贸易有限公司		银行账号	015645477000123888
系统税票号	税（费）种	税（品）目	所属时期	缴款日期	实缴金额
32018011500025846	城市维护建设税	增值税	上年12-01至12-31	20××-1-15	8,858.10
	教育费附加	增值税	上年12-01至12-31	20××-1-15	3,796.33
	地方教育费附加	增值税	上年12-01至12-31	20××-1-15	2,530.89
金额合计	（大写）壹万伍仟壹佰捌拾伍元叁角贰分				¥15,185.32

备注：第　次打印

本缴款凭证仅作为纳税人记账核算凭证使用，需与银行对账单电子划缴记录核对一致方有效。纳税人如需开具正式完税凭证，请凭税务登记证副本到主管税务机关开具。

税务机关（电子章）　　　　　　　　　　　　　　　　　　　　　第1页　共1页

原始凭证

1 月 15 日缴纳印花税（税款缴纳按金税三期的要求，根据企业、税务局、银行三方协议自动缴税）。

教学专用　　　　　　　　　　　　　　　　　　　　　　　　　　1-16-1

电子缴款凭证

打印日期：20××年1月15日　　　　　　　　　　　　　凭证编号：20180115030225458318

纳税人识别号	9118086812345678R			税务征收机关	国家税务总局清水市税务局玄武区税务分局
纳税人全称	华夏自强教学设备贸易有限公司			银行账号	015645477000123888
系统税票号	税（费）种	税（品）目	所属时间	缴款日期	实缴金额
320180180100025847	印花税	购销合同	上年12-01至12-31	20××-1-15	2,276.40
金额合计	（大写）贰仟贰佰柒拾陆元肆角整				¥2,276.40

（税务机关电子印章）	本缴款凭证仅作为纳税人记账核算凭证使用，需与银行对账单电子划缴记录核对一致方有效。纳税人如需开具正式完税凭证，请凭税务登记证副本到主管税务机关开具。	备注：第 次打印
税务机关（电子章）		第1页 共1页

[业务 17]　1 月 15 日收到清水市航天设备制造有限公司货款。由于背书单位较多两张银行承兑汇票的粘单后附，"1-17-2"为"1-17-1"粘单，"1-17-4"为"1-17-2"粘单。

教学专用　此复印件与原件相同　　　　　　　　　　　　　　　　1-17-1

银行承兑汇票　　2　30700053　28675421

出票日期　贰零××年 零壹月 零捌日（大写）

出票人全称	夜郎广大铝业有限公司	收款人	全称	华夏机电设备制造有限公司
出票人账号	018521475698154125		账号	018542654770041528
付款行全称	夜郎商业银行白云支行		开户银行	工行清水支行

金额	人民币（大写）	壹拾贰万元整		亿 千 百 十 万 千 百 十 元 角 分
				¥ 1 2 0 0 0 0 0 0

汇票到期日（大写）	贰零××年零柒月零捌日	付款行	行号	5081458235
承兑协议编号	P01758475		地址	清镇市白云区红枫路S号

本汇票请银行承兑，到期无条件付款。

出票人签章

本汇票已经承兑，到期日由本行付款。
承兑行签章
5081458235
承兑日期20××年 1 月 8 日

备注：　　　　复核　　记账

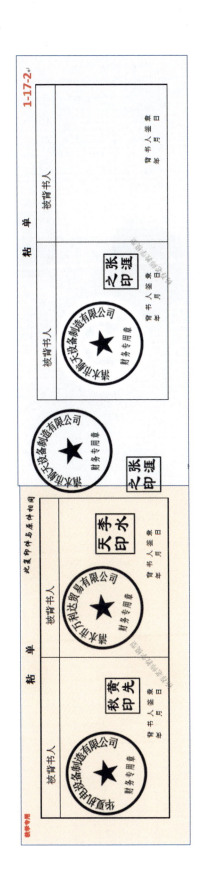

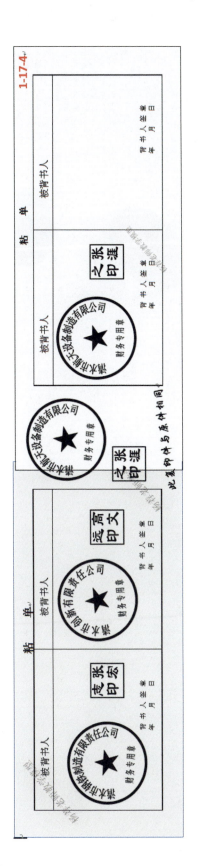

教学专用

此复印件与原件相同

银行承兑汇票

2 G E 30900052
0 2 14587543

出票日期 贰零××年 零壹 月 壹拾壹 日
（大写）

出票人全称	清水市特种车辆制造有限公司	收款人	全　称	清水市钢铁制造有限责任公司
出票人账号	01584500541253		账号	756454770041528796
付款行全称	交通银行华夏清水支行		开户银行	工行清水支行

金额	人民币（大写）	贰拾万元整	亿	千	百	十	万	千	百	十	元	角	分
						¥	2	0	0	0	0	0	0	0

汇票到期日（大写）	贰零××年零柒月壹拾壹日	付款行	行号	0158456828
承兑协议编号	C01712078		地址	清水市玄武区清江路122号

本汇票请银行承兑，到期无条件付款。

本汇票已经承兑，到期日由
本行付款。
交通银行清水支行
01584568__行签章
汇票专用章
承兑日期 20×× 年 1 月 11 日

清水市特种车辆制造有限公司
财务专用章
★

枫高印云
出票人签章

备注：

复核　　记账

[业务18] 1月16日采购部报销采购燕京联想公司计算机运输费用并付款（现金支票支付）。

教学专用

付款申请单

付款方式：银行☑　现金☐　承兑汇票☐　　　　　20××年 1 月 16 日

收款人	燕京鸿运运输有限公司
收款人开户行及账号（卡号）：	工行燕京燕顺北路支行1027140002587964
付款事由： 支付货款运输费用	银行付讫
合同编号：	合同金额：
申请付款金额：	15,200.00
人民币（大写）	壹万伍仟贰佰元整

公司负责人	财务负责人	财务审核	部门负责人
李大福	王清香	张守财	李丹阳

注：填写规范 不得涂改　　　出纳：徐颖颖　　　领款（经办）人：

原始凭证

139

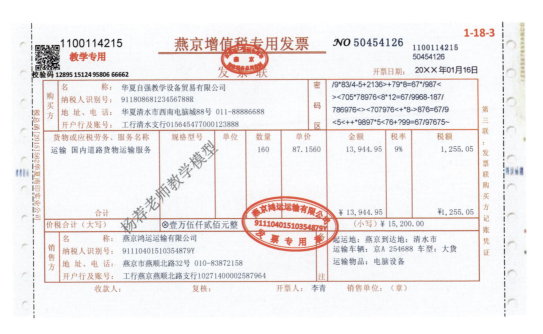

运输费用分配表

分配对象	分配率		分配金额	备注
台式计算机-联想扬天i3	894,000.00		7,867.20	
台式计算机-联想扬天i5	480,000.00	0.88%	4,224.00	按货物金额分
笔记本计算机-联想i7	210,000.00		1,853.75	配运输费用
	1,584,000.00		13,944.95	

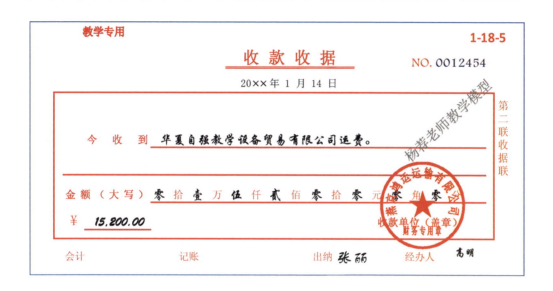

教学专用　　　　　　　　　　　　　　　　　　　　　　1-18-5

收 款 收 据

NO. 0012454

20××年 1 月 14 日

今　收　到　华夏自强教学设备贸易有限公司运费。

金额（大写）　零 拾 壹 万 伍 仟 贰 佰 零 拾 零 元 零 角 零

￥　15,200.00

收款单位（盖章）

会计　　　　记账　　　　　　　出纳　张丽　　经办人　高明

第二联收据联

教学专用　　　　　　　1-18-6

工商银行
现金支票存根
（华）

$\frac{G\ B}{0\ 2}$　00418878

附加信息：

运费

出票日期　20××年 1 月 16 日

收款人：	燕京鸿运运输公司
金额：	15,200.00
用途：	支付运费
单位主管	会计

金阳彩色印刷有限公司　2016年印刷

[业务 19]　1 月 16 日采购部李丹阳报销 1 月 11 日至 13 日业务洽谈差旅费并交回现金冲借款。

教学专用　　　　　　　　　　　　　　　　　　　　　　　　　　　1-19-1

报　销　单

报销形式：　**冲个人借款**　　　　　　　　　　　　20×× 年 **1** 月 **16** 日

报销人：　李丹阳		原有借款金额：　8000	
收款人开户行及账号（卡号）：		附件：　　张	
报销项目	摘　　要		金　额
出差费	出差燕京联想公司签订合同（1 月 11 日至 13 日）		4,990.00
费 用 合 计			4,990.00
人民币（大写）：　肆仟玖佰玖拾元整		应退款：¥	0
公司负责人	财务负责人	财务审核	部门负责人
李大福	王清香	张守财	

注：填写规范　不得涂改　　　　出纳：　徐颖颖　　报销（领款）人：　李丹阳

航空运输电子客票行程单　　　　　　印刷序号：236541253　　　1-19-2
ITINERARY/RECEIPT OF E-TICKET
FOR AIR TRANSPORT　　　　　　　SERIAL NUMBER:

旅客姓名 NAME OF PASSENGER 李丹阳	有效身份证件号码 I.D.NO. 180100198812062003			签注 ENDORSEMENTS/RESTRICTIONS (CARBON) 不得转签				
	承运人 CARRIER	航班号 FLIGHT	座位等级 CLASS	日期 DATE	时间 TIME	客票级别/客票类别 FARE BASIS	客票生效日期 NOT VALID BEFORE	有效截止日期 NOT VALID AFTER	免费行李 ALLOW
自 FROM　清水-云岩	CZ	6348	R	11JAN18	21:00	YAB003L2		11JAN18	20KG
至 TO　燕京-平安		VOID							
至 TO　VOID		VOID							
至 TO　VOID									
至 TO　VOID　　CNY	票价 FARE 1020.00	机场建设费 CNY50 AIRPORT TAX	燃油附加费 FUEL SURCHARGE	其他税费 OTHER TAXES		合计 TOTAL CNY1070.00			
电子客票号码 8294868297681235 E-TICKET NO.	验证码 5564 CK.		提示信息 INFORMATION			保险费 INSURANCE			
销售单位代号 00001523 AGENT CODE.	填开单位 ISSUED BY					填开日期 DATE OF ISSUE			

验真网址：WWW.TRAVELSKY.COM　服务热线：400-815-8888　短信验真：发送 JP 至 10669018

原始凭证

145

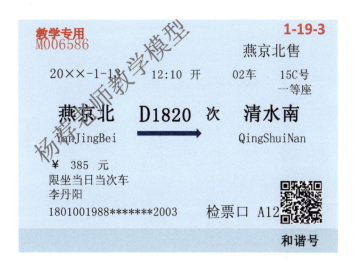

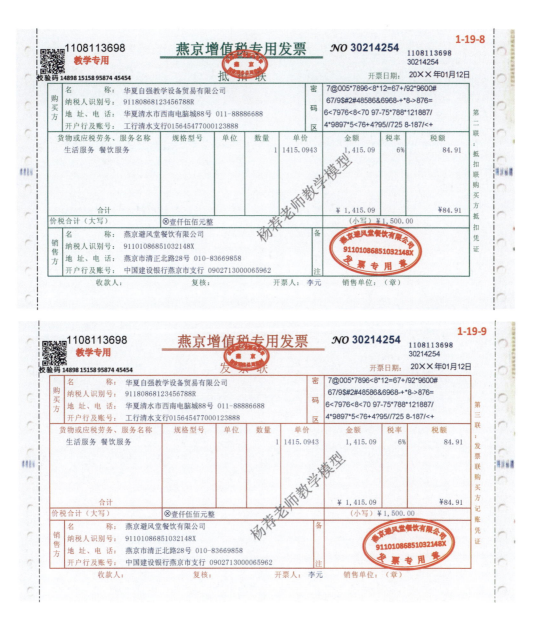

1108113698
教学专用
校验码 14898 15158 95874 45454

燕京增值税专用发票   *NO* 30214254   1108113698
抵扣联   30214254
开票日期：20××年01月12日

购买方	名　　称：	华夏自强教学设备贸易有限公司
	纳税人识别号：	91180868123456788R
	地址、电话：	华夏清水市西南电脑城88号 011-88886688
	开户行及账号：	工行清水支行015645477000123888

密码区   7@005*7896<8*12=67+/92*9600#
67/9$#2#48586&6968-+*8->876=
6<7976<8<70 97-75*788*121887/
4*9897*5<76+4?95//725 8-187/<+

货物或应税劳务、服务名称	规格型号	单位	数量	单价	金额	税率	税额
生活服务 餐饮服务			1	1415.0943	1,415.09	6%	84.91
合计					¥ 1,415.09		¥84.91

价税合计（大写）　⊗壹仟伍佰元整　（小写）¥1,500.00

销售方	名　　称：	燕京避风堂餐饮有限公司
	纳税人识别号：	91101086851032148X
	地址、电话：	燕京市清正北路28号 010-83669858
	开户行及账号：	中国建设银行燕京市支行 0902713000065962

备注

收款人：　　　复核：　　　开票人：李元　　　销售单位：（章）

第二联：抵扣联购买方抵扣凭证

1108113698
教学专用
校验码 14898 15158 95874 45454

燕京增值税专用发票   *NO* 30214254   1108113698
发票联   30214254
开票日期：20××年01月12日

购买方	名　　称：	华夏自强教学设备贸易有限公司
	纳税人识别号：	91180868123456788R
	地址、电话：	华夏清水市西南电脑城88号 011-88886688
	开户行及账号：	工行清水支行015645477000123888

密码区   7@005*7896<8*12=67+/92*9600#
67/9$#2#48586&6968-+*8->876=
6<7976<8<70 97-75*788*121887/
4*9897*5<76+4?95//725 8-187/<+

货物或应税劳务、服务名称	规格型号	单位	数量	单价	金额	税率	税额
生活服务 餐饮服务			1	1415.0943	1,415.09	6%	84.91
合计					¥ 1,415.09		¥84.91

价税合计（大写）　⊗壹仟伍佰元整　（小写）¥1,500.00

销售方	名　　称：	燕京避风堂餐饮有限公司
	纳税人识别号：	91101086851032148X
	地址、电话：	燕京市清正北路28号 010-83669858
	开户行及账号：	中国建设银行燕京市支行 0902713000065962

备注

收款人：　　　复核：　　　开票人：李元　　　销售单位：（章）

1-19-9
第三联：发票联购买方记账凭证

教学专用　　　　　　　　　　1-19-10

收 款 收 据   NO. 0013079

20××年 1 月 16 日

今 收 到　采购部李丹阳交来预借差旅费余款冲账。

金额（大写）零拾零万叁仟零佰壹拾零元零角零分

¥　3,010.00　　　　　收款单位（盖章）

会计 张守财　　记账　　　出纳 徐颖颖　　经办人 李丹阳

第三联会计联

[业务 20]　1 月 16 日收到华夏清水市第十三中学货款。

业务回单（收款）

日期：20××年01月16日
回单编号：18116000002
付款人户名：华夏清水市第十三中学　　　　　　　　　付款人开户行：清水支行
付款人账号（卡号）：015645477000258451
收款人户名：华夏自强教学设备贸易有限公司　　　　　收款人开户行：清水支行
收款人账号（卡号）：015645477000123888
金额：壹拾陆万元整　　　　　　　　　　　　　　　　小写：160,000.00 元
业务（产品）种类：转账业务　　凭证种类：000000000　凭证号码：0000000000000000
接行：跨行　　用途：　　　　　　　　　　　　　　　币种：人民币
交易机构：0240600729　记账柜员：00023　交易代码：52093　　渠道：其他

附言：
支付交易序号：35316622　　报文种类：大额客户发起汇兑业务　委托日期：20××-01-16
业务类型（种类）：普通汇兑

本回单为第1次打印，注意重复　　打印日期：20××年01月16日　　打印柜员：9　验证码：49D20A927006

[业务 21]　1 月 17 日采购华夏春晖木业有限公司一批学生桌椅。请以供货方单位销售部经办人的角色，按销售合同内容填写销售单。请以本单位仓库管理员的角色填写入库单，假设应收数量与实收数量相同，且 1 月 16 日到货。

教学专用　　　　　　　　　　　　　　　　　　　　　　　　　　　　　　　　1-21-1

购 销 合 同

供方：华夏春晖校具制造有限公司　　　　　合同编号：　　C201801006
需方：华夏自强教学设备贸易有限公司　　　签订日期：　　20××年01月15日
经供需双方友好协议，订立本合同如下。

型号	名称	数量（套）	单价（元）	总额（元）	其他要求
1.6M	学生桌椅	100	410.00	41,000.00	

货款总计（大写）：人民币肆万壹仟元整
质量验收标准：符合国家有关质量标准。
交货日期：20××年 1 月 16 日
交货地点：华夏清水市西南电脑城88号需方仓库或需方指定地点。
结算方式：需方须预付50%货款，交货后3天内需方须结清余款。
违约条款：违约方须赔偿对方一切经济损失。但遇天灾人祸或其他人力不能控制之因素而导致延误交货，需方不能要求供方赔偿任何损失。
解决合同纠纷的方式：经双方友好协商解决，如协商不成的，可向当地仲裁委员会提出申诉解决。
本合同一式两份，供需双方各执一份，自签订之日起生效。

供方：华夏春晖校具制造有限公司　　　　　需方：华夏自强教学设备贸易有限公司
地址：清水市清平南路262号　　　　　　　　地址：华夏清水市西南电脑城88号
法人代表（或委托人）：张立库　　　　　　　法人代表（或委托人）：李丹阳
联系电话：011-83669398　　　　　　　　　联系电话：011-88886688

原始凭证

销　售　单

客户名称：华夏自强教学设备贸易有限公司

客户信息：华夏清水市西南电脑城88号 011-88886688　　　　　日期：20××年01月16日

编码	产品名称	规格	单位	数量	单价	金额	备注
合计	人民币（大写）：						

销售部负责人：　　　　　经办人：　　　　　仓库人员：　　　　　签收：

销售联

入 库 单

供货单位：

发票号码：　　　　　　　　年　月　日　　　　　验收仓库：

编号	名称及规格	计量单位	数量		价格	
			应收	实收	单价	金额
	合计					

部门负责人：　　　　　　　　　　　库管：　　　　　　　制单人：

采购联

[业务 22]　1 月 17 日销售给华夏清水市第三十八中学一批计算机。请将出库单内容与销售合同及销售单内容进行比对。增值税专用发票是根据销售合同及出库单等内容开具的。

购 销 合 同

供方：华夏自强教学设备贸易有限公司　　　　　　合同编号：　　201801001

需方：华夏清水市第三十八中学　　　　　　　　　签订日期：　20××年01月14日

经供需双方友好协议，订立本合同如下。

序号	名称	数量（台）	单价（元）	总额（元）	其他要求
1	台式计算机-联想扬天i3	240	3,880.00	931,200.00	
2	台式计算机-联想扬天i5	32	4,480.00	143,360.00	
3	笔记本计算机-联想i7	12	5,600.00	67,200.00	
	合计			1,141,760.00	

货款总计（大写）：壹佰壹拾肆万壹仟柒佰陆拾元整

质量验收标准：符合国家有关质量标准。

交货日期：20××年 1 月 16 日

交货地点：需方教学楼。

结算方式：需方须预付50%货款，交货后3天内需方须结清余款。

违约条款：违约方须赔偿对方一切经济损失。但遇天灾人祸或其他人力不能控制之因素而导致延误交货，需方不能要求供方赔偿任何损失。

解决合同纠纷的方式：经双方友好协商解决，如协商不成的，可向当地仲裁委员会提出申诉解决。

本合同一式两份，供需双方各执一份，自签订之日起生效。

供方：华夏自强教学设备贸易有限公司　　　　　　需方：华夏清水市第三十八中学
地址：华夏清水市西南电脑城88号　　　　　　　　地址：金阳市前进路x号
法人代表（或委托人）：陈启飞　　　　　　　　　法人代表（或委托人）：李正龙
联系电话：011-88886688　　　　　　　　　　　　联系电话：011-68825874

原始凭证

157

教学专用

销 售 单

NO: 2018001016

客户名称：华夏清水市第三十八中学

客户信息：清水市前进路4号 011-68825874　　　　　　日期：　20××年01月16日

编码	产品名称	规格	单位	数量	单价	金额	备注
1	台式计算机-联想扬天i3		台	240	3880	931,200.00	
2	台式计算机-联想扬天i5		台	32	4480	143,360.00	
3	笔记本计算机-联想i7		台	12	5600	67,200.00	
合计	人民币（大写）：壹佰壹拾肆万壹仟柒佰陆拾元整					1,141,760.00	

销售部负责人：　陈启飞　　　　　　　　　　　　　　经办人：　唐莉莉

财务联

教学专用

出 库 单

NO 0158013

购买单位：华夏清水市第三十八中学　　20××年01月16日　　发出仓库：商品库

编号	名称及规格	计量单位	数量 应发	数量 实发	价格 单价	价格 金额	备注
1	台式计算机-联想扬天i3	台	240	240			
2	台式计算机-联想扬天i5	台	32	32			
3	笔记本计算机-联想i7	台	12	12			
	合计						

部门负责人：　陈启飞　　　销售经办：　龙学友　　　制单人：　叶文龙

财务联

1808114801
教学专用

华夏增值税专用发票

NO 50055479

1808114801
50055479

校验码 12895 15124 95806 64569

此联不做报销扣税凭证使用

开票日期：20××年01月17日

购买方	名　　称：华夏清水市第三十八中		密	45*/3255-14842*64<5<586197/321
	纳税人识别号：91180181741852669R		码	996-75*78976<8*12=67/9968-1888
	地址、电话：清水市前进路4号 011-68825874		区	186976<>>707976<+*8->876=67/9
	开户行及账号：工行前进支行 0175645547700587214 5321			<44+*9897*5<76+?99=67/976<5/*/

货物或应税劳务、服务名称	规格型号	单位	数量	单价	金额	税率	税额
设备 台式计算机-联想扬天	i3	台	240	3,433.63	824,070.80	13%	107,129.20
设备 台式计算机-联想扬天	i5	台	32	3,964.60	126,867.26	13%	16,492.74
设备 笔记本计算机-联想	i7	台	12	4,955.75	59,469.03	13%	7,730.97
合计					¥1,010,407.09		¥131,352.91
价税合计（大写）	⊗壹佰壹拾肆万壹仟柒佰陆拾元整				(小写) ¥ 1,141,760.00		

销售方	名　　称：华夏自强教学设备贸易有限公司	备	
	纳税人识别号：91180868123456788R		
	地址、电话：华夏清水市西南电脑城88号 011-88886688	注	华夏自强教学设备贸易有限公司 91180868123456788R 发票专用章
	开户行及账号：工行清水市支行 015645477000123888		

收款人：　　　　复核：　　　　开票人：张守财　　　　销售单位：（章）

第一联：发票联 销货方记账凭证

原始凭证

[业务 23]　1 月 17 日销售给华夏清水市传习中学一批设备。请以本单位销售部经办人的角色，按销售合同内容填写销售单，具体可参考业务 22。请以本单位仓库管理员的角色填写出库单。假设应发数量与实发数量相同，具体可参考业务 22。请根据销售合同及填写的出库单等内容开具增值税专用发票。

购 销 合 同

供方：华夏自强教学设备贸易有限公司

需方：华夏省清水市传习中学

合同编号：　201801003

签订日期：　20××年01月15日

经供需双方友好协议，订立本合同如下。

序号	名称	数量（台/套）	单价（元）	总额（元）	其他要求
1	台式计算机-联想扬天i5	120	4,480.00	537,600.00	
2	笔记本计算机-联想i7	20	5,700.00	114,000.00	
3	投影仪-索尼EX430	6	4,800.00	28,800.00	
4	学生桌椅	180	480.00	86,400.00	
	合计			766,800.00	

货款总计（大写）：柒拾陆万陆仟捌佰元整

质量验收标准：符合国家有关质量标准。

交货日期：20××年 1 月 17 日

交货地点：需方教学楼。

结算方式：需方须预付50%货款，交货后3天内需方须结清余款。

违约条款：违约方须赔偿对方一切经济损失。但遇天灾人祸或其他人力不能控制之因素而导致延误交货，需方不能要求供方赔偿任何损失。

解决合同纠纷的方式：经双方友好协商解决，如协商不成的，可向当地仲裁委员会提出申诉解决。

本合同一式两份，供需双方各执一份，自签订之日起生效。

供方：华夏自强教学设备贸易有限公司

地址：华夏清水市西南电新城88号

法人代表（或委托人）：　陈启飞

联系电话：011-88886668

需方：华夏省清水市传习中学

地址：华夏清水市老马路118号

法人代表（或委托人）：

联系电话：011-83589781　杨同跃

销 售 单

NO：2018001018

客户名称：

客户信息：

日期：　　年　月　日

编码	产品名称	规格	单位	数量	单价	金额	备注
合计	人民币（大写）：						

销售部负责人：　　　　　　　　　　　　　　　　经办人：

财务联

出 库 单

购买单位：　　　　　　　　　　年　月　日　　发出仓库

编号	名称及规格	计量单位	数量		价格		备注
			应发	实发	单价	金额	
	合计						

部门负责人：　　　　　　　　销售经办：　　　　　　　　　　制单人：

1808114801
教学专用

华夏增值税专用发票

NO 50055480

1808114801
50055480

校验码 12524 14574 17806 65843

此联不做报销、扣税凭证使用

开票日期：20××年01月17日

购买方	名　　称：华夏省清水市传习中学 纳税人识别号：91180181741852899E 地址、电话：华夏清水老马河18号 011-82589781 开户行及账号：中国建议银行清水支行 01800001012145689756	密码区	455-1485*/3242*646=197/3218976 9><7096-7*12=67/968-1888<5<58/ 15*7<886976<7976<+*8>876=67/9 67<44+*9897*5<76+?99=67/96<5%

货物或应税劳务、服务名称	规格型号	单位	数量	单价	金额	税率	税额
合计							

价税合计（大写）		（小写）

销售方	名　　称：华夏自强教学设备贸易有限公司 纳税人识别号：91180868123456788R 地址、电话：华夏清水市西南电脑城88号 011-88886888 开户行及账号：工行清水市支行015645477000123866	备注	

收款人：　　　　复核：　　　　开票人：张守财　　　销售单位：（章）

第一联：发票联 销货方记账凭证

原始凭证

[业务 24] 1 月 17 日支付华夏春晖木业有限公司货款及电汇手续费（电汇形式）。

教学专用   1-24-1

付款申请单

付款方式：银行☑ 现金☐ 承兑汇票☐   20××年 1 月 17 日

收款人：	华夏春晖模具制造有限公司
收款人开户行及账号（卡号）：	农业银行燕京支行嘉润分理处1037010101025652l

付款事由：

支付华夏春晖模具制造有限公司货款（尾款余额11.7万元）

合同编号：		合同金额：	
申请付款金额：	117,000.00		银行付讫

人民币（大写）：壹拾壹万柒仟元整

公司负责人	财务负责人	财务审核	部门负责人
李大福	王清香	张守财	李丹阳

注：填写规范 不得涂改   出纳： 徐颖颖   领款（经办）人：陈庆宏

教学专用   1-24-2

中国工商银行   电汇凭证(回 单)   1

☐普通 ☐加急   委托日期 20××年 1 月 17 日   NO 00994639

汇款人	全 称	华夏自强教学设备贸易有限公司	收款人	全 称	华夏春晖模具制造有限公司
	账 号	015645477000123888		账 号	010271300006596 2
	汇出地点	华夏 省 清水 市/县		汇入地点	华夏 省 清水 市/县
	汇出行名称	工行清水市支行		汇入行名称	工行清水市支行清平南路分理处

金额	人民币（大写）	壹拾壹万柒仟元整	亿	千	百	十	万	千	百	十	元	角	分
						¥	1	1	7	0	0	0	0	0

支付密码

附加信息及用途： 货款

汇出行签章   复核 刘梅 记账

此联由汇出行给汇款人的回单

教学专用   1-24-3

中国工商银行   收费凭条

20××年 1 月 17 日

付款人名称	华夏自强教学设备贸易有限公司			付款人账号		015645477000123888

服务项目（凭证种类）	数量	工本费	手续费	小 计 百十万千百十元角分	上述款项请从我公司账户中支付
手续费			15.50	1 5 5 0	
合 计				¥ 1 5 5 0	

以下在购买凭证时填写

领购人姓名		领购人证件类型	
		领购人证件号码	

记账 刘梅

记账联附件

原始凭证

165

[业务 25] 1 月 19 日支付索尼华夏设备有限公司货款（用银行承兑汇票）。

教学专用　　　　　　　　　　　　　　　　　　　　1-25-1

付款申请单

付款方式：银行□　现金□　承兑汇票☑　　　　　20××年 1 月 19 日

收款人	燕京联想自动化设备有限公司
收款人开户行及账号（卡号）：	农业银行燕京支行嘉润分理处 1037010101025652521
付款事由：	支付燕京联想自动化设备有限公司货款

合同编号：	C201712014	合同金额：	1,584,000.00
申请付款金额：	120,000.00		银行付讫
人民币（大写）：	壹拾贰万元整		

公司负责人	财务负责人	财务审核	部门负责人
李大福	王清香	张守财	李丹阳

注：填写规范 不得涂改　　　出纳：徐颖颖　　　领款（经办）人：陈庆宏

教学专用　　　　　　　　　　　　　　　　　　　　1-25-2

此复印件与原件相同

银行承兑汇票　　2 6000000016012

出票日期　贰零××年 零壹 月 零捌 日
（大写）

出票人全称	夜郎广大铝业有限公司	收	全　称	华夏机电设备制造有限公司
出票人账号	01852147569854125	款	账号	018542654770041528
付款行全称	夜郎商业银行白云支行	人	开户银行	工行清水支行

金额	人民币（大写）	壹拾贰万元整		亿	千	百	十	万	千	百	十	元	角	分
			¥			1	2	0	0	0	0	0	0

汇票到期日（大写）	贰零××年零柒月零捌日	付款行	行号	5081458235
承兑协议编号	P01758475		地址	清镇市白云区红枫路8号

本汇票请银行承兑，到期无条件付款。

夜郎广大铝业有限公司
财务专用章
★

波杨印万
出票人签章

本汇票已经承兑，到期日由
本行付款。
夜郎商业银行白云支行
承兑行签章
5081458235
承兑日期 20×× 年 1 月 8 日

复核　　记账
备注

此联收款人开户银行随长收证票付款行作借方凭证附件

原始凭证

167

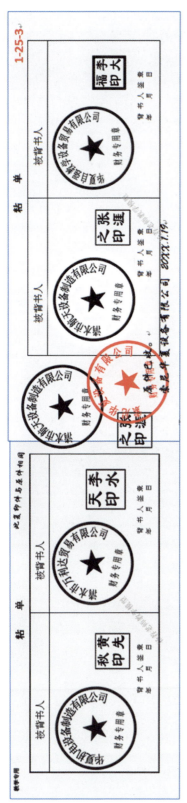

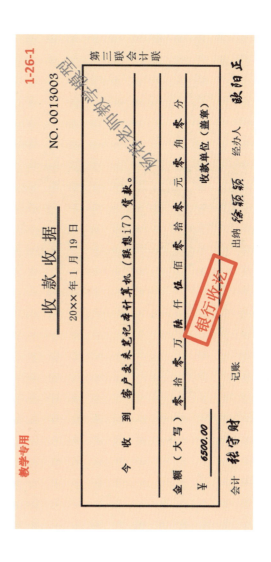

[业务 26] 1月19日销售给个人笔记本计算机一台（销售未开发票只有收款收据给客户）。请以本单位销售部人员欧阳正的名字填写销售单，此单只销售了1台笔记本计算机-联想i7，参考业务 22、业务 23。请以本单位仓库管理员的角色填写出库单，参考业务 22、业务 23。

销 售 单

NO： 2018001020

客户名称：
客户信息： 　　　　　　　　　　　　　　　　　　　　　　日期：　　　年　月　日

编码	产品名称	规格	单位	数量	单价	金额	备注	
								财务联
合计	人民币（大写）：					—		

销售部负责人： 　　　　　　　　　　　　　　　　　　　　　　经办人：

出 库 单

NO 0158018

购买单位： 　　　　　　　　　　年　月　日　　发出仓库

编号	名称及规格	计量单位	数量		价格		备注	
			应发	实发	单价	金额		
								财务联
合计								

部门负责人： 　　　　　　销售经办： 　　　　　　制单人：

[业务 27]　1 月 25 日销售给华夏工商职业学院一批教学设备。请以本单位销售部经办人的角色，按销售合同内容填写销售单，参考业务 22、业务 23。请以本单位仓库管理员的角色填写出库单。假设应发数量与实发数量相同，参考业务 22、业务 23。请根据销售合同及填写的出库单等内容开具增值税专用发票（还需填写左下角销售单位开票信息，参考业务 22、业务 23）。

购销合同

供方：华夏自强教学设备贸易有限公司　　　　　合同编号： 201801008
需方：华夏工商职业学院　　　　　　　　　　　签订日期： 20××年01月19日

经供需双方友好协议，订立本合同如下。

序号	名称	数量（台）	单价（元）	总额（元）	其他要求
1	台式计算机-联想扬天i3	60	3,800.00	228,000.00	
2	台式计算机-联想扬天i5	12	4,500.00	54,000.00	
3	笔记本计算机-联想i7	12	5,600.00	67,200.00	
4	投影仪-索尼EX430	66	4,500.00	297,000.00	
	合计			646,200.00	

货款总计（大写）：陆拾肆万陆仟贰佰元整
质量验收标准：符合国家有关质量标准。
交货日期：20××年 1 月 24日
交货地点：需方教学楼。
结算方式：需方须预付50%货款，交货后3天内需方须结清余款。
违约条款：违约方赔偿对方一切经济损失。但遇天灾人祸或其他人力不能控制之因素而导致延误交货，需方不能要求供方赔偿任何损失。

解决合同纠纷的方式：经双方友好协商解决，如协商不成的，可向当地仲裁委员会提出申诉解决。

本合同一式两份，供需双方各执一份，自签订之日起生效。

供方：华夏自强教学设备贸易有限公司　　　　　需方：华夏工商职业学院
地址：华夏清水市西南电脑城88号　　　　　　　地址：华夏清水老马河8号
法人代表（或委托人）：陈启飞　　　　　　　　法人代表（或委托人）：郑飞扬
联系电话：011-88886688　　　　　　　　　　　联系电话：011-82582578

销 售 单

NO： 2018001021

客户名称：
客户信息：　　　　　　　　　　　　　　　　　日期：　　年 月 日

编码	产品名称	规格	单位	数量	单价	金额	备注
合计	人民币（大写）：					—	

销售部负责人：　　　　　　　　　　　　　　　经办人：

财务联

出 库 单

NO 0158019

购买单位：　　　　　　　　　年 月 日　　发出仓库

编号	名称及规格	计量单位	数量 应发	数量 实发	价格 单价	价格 金额	备注
	合计						

部门负责人：　　　　　　　　销售经办：　　　　　　　　制单人：

财务联

原始凭证

173

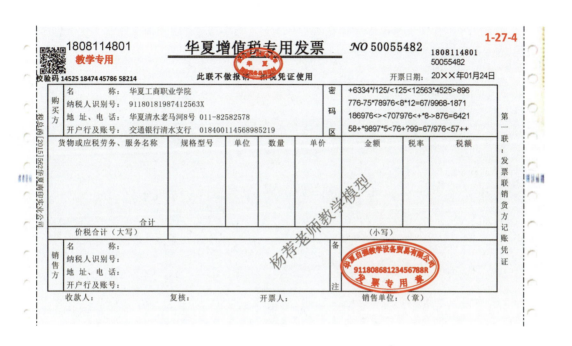

1808114801
教学专用

华夏增值税专用发票

NO 50055482

1808114801
50055482

校验码 14525 18474 45786 58214

此联不做报销、扣税凭证使用

开票日期：20××年01月24日

购买方	名　　　称：	华夏工商职业学院					密码区	+6334*/125/<125<12563*4525>896 776-75*78976<8*12=67/9968-1871 186976<>707976<+*8->876=6421 58+*9897*5<76+?99=67/976<57++		
	纳税人识别号：	9118018198741 2563X								
	地址、电话：	华夏清水老马河8号 011-82582578								
	开户行及账号：	交通银行清水支行 018400114568985219								

货物或应税劳务、服务名称	规格型号	单位	数量	单价	金额	税率	税额
合计							
价税合计（大写）					（小写）		

销售方	名　　　称：			备注	
	纳税人识别号：				
	地址、电话：				
	开户行及账号：				

收款人：　　　　复核：　　　　开票人：　　　　销售单位：（章）

第一联：发票联 销货方记账凭证

[业务28]　1月26日支付商场广告宣传费用。

教学专用

付款申请单

付款方式：银行转账☑　现金□　承兑汇票□　　　　20×× 年 1 月 26 日

收款人：	清水市广而告之有限公司
收款人开户行及账号（卡号）：	工行清水市支行东风路分理处 01564547000254685
付款事由：商场广告宣传费用	银行付讫
合同编号：	合同金额：
申请付款金额：	6,000.00
人民币（大写）：	陆仟元整

公司负责人	财务负责人	财务审核	部门负责人
李大福	王清香	张守财	陈光桂

注：填写规范 不得涂改　　出纳：徐颖颖　　领款（经办）人：杨梦娟

原始凭证

175

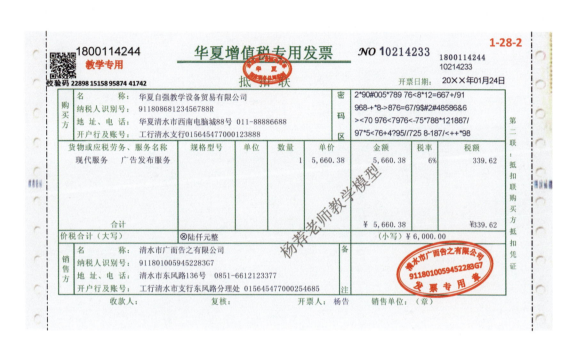

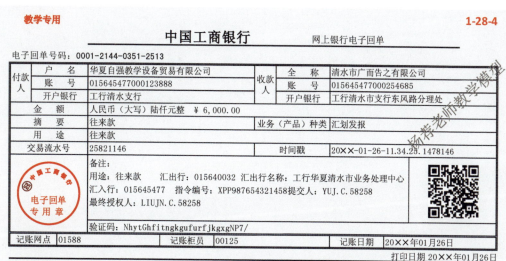

中国工商银行　　网上银行电子回单

电子回单号码：0001-2144-0351-2513

付款人	户　名	华夏自强教学设备贸易有限公司	收款人	全　称	清水市广而告之有限公司
	账　号	015645477000123888		账　号	015645477000254685
	开户银行	工行清水支行		开户银行	工行清水市支行东风路分理处

金　额	人民币（大写）陆仟元整　　￥6,000.00		
摘　要	往来款	业务（产品）种类	汇划发报
用　途	往来款		
交易流水号	25821146	时间戳	20××-01-26-11.34.25.1478146

备注：用途：往来款　　汇出行：015640032　汇出行名称：工行华夏清水市业务处理中心 汇入行：015645477　指令编号：XPP987654321458提交人：YUJ.C.58258 最终授权人：LIUJN.C.58258
验证码：NhytGhfitngkgufurfjkgxgNP7/

记账网点	01588	记账柜员	00125	记账日期	20××年01月26日

打印日期 20××年01月26日

（印章：中国工商银行 电子回单专用章）

重要提示：

1. 如果您是收款方，请到工行网站www.icbc.com.cn电子回单验证处进行回单验证。
2. 本单不作为收款方发货依据，并请勿重复记账。
3. 您可以选择发送邮件，将电子回单发送给指定的接收人。

[业务 29]　1 月 29 日支付水费（付款后再取得发票并做在同一张凭证上，相关业务同样处理）。请以本单位行政部办事员的角色，按增值税发票内容分别填写付款申请单，可参考业务 25、业务 28。

付款申请单

付款方式：银行转账□　现金□　承兑汇票□　　　　　　　　年　月　日

收款人：
收款人开户行及账号（卡号）：
付款事由：

合同编号：		合同金额：	
申请付款金额：			
人民币（大写）：			

公司负责人	财务负责人	财务审核	部门负责人

注：填写规范　不得涂改　　　　出纳：　　　　　　领款（经办）人：

中国工商银行　　　　网上银行电子回单

电子回单号码：0001-2144-0351-5802

付款人	户　名	华夏自强教学设备贸易有限公司	收款人	全　称	华夏清水市供水有限公司
	账　号	015645477000123888		账　号	016694824552222271
	开户银行	工行清水支行		开户银行	中国建设银行清水支行
金　额		人民币（大写）柒佰玖拾玖元整　￥799.00			
摘　要		往来款	业务（产品）种类		跨行发报
用　途		往来款			
交易流水号		25847151	时间戳		20××-01-29-10.13.28.1478851

备注：
用途：往来款　　汇出行：015640032 汇出行名称：工行华夏清水市业务处理中心
汇入行：01669008　指令编号：XPP987654321477 提交人：YUJ.C.58258
最终授权人：LIUJN.C.58258

验证码：nMMJdhfitngkgufurfjkgxgNP8*

记账网点	01588	记账柜员	00125	记账日期	20××年01月29日

打印日期 20××年01月29日

重要提示：
1. 如果您是收款方，请到工行网站www.icbc.com.cn电子回单验证处进行回单验证。
2. 本单不作为收款方发货依据，并请勿重复记账。
3. 您可以选择发送邮件，将电子回单发送给指定的接收人。

中国工商银行　　　　网上银行电子回单

电子回单号码：0018-2144-0786-1100

付款人	户　名	华夏自强教学设备贸易有限公司	收款人	全　称	
	账　号	015645477000123888		账　号	
	开户银行	工行清水支行		开户银行	
金　额		人民币（大写）伍元伍角整　￥5.50			
摘　要		对公收费明细入账	业务（产品）种类		对公收费
用　途					
交易流水号		00000000	时间戳		20××-01-29-10.25.05.1472577

备注：
产品名称：人行境内大额汇款　费用名称：对公跨行汇款手续费
应收金额：5.50元　实收金额：5.50元
收费渠道：业务发生账号：015645477000123888

验证码：ifPckk/w-gNP9Kmudhftngkgufur8/

记账网点	01588	记账柜员	00125	记账日期	20××年01月29日

打印日期 20××年01月29日

重要提示：
1. 如果您是收款方，请到工行网站www.icbc.com.cn电子回单验证处进行回单验证。
2. 本单不作为收款方发货依据，并请勿重复记账。
3. 您可以选择发送邮件，将电子回单发送给指定的接收人。

原始凭证

[业务30] 1月29日支付本月电费。请以本单位行政部办事员的角色，按增值税发票内容填写付款申请单，可参考业务25、业务28、业务29。

1-30-1

付款申请单

付款方式：银行转账□ 现金□ 承兑汇票□   年   月   日

收款人：	
收款人开户行及账号（卡号）：	
付款事由：	

合同编号：		合同金额：	
申请付款金额：			
人民币（大写）：			

公司负责人	财务负责人	财务审核	部门负责人

注：填写规范 不得涂改   出纳：   领款（经办）人：

1800114201

华夏增值税专用发票

NO 50012454

1-30-2

1800114201
50012454

校验码 12814 15124 95806 25415

抵 扣 联

开票日期：20××年01月29日

购买方	名　　称：华夏自强教学设备贸易有限公司
	纳税人识别号：91180868123456788R
	地址、电话：华夏清水市西南电脑城88号 011-88886688
	开户行及账号：工行清水支行015645477000123888

密码区：
><705*78976<8*12=67/9968-187/
/654*71<4865<6985>/*326481991*
5412+79*876+?99=67/976<575~
86976<><707976<+*8->876=67/9

货物或应税劳务、服务名称	规格型号	单位	数量	单价	金额	税率	税额
电力 售电（1-240）		KWA	240	0.4248	101.95	13%	13.25
电力 售电（241-400）		KWA	160	0.4779	76.46	13%	9.94
电力 售电（401以上）		KWA	2874	0.6903	1,983.82	13%	257.90
合计					￥2,162.23		￥281.09

价税合计（大写）	⊗贰仟肆佰肆拾叁元叁角贰分	（小写）￥2,443.32

销售方	名　　称：华夏清水市供电局
	纳税人识别号：91180181456789123D
	地址、电话：清水市红旗路15号 011-86912388
	开户行及账号：中国工商银行清水支行015645477000257158

备注：（华夏清水市供电局 91180181456789123D 发票专用章）

收款人：   复核：   开票人：李四   销售单位：（章）

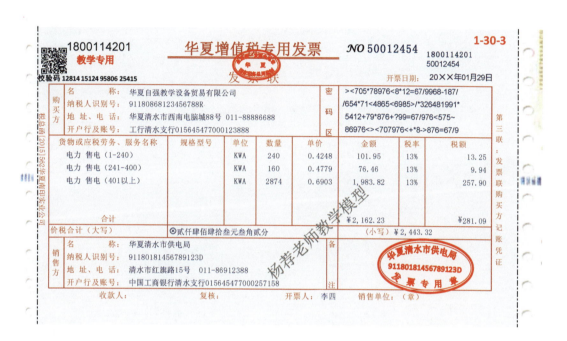

1800114201
教学专用

华夏增值税专用发票

发票联

NO 50012454

校验码 12814 15124 95806 25415

开票日期：20××年01月29日

1800114201
50012454

购买方	名　称：	华夏自强教学设备贸易有限公司
	纳税人识别号：	91180868123456788R
	地址、电话：	华夏清水市西南电脑城88号 011-88886688
	开户行及账号：	工行清水支行015645477000123888

密码区
><705*78976<8*12=67/9968-187/
/654*71<4865<6985>/*326481991*
5412+79*876+?99=67/976<575~
86976<><707976<+*8->876=67/9

货物或应税劳务、服务名称	规格型号	单位	数量	单价	金额	税率	税额
电力 售电（1-240）		KWA	240	0.4248	101.95	13%	13.25
电力 售电（241-400）		KWA	160	0.4779	76.46	13%	9.94
电力 售电（401以上）		KWA	2874	0.6903	1,983.82	13%	257.90
合计					￥2,162.23		￥281.09

价税合计（大写）	⊗贰仟肆佰肆拾叁元叁角贰分	（小写）￥2,443.32

销售方	名　称：	华夏清水市供电局	备
	纳税人识别号：	91180181456789123D	
	地址、电话：	清水市红旗路15号 011-86912388	
	开户行及账号：	中国工商银行清水支行015645477000257158	注

收款人：　　　复核：　　　开票人：李四　　　销售单位：（章）

第三联：发票联 购买方记账凭证

中国工商银行

网上银行电子回单

电子回单号码：0001-2144-0351-5813

付款人	户　名	华夏自强教学设备贸易有限公司	收款人	全　称	华夏清水市供电局
	账　号	015645477000123888		账　号	015645477000257158
	开户银行	工行清水支行		开户银行	工行清水支行
金　额	人民币（大写）贰仟肆佰肆拾叁元叁角贰分　　￥2,443.32				
摘　要	往来款		业务（产品）种类	汇划发报	
用　途	往来款				
交易流水号	25847146		时间戳	20××-01-29-10.14.25.1478856	
备注： 用途：往来款　　汇出行：015640032 汇出行名称：工行华夏清水市业务处理中心 汇入行：015640032　指令编号：XPP987654321458提交人：YUJ.C.58258 最终授权人：LIUJN.C.58258					
验证码：NhytGhfitngkgufurfjkgxgNP7/					
记账网点	01588	记账柜员	00125	记账日期	20××年01月29日

打印日期 20××年01月29日

重要提示：

1. 如果您是收款方，请到工行网站www.icbc.com.cn电子回单验证处进行回单验证。

2. 本单不作为收款方发货依据，并请勿重复记账。

3. 您可以选择发送邮件，将电子回单发送给指定的接收人。

原始凭证

[业务 31] 1 月 29 日销售部陈启飞报销业务招待费 4000 元冲账。请以销售部陈启飞经理的角色，按后附发票内容及金额填写报销单，可参考相关业务。

教学专用 | **报 销 单** | 1-31-1

报销形式：　　　　　　　　　　　　　　　　　　　　　年　月　日

报销人：		原有借款金额：	
收款人开户行及账号（卡号）：			附件：　　张
报销项目	摘　　要		金额
	费 用 合 计		-
人民币（大写）：		应退款：¥	
公司负责人	财务负责人	财务审核	部门负责人

注：填写规范 不得涂改　　　　　出纳：　　　　　　报销（领款）人：

1808112524
教学专用 | **华夏增值税专用发票** | *NO* 50215847 | 1808112524 / 50215847 | 1-31-2

校验码 22898 15158 95874 85841 | 抵 扣 联 | 开票日期：20××年01月27日

购买方	名　　称：华夏自强教学设备贸易有限公司 纳税人识别号：9118086812 3456788R 地址、电话：华夏清水市西南电脑城88号 011-88886688 开户行及账号：工行清水支行015645477000123888	密码区	96<8*12=67+/92*9600# 7@005*78 =7@005*788586&6968-+*8->876= 5847-+86<8<70 97-75*788*121887/ 97*5<76+4?95//725 8-187/<+4*98*/-

货物或应税劳务、服务名称	规格型号	单位	数量	单价	金额	税率	税额
生活服务 餐饮服务			1	3773.5849	3,773.58	6%	226.42
合　计					¥ 3,773.58		¥226.42
价税合计（大写）	⊗肆仟元整				（小写）¥ 4,000.00		

销售方	名　　称：清水市君尚餐饮有限公司 纳税人识别号：91180868510321361H 地址、电话：清水市清正北路5号 011-83668585 开户行及账号：中国建设银行清水市支行 0902713000064121	备注	

收款人：　　　　　复核：　　　　　开票人：杨告　　　　　销售单位：（章）

第二联：抵扣联购买方抵扣凭证

原始凭证

189

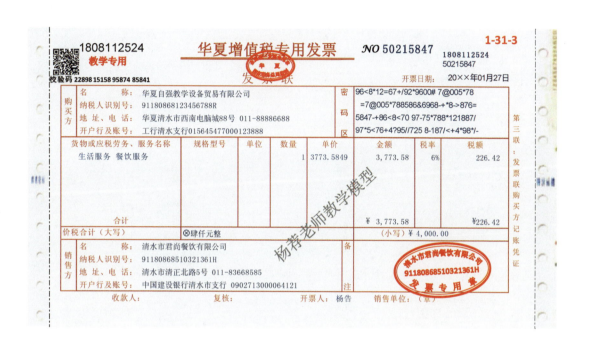

[业务32] 1月29日销售部办事员报销本月华夏清水市传习中学销售产品运输费。

原始凭证

1-32-2

1800121542
教学专用

收验码 92895 15124 95806 14662

华夏增值税专用发票　*NO* 10215319

抵 扣 联

1800121542
10215319

开票日期：20××年01月25日

购买方								
名　　称：	华夏自强教学设备贸易有限公司					密码区	136>+79*8=/9*83/4-5+267*/9812*4 976<8*12=67/9968-1878 ><705*78/ 976<>707976<+*8->876=67/9786 7*5<76+?99=67/97675~ <5<++*989	
纳税人识别号：	91180868123456788R							
地 址、电 话：	华夏清水市西南电脑城88号 011-88886688							
开户行及账号：	工行清水支行015645477000123888							

货物或应税劳务、服务名称	规格型号	单位	数量	单价	金额	税率	税额
运输 国内道路货物运输服务			68	91.7431	6,238.53	9%	561.47
合计					￥6,238.53		￥561.47

价税合计（大写）	⊗陆仟捌佰元整	（小写）￥6,800.00

销售方	名　　称：	清水路路通运输有限公司	起运地：清水市市区、到达地：清水市站
	纳税人识别号：	91180811510351245Y	运输车辆：华C 754254 车型：中货
	地 址、电 话：	清水市正南门北路96号 011-14752166	运输物品：电脑设备
	开户行及账号：	工行清水市支行 015645477005214833	

收款人：　　　　复核：　　　　开票人：王通　　　　销售单位：（章）

第二联：抵扣联购买方抵扣凭证

1-32-3

1800121542
教学专用

收验码 92895 15124 95806 14662

华夏增值税专用发票　*NO* 10215319

发 票 联

1800121542
10215319

开票日期：20××年01月25日

购买方								
名　　称：	华夏自强教学设备贸易有限公司					密码区	136>+79*8=/9*83/4-5+267*/9812*4 976<8*12=67/9968-1878 ><705*78/ 976<>707976<+*8->876=67/9786 7*5<76+?99=67/97675~ <5<++*989	
纳税人识别号：	91180868123456788R							
地 址、电 话：	华夏清水市西南电脑城88号 011-88886688							
开户行及账号：	工行清水支行015645477000123888							

货物或应税劳务、服务名称	规格型号	单位	数量	单价	金额	税率	税额
运输 国内道路货物运输服务			68	91.7431	6,238.53	9%	561.47
合计					￥6,238.53		￥561.47

价税合计（大写）	⊗陆仟捌佰元整	（小写）￥6,800.00

销售方	名　　称：	清水路路通运输有限公司	起运地：清水市市区、到达地：清水市站
	纳税人识别号：	91180811510351245Y	运输车辆：华C 754254 车型：中货
	地 址、电 话：	清水市正南门北路96号 011-14752166	运输物品：电脑设备
	开户行及账号：	工行清水市支行 015645477005214833	

收款人：　　　　复核：　　　　开票人：王通　　　　销售单位：（章）

第三联：发票联购买方记账凭证

原始凭证

中国工商银行　　　　网上银行电子回单

电子回单号码：0001-2144-0351-3254

付款人	户　名	华夏自强教学设备贸易有限公司	收款人	全　称	清水路路通运输有限公司
	账　号	015645477000123888		账　号	015645477005214833
	开户银行	工行清水支行		开户银行	工行清水支行
金　额		人民币（大写）陆仟捌佰元整　　￥6,800.00			
摘　要		往来款	业务（产品）种类		汇划发报
用　途		往来款			
交易流水号		85122547	时间戳		20××-01-29-09.42.27.475196

备注：
用途：往来款　　汇出行：016510032 汇出行名称：工行华夏清水市业务处理中心
提交人：YUJ.C.58258
最终授权人：LIUJN.C.58258

验证码：gNP9Kmndhfitngkgufurfjkgx095

记账网点	01588	记账柜员	00128	记账日期	20××年01月29日

打印日期 20××年01月29日

重要提示：
1. 如果您是收款方，请到工行网站www.icbc.com.cn电子回单验证处进行回单验证。
2. 本单不作为收款方发货依据，并请勿重复记账。
3. 您可以选择发送邮件，将电子回单发送给指定的接收人。

[业务 33]　1 月 29 日支付办公室及仓库租金。请以行政部办事员的角色，按房屋租赁增值税发票内容填写付款申请单，可参考相关业务。

付款申请单

付款方式：银行转账□　现金□　承兑汇票□　　　　　年　月　日

收款人：	
收款人开户行及账号（卡号）：	
付款事由：	
合同编号：	合同金额：
申请付款金额：	
人民币（大写）：	

公司负责人	财务负责人	财务审核	部门负责人

注：填写规范　不得涂改　　　出纳：　　　　　　领款（经办）人：

原始凭证

195

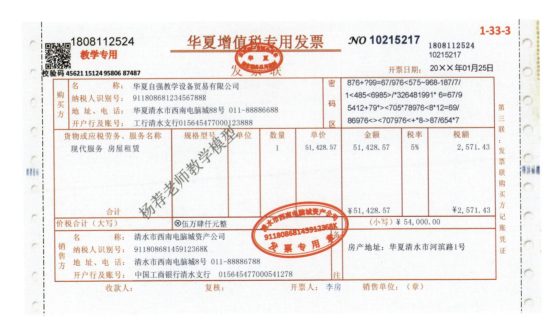

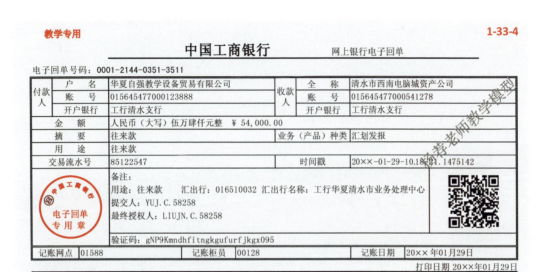

[业务 34]　1 月 30 日银行承兑汇票贴现（按月息 4.5‰计息 162 天）。

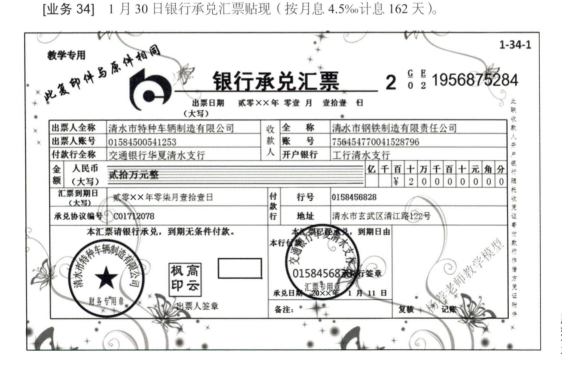

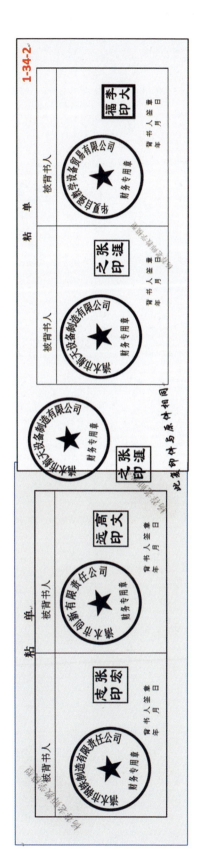

1-34-2

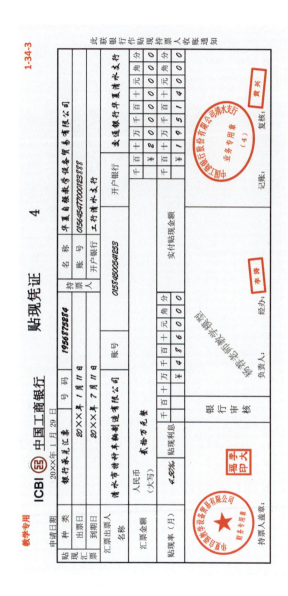

1-34-3

教学专用

ICBI 中国工商银行　　贴现凭证　　4

[业务 35] 1 月 30 日计提职工年终奖（按职工 12 月份基本工资的 80%计提）。

教学专用 **华夏自强公司上年年终奖汇总表** 1-35-1

单位：

部门	基本工资	税前奖金	个税	税后年终奖
总经办	43,300.00	34,640.00	988.20	33,651.80
财务部	17,000.00	13,600.00	378.00	13,222.00
销售部	35,300.00	28,240.00	742.20	27,497.80
采购部	37,700.00	30,160.00	721.80	29,438.20
总合计	133,300.00	106,640.00	2,830.20	103,809.80

制表：李梅　　　　财务审核：王清香

[业务 36] 1 月 30 日发放职工年终奖并清理职工借款。此处省略另 23 张电子回单。

教学专用 **付款申请单** 1-36-1

付款方式：银行转账 √　现金□　承兑汇票□　　　　20××年 1 月 30 日

收款人：	本单位

收款人开户行及账号（卡号）：

付款事由：

发放上年年终奖金

银行付讫

合同编号：		合同金额：	

申请付款金额：102,609.80

人民币（大写）：壹拾万贰仟陆佰零玖元捌角整

公司负责人	财务负责人	财务审核	部门负责人
李大福	王清香	张守财	陈光柱

注：填写规范 不得涂改　　　　出纳：徐颖颖　　领款（经办）人：杨梦娟

华夏自强公司上年年终奖

单位：自强公司

序号	姓名	岗位	基本工资	年终奖	个税	税后年终奖
1	李大顺	董事长	12000	9,600.00	288.00	9,312.00
2	张远航	总经理	10000	8,000.00	240.00	7,760.00
3	陈光柱	办公室主任	6800	5,440.00	163.20	5,276.80
4	李梅	人事专员	6200	4,960.00	148.80	4,811.20
5	杨梦娟	办事员	4500	3,600.00	93.00	3,507.00
6	宋小雷	驾驶员	3800	3,040.00	55.20	2,984.80
	行政部合计		43300	34,640.00	988.20	33,651.80
7	王清香	财务经理	7500	6,000.00	180.00	5,820.00
8	张守财	会计	5500	4,400.00	132.00	4,268.00
9	徐颖颖	出纳	4000	3,200.00	66.00	3,134.00
	财务部合计		17000	13600.00	378.00	13,222.00
10	陈启飞	销售经理	8800	7,040.00	211.20	6,828.80
11	徐通顺	业务员	4500	3,600.00	93.00	3,507.00
12	郭祥	业务员	4500	3,600.00	93.00	3,507.00
13	龙学友	业务员	4500	3,600.00	93.00	3,507.00
14	魏长生	业务员	4500	3,600.00	93.00	3,507.00
15	张国超	业务员	4500	3,600.00	93.00	3,507.00
16	唐莉莉	办事员	4000	3,200.00	66.00	3,134.00
	销售部合计		35300	28,240.00	742.20	27,497.80
17	李丹阳	采购部经理	8800	7,040.00	211.20	6,828.80
18	陈庆宏	采购员	4800	3,840.00	109.20	3,730.80
19	欧阳正	采购员	4800	3,840.00	109.20	3,730.80
20	康永华	采购员	3500	2,800.00	39.00	2,761.00
21	张红云	办事员	3800	3,040.00	55.20	2,984.80
22	叶文龙	仓库主管	5000	4,000.00	120.00	3,880.00
23	杨发才	保安	3500	2,800.00	39.00	2,761.00
24	高华	保安	3500	2,800.00	39.00	2,761.00
	采购部合计		37700	30,160.00	721.80	29,438.20
	总合计		133,300.00	106,640.00	2,830.20	103,809.80

制表：李梅　　　　　　　　财务审核：王清香

收 款 收 据

NO.0013012

20××年 1 月 30 日

第三联会计联

今　收　到　杨梦娟个人借款扣款。

金额（大写）零拾零万零仟贰佰零拾零元零角零分

收款单位（盖章）

¥　200.00

会计　张守财　记账　　　　　　出纳　徐颖颖　经办人

原始凭证

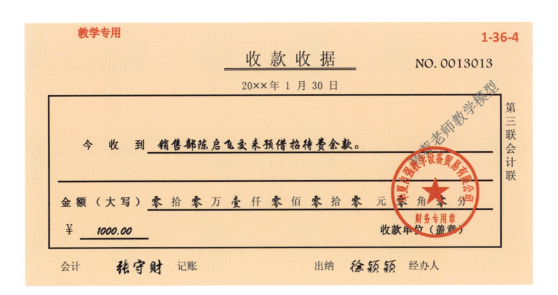

收 款 收 据

NO. 0013013

20××年 1 月 30 日

第三联会计联

今　收　到　销售部陈启飞交来预借招待费余款。

金额（大写）　零拾零万壹仟零佰零拾零元零角零分

¥　1000.00

收款单位（盖章）

会计　张守财　记账　　　　　　　　　出纳　徐颖颖　经办人

中国工商银行　　　　网上银行电子回单

电子回单号码：0001-2144-0351-1258

付款人	户　名	华夏自强教学设备贸易有限公司	收款人	全　称	陈启飞
	账　号	015645477000123888		账　号	015645478000123851
	开户银行	工行清水支行		开户银行	工行清水支行
金　额		人民币（大写）陆仟捌佰贰拾捌元捌角整　¥6,828.80			
摘　要		工资薪金	业务（产品）种类		汇划发报
用　途		工资薪金			
交易流水号		85165967	时间戳		20××-01-30-14.32.25.1478144
备注：		用途：工资薪金　　汇出行：016510032　汇出行名称：工行华夏清水市业务处理中心 提交人：YUJ.C.58258 最终授权人：LIUJN.C.58258 验证码：ndhfitngkgufurfjkgxOgNP9Km			
记账网点	01588		记账柜员	00125	记账日期 20××年01月30日

打印日期 20××年01月30日

重要提示：

1. 如果您是收款方，请到工行网站www.icbc.com.cn电子回单验证处进行回单验证。

2. 本单不作为收款方发货依据，并请勿重复记账。

3. 您可以选择发送邮件，将电子回单发送给指定的接收人。

原始凭证

207

[业务 37] 1 月 31 日收到华夏工商职业学院货款。

1-37-1

业务回单（收款）

日期：20××年01月31日
回单编号：18131000125
付款人户名：华夏工商职业学院
付款人账号（卡号）：018400114568985219
收款人户名：华夏自强教学设备贸易有限公司
收款人账号（卡号）：015645477000123888
金额：肆拾万元整
业务（产品）种类：跨行收报　凭证种类：000000000
接要：跨行　用途：
交易机构：0240600729　记账柜员：00026　交易代码：59054

付款人开户行：交通银行清水支行

收款人开户行：清水支行

小写：400,000.00 元
凭证号码：00000000000000000
币种：人民币
渠道：其他

附言：
支付交易序号：49852151　报文种类：大额客户发起汇兑业务　委托日期：20××-01-31
业务类型（种类）：普通汇兑

本回单为第1次打印，注意重复　打印日期：20××年01月31日　打印柜员：9　验证码：980A927057

[业务 38] 1 月 31 日收到华夏清水市传习中学货款。

1-38-1

业务回单（收款）

日期：20××年01月31日
回单编号：18131000175
付款人户名：华夏省清水市传习中学
付款人账号（卡号）：018000010112145689756
收款人户名：华夏自强教学设备贸易有限公司
收款人账号（卡号）：015645477000123888
金额：贰拾万元整
业务（产品）种类：跨行收报　凭证种类：000000000
接要：跨行　用途：
交易机构：0240600729　记账柜员：00013　交易代码：59098

付款人开户行：中国建设银行清水支行

收款人开户行：清水支行

小写：200,000.00 元
凭证号码：00000000000000000
币种：人民币
渠道：其他

附言：
支付交易序号：49852254　报文种类：大额客户发起汇兑业务　委托日期：20××-01-31
业务类型（种类）：普通汇兑

本回单为第1次打印，注意重复　打印日期：20××年01月31日　打印柜员：9　验证码：980A928513

原始凭证

[业务 39]　1 月 31 日支付燕京联想自动化设备有限公司货款 50 万元及电汇手续费。请以相关部门办事员的角色，填写付款申请单：只填写付款 50 万元。可参考前面相关业务。

　　　　　　　　　　　　　　　　　　　　1-39-1

付款申请单

付款方式：银行转账□　现金□　承兑汇票□　　　　　　　　年　月　日

收款人：	
收款人开户行及账号（卡号）：	
付款事由：	

合同编号：		合同金额：	

申请付款金额：

人民币（大写）：

公司负责人	财务负责人	财务审核	部门负责人

注：填写规范 不得涂改　　　　出纳：　　　　　　领款（经办）人：

　　　　　　　　　　　　　　　　　　　　1-39-2

中国工商银行　　网上银行电子回单

电子回单号码：0001-2144-0367-4329

付款人	户　名	华夏自强教学设备贸易有限公司	收款人	全　称	燕京联想自动化设备有限公司
	账　号	015645477000123888		账　号	10370101010256521
	开户银行	工行清水支行		开户银行	农业银行燕京支行嘉润分理处
金　额		人民币（大写）伍拾万元整　￥500,000.00			
摘　要		往来款	业务（产品）种类		跨行发报
用　途		往来款			
交易流水号		85859547	时间戳		20××-01-31-11.04.23.478119
	备注： 用途：往来款　　汇出行：015640032 汇出行名称：工行华夏清水市业务处理中心 汇入行：010371002　指令编号：XPP987654322544 提交人：YUJ.C.58258 最终授权人：LIUJN.C.58258				
	验证码：gNP9Kmndhfirfjkgx0965tngkgufu				
记账网点	01588	记账柜员	00125	记账日期	20××年01月31日

打印日期 20××年01月31日

重要提示：

1. 如果您是收款方，请到工行网站www.icbc.com.cn电子回单验证处进行回单验证。

2. 本单不作为收款方发货依据，并请勿重复记账。

3. 您可以选择发送邮件，将电子回单发送给指定的接收人。

原始凭证

教学专用

中国工商银行 网上银行电子回单

电子回单号码：0018-2144-0786-1100

付款人	户　名	华夏自强教学设备贸易有限公司	收款人	全　称	
	账　号	015645477000123888		账　号	
	开户银行	工行清水支行		开户银行	
金　额		人民币（大写）贰拾元零伍角整　￥20.50			
摘　要		对公收费明细入账	业务（产品）种类		对公收费
用　途					
交易流水号		00000000	时间戳		20××-01-31-11.05.25.1472541

备注：
产品名称：人行境内大额汇款　费用名称：对公跨行汇款手续费
应收金额：20.50元　实收金额：20.50元
收费渠道：业务发生账号：015645477000123888

验证码：gNP9KmndhfifPckk/w=tngkgufur

记账网点	01588	记账柜员	00125	记账日期	20××年01月31日

打印日期20××年01月31日

重要提示：
1.如果您是收款方，请到工行网站www.icbc.com.cn电子回单验证处进行回单验证。
2.本单不作为收款方发货依据，并请勿重复记账。
3.您可以选择发送邮件，将电子回单发送给指定的接收人。

[业务40]　1月31日计提本月贷款利息（年贷款利率10.06%）。

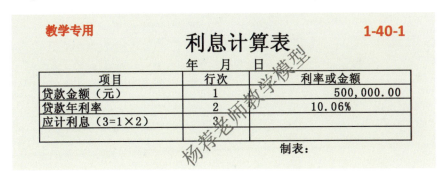

教学专用　　1-40-1

利息计算表

年　　月　　日

项目	行次	利率或金额
贷款金额（元）	1	500,000.00
贷款年利率	2	10.06%
应计利息（3=1×2）	3	

制表：

[业务41]　1月31日结转销售成本（按有关数量金额式明细账内容计算填列）。

教学专用　　1-41-1

产品销售成本计算表

年　　月　　日

产品名称及型号	计量	本期发出商品			备注
		数量	单位成本	总成本	
台式电脑-联想扬天i3	台				
台式电脑-联想扬天i5	台				
笔记本电脑-联想i7	台				
投影仪-索尼EX430	台				
学生桌椅	张				
合计					

制表：

原始凭证

20××年1月产品销售明细表

序号	收货单位	合同编号	产品名称	发货日期	数量（台/套）	含税价（元）	金额（元）	运费（元）	备注
1	华夏省金阳市第三十八中学	1001	台式计算机-联想扬天i3	20××-1-16	240	3,880.00	931,200.00		
			台式计算机-联想扬天i5		32	4,480.00	143,360.00		
			笔记本计算机-联想i7		12	5,600.00	67,200.00		
			小计				1,141,760.00		
2	华夏省清水市传习中学	1003	台式计算机-联想扬天i5	20××-1-17	120	4,480.00	537,600.00	6,800.00	
			台式计算机-联想扬天i7		20	5,700.00	114,000.00		
			投影仪-索尼EX430		6	4,800.00	28,800.00		
			学生桌椅		180	480.00	86,400.00		
			小计				766,800.00		
3	华夏工商职业学院	1008	台式计算机-联想扬天i3	20××-1-25	60	3,800.00	228,000.00		
			台式计算机-联想扬天i5		12	4,500.00	54,000.00		
			笔记本计算机-联想i7		12	5,600.00	67,200.00		
			投影仪-索尼EX430		66	4,500.00	297,000.00		
			小计				646,200.00		
4	个人		笔记本计算机-联想i7	20××-1-19	1	6500	6,500.00		
	合计						2,561,260.00	6,800.00	

自强贸易公司产品数量收、发、存报表
20××年1月份

（单位：台/套）

产品名称	月初库存	入库量	发出量	期末库存数		备注
				账存	盘点数	
台式计算机-联想扬天i3	42	300	300	42	42	
台式计算机-联想扬天i5	36	150	164	22	22	
笔记本计算机-联想i7	13	50	45	18	18	
投影仪-索尼EX430	54	40	72	22	22	
学生桌椅	130	100	180	50	50	
合计						

制表：

[业务 42]　1 月 31 日计提 1 月折旧。

固定资产折旧明细表
20××年1月

（单位：元）

序号	类别	名称	使用部门	入账时间	原值	累计折旧	净值	折旧月份	净残值	每月折旧额
1	办公设备	兄弟7360一体机	办公室	上年3月	2,393.16	378.86	2,014.30	60	120.00	37.89
2	办公设备	联想笔记本计算机	办公室	上年3月	5,641.03	893.17	4,747.86	60	282.00	89.32
3	办公设备	联想计算机	办公室	上年4月	3,410.26	485.89	2,924.37	60	171.00	53.99
4	办公设备	联想计算机	财务	上年3月	3,803.42	602.24	3,201.18	60	190.00	60.22
5	办公设备	税控计算机	财务	上年4月	8,376.07	1,193.56	7,182.51	60	419.00	132.62
6	办公设备	兄弟2820一体机	财务	上年5月	1,794.87	227.32	1,567.55	60	90.00	28.41
7	交通运输工具	五菱宏光客货车	销售	上年4月	58,803.42	10,474.39	48,329.03	48	2,940.00	1,163.82
	合　计				84,222.23	14,255.43	69,966.80		4,212.00	1,566.27

制表：

原始凭证

215

[业务 43] 1 月 31 日计提 1 月工资。

华夏自强教学设备贸易有限公司工资汇总表

1-43-1

20××年01月31日

部门	应付工资	各项扣款				扣款合计	税前应发工资	个税	税后实发工资
		社保费8%	医保2%	失业保险1%	公积金				
总经办	43,300.00	3,464.00	866.00	433.00	2,600.00	7,363.00	35,937.00	455.10	35,481.90
财务部	17,000.00	1,360.00	340.00	170.00	1,100.00	2,970.00	14,030.00	41.25	13,988.75
销售部	35,300.00	2,824.00	706.00	353.00	2,300.00	6,183.00	29,117.00	69.96	29,047.04
采购部	33,973.00	2,717.84	679.46	339.73	2,700.00	6,437.03	27,535.97	69.96	27,466.01
总合计	129,573.00	10,365.84	2,591.46	1,295.73	8,700.00	22,953.03	106,619.97	636.27	105,983.70

制表：李梅　　　　　财务审核：王清香　　　　　总经理：

华夏自强教学设备贸易有限公司工资单

1-43-2

20××年01月31日

序号	姓名	岗位	基本工资	出勤天数	应付工资	各项扣款				扣款合计	税前应发工资	个税	税后实发工资
						社保费	医保	失业保险	公积金				
1	李大福	董事长	12000	22	12,000.00	960.00	240.00	120.00	500.00	1820.00	10,180.00	308.00	9,872.00
2	张远航	总经理	10000	22	10,000.00	800.00	200.00	100.00	500.00	1600.00	8,400.00	130.00	8,270.00
3	陈光柱	办公室主任	6800	22	6,800.00	544.00	136.00	68.00	500.00	1248.00	5,552.00	16.56	5,535.44
4	李梅	人事专员	6200	22	6,200.00	496.00	124.00	62.00	500.00	1182.00	5,018.00	0.54	5,017.46
5	杨梦娟	办事员	4500	22	4,500.00	360.00	90.00	45.00	300.00	795.00	3,705.00	–	3,705.00
6	宋小雷	驾驶员	3800	22	3,800.00	304.00	76.00	38.00	300.00	718.00	3,082.00		3,082.00
	行政部合计		43300		43,300.00	3,464.00	866.00	433.00	2,600.00	7,363.00	35,937.00	455.10	35,481.90
7	王清香	财务经理	7500	22	7,500.00	600.00	150.00	75.00	300.00	1125.00	6,375.00	41.25	6,333.75
8	张守财	会计	5500	22	5,500.00	440.00	110.00	55.00	500.00	1105.00	4,395.00	–	4,395.00
9	徐颖颖	出纳	4000	22	4,000.00	320.00	80.00	40.00	300.00	740.00	3,260.00	–	3,260.00
	财务部合计		17000		17,000.00	1,360.00	340.00	170.00	1,100.00	2,970.00	14,030.00	41.25	13,988.75
10	陈启飞	销售经理	8800	22	8,800.00	704.00	176.00	88.00	500.00	1468.00	7,332.00	69.96	7,262.04
11	徐通顺	业务员	4500	22	4,500.00	360.00	90.00	45.00	300.00	795.00	3,705.00	–	3,705.00
12	郭祥	业务员	4500	22	4,500.00	360.00	90.00	45.00	300.00	795.00	3,705.00	–	3,705.00
13	龙学友	业务员	4500	22	4,500.00	360.00	90.00	45.00	300.00	795.00	3,705.00	–	3,705.00
14	魏长生	业务员	4500	22	4,500.00	360.00	90.00	45.00	300.00	795.00	3,705.00	–	3,705.00
15	张国超	业务员	4500	22	4,500.00	360.00	90.00	45.00	300.00	795.00	3,705.00	–	3,705.00
16	唐莉莉	办事员	4000	22	4,000.00	320.00	80.00	40.00	300.00	740.00	3,260.00	–	3,260.00
	销售部合计		35300		35,300.00	2,824.00	706.00	353.00	2,300.00	6,183.00	29,117.00	69.96	29,047.04
17	李丹阳	采购部经理	8800	22	8,800.00	704.00	176.00	88.00	500.00	1468.00	7,332.00	69.96	7,262.04
18	陈庆宏	采购员	4800	22	4,800.00	384.00	96.00	48.00	300.00	828.00	3,972.00	–	3,972.00
19	欧阳正	采购员	4800	22	4,800.00	384.00	96.00	48.00	500.00	1028.00	3,772.00	–	3,772.00
20	康永华	采购员	3500	22	3,500.00	280.00	70.00	35.00	500.00	885.00	2,615.00	–	2,615.00
21	张红云	办事员	3800	22	3,800.00	304.00	76.00	38.00	300.00	718.00	3,082.00	–	3,082.00
22	叶文龙	仓库主管	5000	21	4,773.00	381.84	95.46	47.73	300.00	825.03	3,947.97		3,947.97
23	高华	保安	3500	22	3,500.00	280.00	70.00	35.00	300.00	685.00	2,815.00		2,815.00
	采购部合计		34200		33,973.00	2,717.84	679.46	339.73	2,700.00	6,437.03	27,535.97	69.96	27,466.01
	总合计		129800		129,573.00	10,365.84	2,591.46	1,295.73	8,700.00	22,953.03	106,619.97	636.27	105,983.70

制表：李梅　　　　　财务审核：王清香　　　　　总经理：

原始凭证

217

[业务 44] 1 月 31 日计提 1 月社保费用。

教学专用

社保费用分配计算表
20××年01月31日

1-44-1

部门	应发工资	个人缴纳社保费8%	个人缴纳医保2%	个人缴纳失业保险1%	个人缴纳公积金	个人缴纳所得税	实发工资	单位缴纳社保费16%	单位缴纳医保6%	单位缴纳失业保险2%	单位缴纳工伤保险1%	单位缴纳生育保险1%	单位缴纳公积金	单位总支出
总经办	43,300.00	3,464.00	866.00	433.00	2,600.00	455.10	35,481.90	6,928.00	2,598.00	866.00	433.00	433.00	2,600.00	57,158.00
财务部	17,000.00	1,360.00	340.00	170.00	1,100.00	41.25	13,988.75	2,720.00	1,020.00	340.00	170.00	170.00	1,100.00	22,520.00
销售部	35,300.00	2,824.00	706.00	353.00	2,300.00	69.96	29,047.04	5,648.00	2,118.00	706.00	353.00	353.00	2,300.00	46,778.00
采购部	33,973.00	2,717.84	679.46	339.73	2,700.00	69.96	27,466.01	5,435.68	2,038.38	679.46	339.73	339.73	2,700.00	45,505.98
合计	129,573.00	10,365.84	2,591.46	1,295.73	8,700.00	636.27	105,983.70	20,731.68	7,774.38	2,591.46	1,295.73	1,295.73	8,700.00	171,961.98

[业务 45] 1 月 31 日计提 1 月住房公积金，附件同 1-44-1。

[业务 46] 1 月 31 日结转 1 月未交增值税（计算填列）。

教学专用

增值税税金计算表
年 月 日

1-46-1

上期留抵额①	本月进项税额②	本月进项税额转出③	本月销项税额④	本月实现增值税额=④+③-②-①

制表：

原始凭证

219

[业务 47]　1 月 31 日计提 1 月税金及附加（计算填列）。

税金及附加计算表

教学专用　　　　　　　　　　　　　　　　　　　　　　1-47-1

年　月　日

税种	计提依据		税率	应缴税额	备注
	项目	金额			
城市维护建设税	增值税		7%		
教育费附加	增值税		3%		
地方教育费附加	增值税		2%		
合计					

制表：

[业务 48]　1 月 31 日计提 1 月印花税（计算填列）。

印花税计算表

教学专用　　　　　　　　　　　　　　　　　　　　　　1-48-1

年　月　日

项目	行次	税率或金额
销售总额（收入×1.16）（元）	1	
采购总额（收入×1.16）（元）	2	
合计（元）	3	
适用税率	4	0.3‰
印花税税额（5=3×4）（元）	5	
运输合同（元）	6	
适用税率	7	0.5‰
印花税税额（8=6×7）（元）	8	
房屋租赁合同（元）	9	
适用税率	10	1‰
印花税税额（11=9×10）（元）	11	
总　计		

制表：

[业务 49]　1 月 31 日计提 1 月企业所得税（计算填列）。

企业所得税计算表

教学专用　　　　　　　　　　　　　　　　　　　　　　1-49-1

年　月　日

项目	行次	税率或金额
收入总额（元）	1	
成本费用总额（元）	2	
利润总额（元）	3	
应纳税所得额	4	
适用税率	5	
企业所得税（6=4×5）（元）	6	

制表：

[业务 50]　1 月 31 日结转本期损益。

四、2 月原始凭证

[业务 1]　2 月 2 日行政部驾驶员宋小雷报销汽车费用。

报　销　单

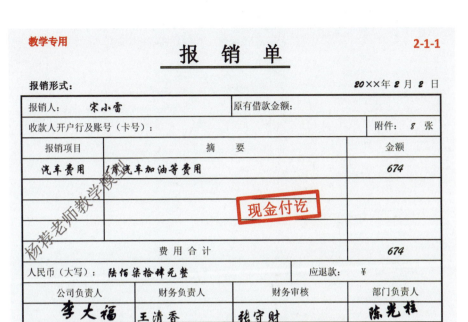

报销形式：　　　　　　　　　　　　　　　　　　　　　20××年 2 月 2 日

报销人	宋小雷	原有借款金额：		
收款人开户行及账号（卡号）：			附件：	8 张

报销项目	摘　要	金额
汽车费用	1月洗车加油等费用	674
	现金付讫	
费 用 合 计		674

人民币（大写）	陆佰柒拾肆元整	应退款：	¥

公司负责人	财务负责人	财务审核	部门负责人
李大福	王清香	张守财	陈光桂

注：填写规范　不得涂改　　　　出纳：徐颖颖　　　报销（领款）人：宋小雷

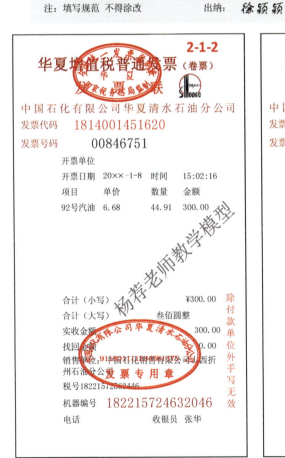

华夏增值税普通发票（卷票）

中国石化有限公司华夏清水石油分公司
发票代码　1814001451620
发票号码　　00846751

开票单位
开票日期　20××-1-8　时间　15:02:16

项目	单价	数量	金额
92号汽油	6.68	44.91	300.00

合计（小写）　　　　　　¥300.00
合计（大写）　　　叁佰圆整
实收金额　　　　　　　　300.00
找回　　　　　　　　　　　0.00
销售单位：91中国石化销售有限公司山西折州石油分公司
税号182215724632046
机器编号　182215724632046
电话　　　　　　收银员　张华

除付款单位外手写无效

华夏增值税普通发票（卷票）

中国石化有限公司华夏清水石油分公司
发票代码　1814001451620
发票号码　　00846966

开票单位
开票日期　20××-1-29　时间　15:02:16

项目	单价	数量	金额
92号汽油	6.75	44.44	300.00

合计（小写）　　　　　　¥300.00
合计（大写）　　　叁佰圆整
实收金额　　　　　　　　300.00
找回　　　　　　　　　　　0.00
销售单位：91中国石化销售有限公司山西折州石油分公司
税号182215724632446
机器编号　182215724632046
电话　　　　　　收银员　张华

除付款单位外手写无效

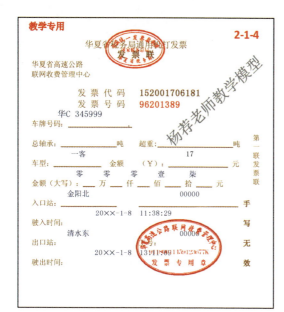

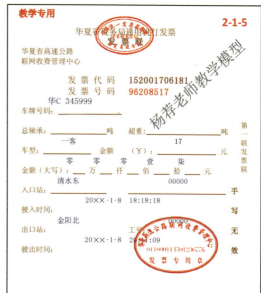

[业务 2] 2 月 5 日收到华夏清水市第三十八中学货款。

2-2-1

业务回单（收款）

日期：20××年02月05日
回单编号：18205000005
付款人户名：华夏清水市第三十八中
付款人账号（卡号）：015645547000072321
收款人户名：华夏自强教学设备贸易有限公司
收款人账号（卡号）：015645477000123888
金额：捌拾万元整
业务（产品）种类：转账收报　凭证种类：000000000
摘要：转账　　　　用途：
交易机构：0240600729　记账柜员：00013　交易代码：65013

付款人开户行：前进支行

收款人开户行：清水支行

小写：800,000.00 元
凭证号码：0000000000000000
币种：人民币
渠道：其他

附言：
支付交易序号：49852584　报文种类：大额客户发起汇兑业务　委托日期：20××-02-05
业务类型（种类）：普通汇兑

本回单为第1次打印，注意重复　　打印日期：20××年02月05日　打印柜员：9　验证码：130A925369

[业务 3] 2 月 6 日支付燕京联想自动化设备有限公司货款及电汇手续费。

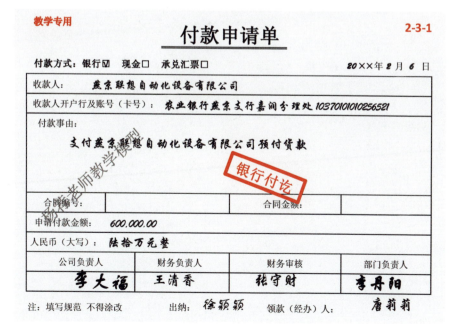

教学专用

付款申请单

2-3-1

付款方式：银行☑　现金☐　承兑汇票☐　　　　　　　　20××年 2 月 6 日

收款人：	燕京联想自动化设备有限公司		
收款人开户行及账号（卡号）：	农业银行燕京支行嘉润分理处1037010010256521		
付款事由：	支付燕京联想自动化设备有限公司预付货款		
合同编号：		合同金额：	
申请付款金额：	600,000.00		
人民币（大写）：	陆拾万元整		
公司负责人	财务负责人	财务审核	部门负责人
李大福	王清香	张守财	李丹阳
注：填写规范　不得涂改	出纳　徐颖颖	领款（经办）人	唐莉莉

银行付讫

中国工商银行　　　网上银行电子回单

电子回单号码：0001-2144-0389-8747

付款人	户　名	华夏自强教学设备贸易有限公司	收款人	全　称	燕京联想自动化设备有限公司
	账　号	015645477000123888		账　号	10370101010256521
	开户银行	工行清水支行		开户银行	农业银行燕京支行嘉润分理处
金　额		人民币（大写）陆拾万元整　￥600,000.00			
摘　要		往来款	业务（产品）种类		跨行发报
用　途		往来款			
交易流水号		97163145	时间戳		20××-02-06-10.01.25.1478517

备注：
用途：往来款　　汇出行：015640032 汇出行名称：工行华夏清水市业务处理中心
汇入行：010371002　指令编号：XPP987654322544 提交人：YUJ.C.58258
最终授权人：LIUJN.C.58258

验证码：gNP9Kmndhfitngkgufurfjkgx095

记账网点	01588	记账柜员	00125	记账日期	20××年02月06日

打印日期 20××年02月06日

重要提示：
1. 如果您是收款方，请到工行网站www.icbc.com.cn电子回单验证处进行回单验证。
2. 本单不作为收款方发货依据，并请勿重复记账。
3. 您可以选择发送邮件，将电子回单发送给指定的接收人。

中国工商银行　　　网上银行电子回单

电子回单号码：0018-2144-2145-1100

付款人	户　名	华夏自强教学设备贸易有限公司	收款人	全　称	
	账　号	015645477000123888		账　号	
	开户银行	工行清水支行		开户银行	
金　额		人民币（大写）贰拾伍元伍角整　￥25.50			
摘　要		对公收费明细入账	业务（产品）种类		对公收费
用　途					
交易流水号		00000000	时间戳		20××-02-06-10.01.29.1478542

备注：
产品名称：人行境内大额汇款　费用名称：对公跨行汇款手续费
应收金额：25.50元　实收金额：25.50元
收费渠道：业务发生账号：015645477000123888

验证码：gNP9KmndhfitngkgufurfPckk/w=

记账网点	01588	记账柜员	00125	记账日期	20××年02月06日

打印日期 20××年02月06日

重要提示：
1. 如果您是收款方，请到工行网站www.icbc.com.cn电子回单验证处进行回单验证。
2. 本单不作为收款方发货依据，并请勿重复记账。
3. 您可以选择发送邮件，将电子回单发送给指定的接收人。

原始凭证

[业务 4]　2 月 9 日行政部杨梦娟借春节年会订餐费用。

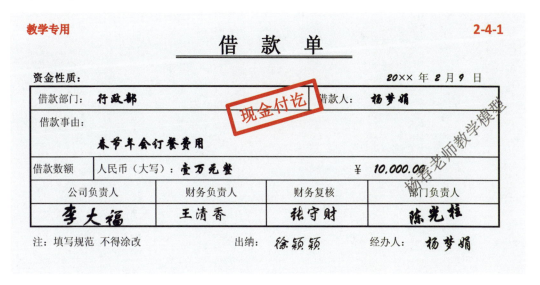

教学专用　　　　　　　　　　　　　　　　　　　　　　　　2-4-1

借　款　单

资金性质：　　　　　　　　　　　　　　　　　　　　20×× 年 2 月 9 日

借款部门	行政部		借款人：	杨梦娟
借款事由：　　春节年会订餐费用				
借款数额	人民币（大写）：壹万元整		￥ 10,000.00	
公司负责人	财务负责人	财务复核		部门负责人
李大福	王清香	张守财		陈光桂

注：填写规范　不得涂改　　　　出纳：　徐颖颖　　　　经办人：　杨梦娟

现金付讫

杨春老师教学模型

[业务 5]　2 月 12 日收到清水市航天设备制造有限公司尾款。

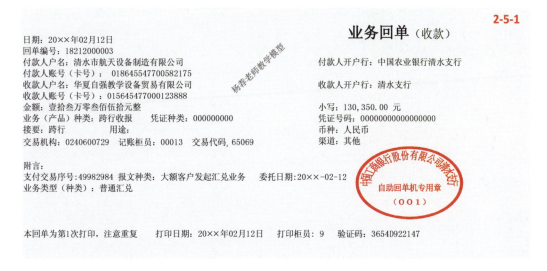

　　　　　　　　　　　　　　　　　　　　　　　　　　　　　　2-5-1

业务回单（收款）

日期：20××年02月12日
回单编号：18212000003
付款人户名：清水市航天设备制造有限公司　　　　付款人开户行：中国农业银行清水支行
付款人账号（卡号）：018645547700582175
收款人户名：华夏自强教学设备贸易有限公司　　　收款人开户行：清水支行
收款人账号（卡号）：015645477000123888
金额：壹拾叁万零叁佰伍拾元整　　　　　　　　　小写：130,350.00 元
业务（产品）种类：跨行收报　　凭证种类：000000000　　凭证号码：00000000000000000
接要：跨行　　用途：　　　　　　　　　　　　　币种：人民币
交易机构：0240600729　记账柜员：00013　交易代码：65069　　渠道：其他

附言：
支付交易序号：49982984　报文种类：大额客户发起汇兑业务　　委托日期：20××-02-12
业务类型（种类）：普通汇兑

杨春老师教学模型

中国工商银行股份有限公司清水支行
自助回单机专用章
（001）

本回单为第1次打印，注意重复　　打印日期：20××年02月12日　　打印柜员：9　　验证码：3654D922147

原始凭证

231

[业务6] 2月13日发放1月工资（工资汇总表及工资单据见1月第43号业务，此处省略另22张网上银行电子回单）。

教学专用   2-6-1

付款申请单

付款方式：银行转账☑ 现金☐ 承兑汇票☐   20××年 2 月 13 日

收款人：	本单位		
收款人开户行及账号（卡号）：			
付款事由： 发放1月工资		*银行付讫*	
合同编号：		合同金额：	
申请付款金额：	105,983.70		
人民币（大写）：	壹拾万伍仟玖佰捌拾叁元柒角整		
公司负责人	财务负责人	财务审核	部门负责人
李大福	王清香	张守财	陈光桂

注：填写规范 不得涂改   出纳：徐颖颖   领款（经办）人：杨梦娟

教学专用   2-6-2

中国工商银行   网上银行电子回单

电子回单号码：0001-2144-0351-2584

付款人	户 名	华夏自强教学设备贸易有限公司	收款人	全 称	李大福
	账 号	015645477000123888		账 号	015645478000123452
	开户银行	工行清水支行		开户银行	工行清水支行
金 额		人民币（大写）玖仟捌佰柒拾贰元整　¥ 9,872.00			
摘 要		工资薪金	业务（产品）种类		汇划发报
用 途		工资薪金			
交易流水号		97165412	时间戳		20××-02-13-09.43.24.1478441

备注：
用途：往来款   汇出行：016510032 汇出行名称：工行华夏清水市业务处理中心
汇入行：016510032 指令号：XPP987654321123 提交人：YUJ.C.58258
最终授权人：LIUJN.C.58258

验证码：gNP9KmndhfitngkgufurfjkRT124

中国工商银行 电子回单 专用章

记账网点	01588	记账柜员	00125	记账日期	20××年02月13日

打印日期 20××年02月13日

重要提示：
1. 如果您是收款方，请到工行网站www.icbc.com.cn电子回单验证处进行回单验证。
2. 本单不作为收款方发货依据，并请勿重复记账。
3. 您可以选择发送邮件，将电子回单发送给指定的接收人。

原始凭证

[业务 7] 2 月 13 日缴纳社保费（社保费用分配计算表单据见 2 月第 33 号业务）。

教学专用　　　　　　　　　　　　　　　　　　　　　　　2-7-1

付款申请单

付款方式：银行转账☑　现金□　承兑汇票□　　　　20××年 2 月 13 日

收款人：	市社保局

收款人开户行及账号（卡号）：

付款事由：

缴纳2月社保费用　　　　　　　　　　*银行付讫*

合同编号：		合同金额：	

申请付款金额：　46,277.01

人民币（大写）：　肆万陆仟贰佰柒拾柒元零壹分

公司负责人	财务负责人	财务审核	部门负责人
李大福	王清香	张守财	陈光桂

注：填写规范 不得涂改　　　出纳：徐颖颖　　　领款（经办）人：杨梦娟

教学专用　　　　　　　　　　　　　　　　　　　　　　　2-7-2

华夏社会保险基金专用收据（机制三联）

日期：　　20×× 年 02 月 13 日　　　　　　　NO 009597657

缴款单位	26007745 华夏自强教学设备贸易有限公司	收款金额		
		单位缴款（元）	个人缴款（元）	小计（元）
基金名称	基本养老保险基金	20011.68	10005.84	30017.52
	失业保险基金	2501.46	1250.73	3752.19
	医疗保险基金	7504.38	2501.46	10005.84
	工伤保险基金	1250.73	0.00	1250.73
	生育保险基金	1250.73	0.00	1250.73

备注	市本级代扣　　20××02-20××02	滞纳金2‰	

肆万陆仟贰佰柒拾柒元零壹分　　　　　　　　　　（小写）¥ 46277.01

缴款单位（章）：　　　　收款人（章）：　　　　交款人（章）：

养老保险财务专用章
91180122123456229XG

[业务 8] 2 月 13 日缴纳住房公积金。

教学专用　　　　　　　　　　　　　　　　　　　　　2-8-1

付款申请单

付款方式：银行转账☑　现金□　承兑汇票□　　　　20××年 2 月 13 日

收款人：	市住房公积金管理中心			
收款人开户行及账号（卡号）：				
付款事由： 缴纳2月职工住房公积金　**银行付讫**				
合同编号：			合同金额：	
申请付款金额：	16,800.00			
人民币（大写）：	壹万陆仟捌佰元整			
公司负责人	财务负责人	财务审核		部门负责人
李大福	王清香	张守财		陈光桂

注：填写规范 不得涂改　　　出纳：徐颖颖　　　领款（经办）人：杨梦娟

教学专用　　　　2-8-2

工商银行
转账支票存根
（黔）

$\frac{G \ B}{0 \ 2}$　00582142

附加信息：_____

金阳彩色印刷有限公司　2016年印刷

出票日期 20××年 2 月 13 日

收款人：	市公积金管理中心
金　额：	16,800.00
用　途：	2月公积金结款

单位主管　　　　会计

原始凭证

237

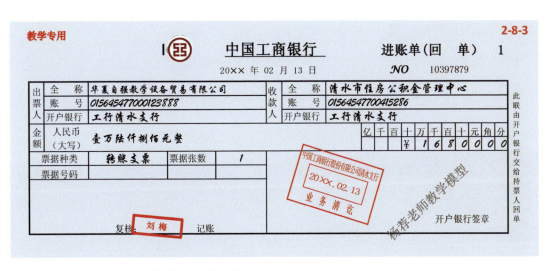

2-8-3

中国工商银行　　进账单(回　单)　1

20×× 年 02 月 13 日　　NO　10397879

出票人	全　称	华夏自强教学设备贸易有限公司	收款人	全　称	清水市住房公积金管理中心
	账　号	015645477000123888		账　号	0156454770415286
	开户银行	工行清水支行		开户银行	工行清水支行

此联由开户银行交给持票人回单

| 金额 | 人民币(大写) | 壹万陆仟捌佰元整 | 亿 千 百 十 万 千 百 十 元 角 分 ¥ 1 6 8 0 0 0 0 |

| 票据种类 | 转账支票 | 票据张数 | 1 |
| 票据号码 | | | |

复核　刘梅　记账

中国工商银行股份有限公司清水支行
20××.02.13
业务清讫

开户银行签章

[业务 9]　2 月 13 日缴纳个人所得税。

2-9-1

电子缴款凭证

打印日期：20××年02月13日　　　　凭证编号：20180115030225458281

| 纳税人识别号 | 91180868123456788R | 税务征收机关 | 国家税务总局清水市税务局玄武区税务分局 |
| 纳税人全称 | 华夏自强教学设备贸易有限公司 | 银行帐号 | 015645477000123888 |

系统税票号	税(费)种	税(品)目	所属时期	缴款日期	实缴金额
320180180200065472	个人所得税	工资薪金	20××-01-01至20××-01-31	20××-2-13	2,466.47

| 金额合计 | (大写)贰仟肆佰陆拾陆元肆角柒分 | ¥2,466.47 |

税务机关(电子章)

本缴款凭证仅作为纳税人记账核算凭证使用，需与银行对账单电子划缴记录核对一致方有效。纳税人如需开具正式完税凭证，请凭税务登记证副本到主管税务机关开具。

备注：第　次打印

第1页　共1页

原始凭证

[业务 10]　2 月 13 日缴纳工会经费（按应发工资总额计算）。

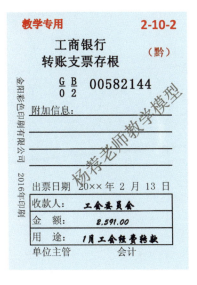

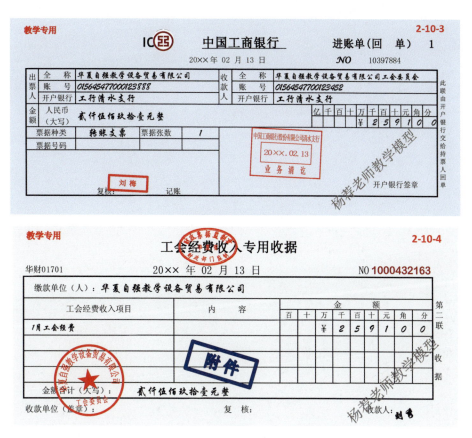

[业务11] 2月13日缴纳上月实现增值税。

[业务 12] 2 月 13 日缴纳上月实现附加税费。

电子缴款凭证

2-12-1

打印日期：20××年02月13日   凭证编号：20180115030225458283

纳税人识别号	91180868123456788R		税务征收机关	国家税务总局清水市税务局玄武区税务分局	
纳税人全称	华夏自强教学设备贸易有限公司		银行账号	015645477000123888	
系统税票号	税（费）种	税（品）目	所属时间	缴款日期	实缴金额（元）
320180180200065474	城市维护建设税	增值税	20××-01-01至20××-01-31	20××-2-13	5,956.58
	教育费附加	增值税	20××-01-01至20××-01-31	20××-2-13	2,552.82
	地方教育费附加	增值税	20××-01-01至20××-01-31	20××-2-13	1,701.88
金额合计	（大写）壹万零贰佰壹拾壹元贰角捌分				¥10,211.28

税务机关（电子章）

本缴款凭证仅作为纳税人记账核算凭证使用，需与银行对账单电子划缴记录核对一致方有效。纳税人如需开具正式完税凭证，请凭税务登记证副本到主管税务机关开具。

备注：第　次打印

第1页　共1页

[业务 13] 2 月 13 日缴纳上月印花税。

电子缴款凭证

2-13-1

打印日期：20××年02月13日   凭证编号：20180115030225458284

纳税人识别号	91180868123456788R		税务征收机关	国家税务总局清水市税务局玄武区税务分局	
纳税人全称	华夏自强教学设备贸易有限公司		银行账号	015645477000123888	
系统税票号	税（费）种	税（品）目	所属时间	缴款日期	实缴金额
320180180200065475	印花税	购销合同	20××-01-01至20××-01-31	20××-2-13	1,367.45
金额合计	（大写）壹仟叁佰陆拾柒元肆角伍分				¥1,367.45

税务机关（电子章）

本缴款凭证仅作为纳税人记账核算凭证使用，需与银行对账单电子划缴记录核对一致方有效。纳税人如需开具正式完税凭证，请凭税务登记证副本到主管税务机关开具。

备注：第　次打印

第1页　共1页

原始凭证

[业务 14] 2月22日行政部杨梦娟报销春节年会费用并交现金冲借款10000元。请以行政部杨梦娟的角色，按增值税发票内容及收据填写报销单，可参考前面相关业务。

报 销 单

2-14-1

报销形式：　　　　　　　　　　　　　　　　　　　　　　　　　　　　　年 月 日

报销人：		原有借款金额：	
收款人开户行及账号（卡号）：		附件：　　张	
报销项目	摘　要	金额	
	费 用 合 计		-
人民币（大写）：		应退款：￥	
公司负责人	财务负责人	财务审核	部门负责人

注：填写规范 不得涂改　　　　　出纳：　　　　　　报销（领款）人：

2-14-2

1808112524
校验码 22898 15158 95874 12477

华夏增值税普通发票

发票联

NO 50214784

1808112524
50214784

开票日期：20××年02月13日

购买方	名　　称：华夏自强教学设备贸易有限公司		密码区	6<8*12=67+/92&*9600#67/9$#2#4
	纳税人识别号：91180868123456788R			@#586&698-+*8->876$=7@005*7
	地址、电话：华夏清水市西南电脑城88号 011-88886688			6<0 97-75*78*1218@87/ 6+4?95/%
	开户行及账号：工行清水支行015645477000123888			224*987*5<75 8-187/<+7976<<7&

货物或应税劳务、服务名称	规格型号	单位	数量	单价	金额	税率	税额
生活服务 餐饮服务			1	8490.5660	8,490.57	6%	509.43
合计					￥ 8,490.57		￥ 509.43
价税合计（大写）	⊗玖仟元整				（小写）￥ 9,000.00		

销售方	名　　称：清水市金元餐饮有限公司		备注
	纳税人识别号：91180868510321488G		
	地址、电话：清水市清正北路28号 011-83669777		
	开户行及账号：中国建设银行清水市支行 0902713000065962		

收款人：　　　　复核：　　　　开票人：王丽　　　　销售单位：（章）

第三联：发票联购买方记账凭证

原始凭证

247

收 款 收 据

NO. 0013087

20××年 2 月 22 日

今　收　到　行政部杨梦娟交来春节年会订餐费用余款。

金额（大写）零拾零万壹仟零佰零拾零元零角零分

¥　1,000.00　　　　　　　　　　　　收款单位（盖章）

会计　张守财　　记账　　　　　出纳　徐颖颖　　经办人　杨梦娟

第三联 会计联

杨荐老师教学模型

[业务 15]　2 月 22 日支付索尼华夏设备有限公司货款 15 万元及电汇手续费。请以相关部门办事员的角色，填写付款申请单：只填写付款 15 万元，可参考前面相关业务。

付款申请单

付款方式：银行转账□　现金□　承兑汇票□　　　　　年　月　日

收款人：			
收款人开户行及账号（卡号）：			
付款事由：			
合同编号：		合同金额：	
申请付款金额：			
人民币（大写）：			
公司负责人	财务负责人	财务审核	部门负责人

注：填写规范 不得涂改　　　出纳：　　　　　领款（经办）人：

杨荐老师教学模型

原始凭证

249

中国工商银行　　　网上银行电子回单

电子回单号码：0001-2144-0674-1258

付款人	户　名	华夏自强教学设备贸易有限公司	收款人	全　称	索尼华夏设备有限公司
	账　号	015645477000123888		账　号	010570100001075762
	开户银行	工行清水支行		开户银行	建设银行金阳市支行
金　额		人民币（大写）壹拾伍万元整　￥150,000.00			
摘　要		往来款	业务（产品）种类		跨行发报
用　途		往来款			
交易流水号		85985126	时间戳		20××-02-22-10.12.25.1478257

备注：
用途：往来款　　汇出行：015640032　汇出行名称：工行华夏清水市业务处理中心
汇入行：010371002　指令编号：XPP987654322544　提交人：YUJ.C.58258
最终授权人：LIUJN.C.58258

验证码：uyP9Kmndhfirfjkgx0124tngkhgfd

记账网点	01588	记账柜员	00125	记账日期	20××年02月22日

打印日期 20××年02月22日

重要提示：
1. 如果您是收款方，请到工行网站www.icbc.com.cn电子回单验证处进行回单验证。
2. 本单不作为收款方发货依据，并请勿重复记账。
3. 您可以选择发送邮件，将电子回单发送给指定的接收人。

中国工商银行　　　网上银行电子回单

电子回单号码：0018-2144-0698-1100

付款人	户　名	华夏自强教学设备贸易有限公司	收款人	全　称	
	账　号	015645477000123888		账　号	
	开户银行	工行清水支行		开户银行	
金　额		人民币（大写）壹拾元零伍角整　￥10.50			
摘　要		对公收费明细入账	业务（产品）种类		对公收费
用　途					
交易流水号		00000000	时间戳		20××-02-22-10.13.25.1478287

备注：
产品名称：人行境内大额汇款　费用名称：对公跨行汇款手续费
应收金额：10.50元　实收金额：10.50元
收费渠道：业务发生账号：015645477000123888

验证码：JH&~HYGifPckk/w=tng*&UYHGFffj

记账网点	01588	记账柜员	00125	记账日期	20××年02月22日

打印日期 20××年02月22日

重要提示：
1. 如果您是收款方，请到工行网站www.icbc.com.cn电子回单验证处进行回单验证。
2. 本单不作为收款方发货依据，并请勿重复记账。
3. 您可以选择发送邮件，将电子回单发送给指定的接收人。

原始凭证

[业务 16] 2 月 23 日收到华夏工商职业学院尾款及预付部分货款。

[业务 17] 2 月 23 日预付燕京联想自动化设备有限公司货款及电汇手续费。请以相关部门办事员的角色，填写付款申请单，只填写付款 50 万元，可参考前面相关业务。

中国工商银行　　　　网上银行电子回单

电子回单号码：0001-2144-0786-1258

付款人	户　名	华夏自强教学设备贸易有限公司	收款人	全　称	燕京联想自动化设备有限公司
	账　号	015645477000123888		账　号	103701010010256521
	开户银行	工行清水支行		开户银行	农业银行燕京支行嘉润分理处
金　额		人民币（大写）伍拾万元整　￥500,000.00			
摘　要		往来款	业务（产品）种类		跨行发报
用　途		往来款			
交易流水号		85985367	时间戳		20××-02-23-10.14.35.1478545
备注： 用途：往来款　　汇出行：015640032　汇出行名称：工行华夏清水市业务处理中心 汇入行：010371002　指令编号：XPP987654345124　提交人：YUJ.C.58258 最终授权人：LIUJN.C.58258					
验证码：LKJUIhfirfjkgx01854tngkhDFS					
记账网点	01588	记账柜员	00125	记账日期	20××年02月23日

打印日期 20××年02月23日

重要提示：
1. 如果您是收款方，请到工行网站www.icbc.com.cn电子回单验证处进行回单验证。
2. 本单不作为收款方发货依据，并请勿重复记账。
3. 您可以选择发送邮件，将电子回单发送给指定的接收人。

中国工商银行　　　　网上银行电子回单

电子回单号码：0018-2144-0745-1100

付款人	户　名	华夏自强教学设备贸易有限公司	收款人	全　称	
	账　号	015645477000123888		账　号	
	开户银行	工行清水支行		开户银行	
金　额		人民币（大写）贰拾元零伍角整　￥20.50			
摘　要		对公收费明细入账	业务（产品）种类		对公收费
用　途					
交易流水号		00000000	时间戳		20××-02-23-10.15.25.1478311
备注： 产品名称：人行境内大额汇款　　费用名称：对公跨行汇款手续费 应收金额：20.50元　　实收金额：20.50元 收费渠道：业务发生账号：015645477000123888					
验证码：UHBGFYGifPckk/w-tng4&UYHGKJhytr					
记账网点	01588	记账柜员	00125	记账日期	20××年02月23日

打印日期 20××年02月23日

重要提示：
1. 如果您是收款方，请到工行网站www.icbc.com.cn电子回单验证处进行回单验证。
2. 本单不作为收款方发货依据，并请勿重复记账。
3. 您可以选择发送邮件，将电子回单发送给指定的接收人。

原始凭证

[业务 18]　2 月 23 日收到华夏清水市第九中学预付货款。

2-18-1

业务回单（收款）

日期：20××年02月23日
回单编号：18223000352
付款人户名：华夏清水市第九中学
付款人账号（卡号）：015645547700547895
收款人户名：华夏自强教学设备贸易有限公司
收款人账号（卡号）：015645477000123888
金额：叁拾万元整
业务（产品）种类：转账收报　　凭证种类：000000000
接要：转账　　　　用途：货款
交易机构：0240600729　记账柜员：00021　交易代码：78523

付款人开户行：金元街支行

收款人开户行：清水支行

小写：300,000.00 元
凭证号码：00000000000000000
币种：人民币
渠道：其他

附言：
支付交易序号：51853187　报文种类：大额客户发起汇兑业务　委托口期：20××-02-23
业务类型（种类）：普通汇兑

本回单为第1次打印，注意重复　　打印日期：20××年02月23日　打印柜员：9　验证码：980F931542

[业务 19]　2 月 26 日采购部李丹阳借差旅费。

教学专用

2-19-1

借　款　单

资金性质：　　　　　　　　　　　　　　　　　　20×× 年 2 月 26 日

借款部门：	采购部		借款人：	李丹阳
借款事由：				
	预支采购产品出差费			现金付讫
借款数额	人民币（大写）：陆仟元整			￥ 6,000.00
公司负责人	财务负责人	财务复核		部门负责人
李大福	王清香	张守财		李丹阳

注：填写规范　不得涂改　　　　　　出纳：　徐颖颖　　　　经办人：　李丹阳

原始凭证

257

[业务 20]　2 月 26 日购入燕京联想自动化设备有限公司一批计算机。请以供货方单位销售部经办人的角色，按销售合同内容填写销售单。请以本单位仓库管理员的角色填写入库单。假设应收数量与实收数量相同且 2 月 24 日到货。

教学专用　　　　　　　　　　　　　　　　　　　　　　　　　　2-20-1

购销合同

供方：燕京联想自动化设备有限公司　　　　合同编号：　　C201802002
需方：华夏自强教学设备贸易有限公司　　　签订日期：　　20××年02月13日
经供需双方友好协议，订立本合同如下。

型号	名称	数量（台）	单价（元）	总额（元）	其他要求
i3	台式计算机-扬天	100	3,030.00	303,000.00	
i5	台式计算机-扬天	250	3,280.00	820,000.00	
i7	笔记本计算机	20	4,260.00	85,200.00	
	合计			1,208,200.00	

货款总计（大写）：人民币壹佰贰拾万捌仟贰佰元整
质量验收标准：符合国家有关质量标准。
交货日期：20××年 2 月 24 日
交货地点：需方仓库。
结算方式：需方须预付50万元货款，交货后3天内需方须结清余款。
违约条款：违约方须赔偿对方一切经济损失。但遇天灾人祸或其他人力不能控制之因素而导致延误交货，需方不能要求供方赔偿任何损失。

解决合同纠纷的方式：经双方友好协商解决，如协商不成的，可向当地仲裁委员会提出申诉解决。

本合同一式两份，供需双方各执一份，自签订之日起生效。

供方：燕京联想自动化设备有限公司　　　　　　需方：华夏自强教学设备贸易有限公司
地址：燕京市嘉湖路136号　　　　　　　　　　地址：华夏清水市西南电脑城88号
法人代表（或委托经办人）：　　　郜纲　　　　法人代表（或委托经办人）：　李丹阳
联系电话：010-86813145　　　　　　　　　　联系电话：011-88886688

教学专用　　　　　　　　　　　　　　　　　　　　　　　　　　2-20-2

燕京联想公司 销 售 单　　NO：2018020009

客户名称：华夏自强教学设备贸易有限公司
客户信息：华夏清水市西南电脑城88号　011-88886688　　　　日期：20××年02月22日

编码	产品名称	规格	单位	数量	单价（元）	金额（元）	备注	
								销售联
合计	人民币（大写）：							

销售部负责人：　郜纲　　　　经办人：何正青　　　仓库人员：　　　　签收：

原始凭证

259

1100152136
教学专用

校验码 12895 15124 95806 12541

燕京增值税专用发票

抵 扣 联

NO 50664373　1100152136
　　　　　　　　50664373

开票日期：20××年02月23日

购买方	名　称：	华夏自强教学设备贸易有限公司
	纳税人识别号：	9118086812345678R
	地　址、电话：	华夏清水市西南电脑城88号 011-88888688
	开户行及账号：	工行清水支行015645477000123888

密码区

2+79*8=67*/987< 696/586-75*789*
76<8*12=67/9968-187/+5-2/4*654/
6<+*8->876=67/178695/*84512478
6+?99=67/976<575-88 412+79*87+

货物或应税劳务、服务名称	规格型号	单位	数量	单价	金额	税率	税额
设备 台式计算机-联想扬天	i3	台	100	2,681.42	268,141.59	13%	34,858.41
设备 台式计算机-联想扬天	i5	台	250	2,902.65	725,663.72	13%	94,336.28
设备 笔记本计算机-联想	i7	台	20	3,769.91	75,398.23	13%	9,801.77
合计					¥1,069,203.54		¥138,996.46

价税合计（大写）	⊗壹佰贰拾万捌仟贰佰元整	（小写）¥1,208,200.00

销售方	名　称：	燕京联想自动化设备有限公司
	纳税人识别号：	91110115151461232W
	地　址、电话：	燕京市嘉润路136号 010-86813145
	开户行及账号：	农业银行燕京支行嘉润分理处 10370101010256521

备注

（燕京联想自动化设备有限公司 91110115151461232W 发票专用章）

收款人：　　　复核：　　　开票人：李文　　　销售单位：（章）

1100152136
教学专用

燕京增值税专用发票

发 票 联

NO 50664373　1100152136
　　　　　　　　50664373

开票日期：20××年02月23日

校验码 12895 15124 95806 12541

购买方	名　称：	华夏自强教学设备贸易有限公司
	纳税人识别号：	9118086812345678R
	地　址、电话：	华夏清水市西南电脑城88号 011-88888688
	开户行及账号：	工行清水支行015645477000123888

密码区

2+79*8=67*/987< 696/586-75*789*
76<8*12=67/9968-187/+5-2/4*654/
6<+*8->876=67/178695/*84512478
6+?99=67/976<575-88 412+79*87+

货物或应税劳务、服务名称	规格型号	单位	数量	单价	金额	税率	税额
设备 台式计算机-联想扬天	i3	台	100	2,681.42	268,141.59	13%	34,858.41
设备 台式计算机-联想扬天	i5	台	250	2,902.65	725,663.72	13%	94,336.28
设备 笔记本计算机-联想	i7	台	20	3,769.91	75,398.23	13%	9,801.77
合计					¥1,069,203.54		¥138,996.46

价税合计（大写）	⊗壹佰贰拾万捌仟贰佰元整	（小写）¥1,208,200.00

销售方	名　称：	燕京联想自动化设备有限公司
	纳税人识别号：	91110115151461232W
	地　址、电话：	燕京市嘉润路136号 010-86813145
	开户行及账号：	农业银行燕京支行嘉润分理处 10370101010256521

备注

（燕京联想自动化设备有限公司 91110115151461232W 发票专用章）

收款人：　　　复核：　　　开票人：李文　　　销售单位：（章）

原始凭证

入 库 单

供货单位：燕京联想自动化设备有限

发票号码：50664373　　　20××年02月24日　　　验收仓库：商品库

编号	名称及规格	计量单位	数量		价格（元）	
			应收	实收	单价	金额
	合计					

部门负责人：　李丹阳　　　　　　库管：　叶文龙　制单人：　康永华

采购联

[业务21]　2月26日销售给华夏工商职业学院一批教学设备。请以本单位销售部经办人的角色，按销售合同内容填写销售单，日期为2月26日，可参考1月相关业务。请以本单位仓库管理员的角色填写出库单。假设应发数量与实发数量相同，参考前面相关业务。请根据销售合同及填写的出库单等内容开具增值税专用发票（参考1月相关业务）。

购销合同

供方：华夏自强教学设备贸易有限公司　　　　　合同编号：　201802001

需方：华夏工商职业学院　　　　　　　　　　　签订日期：　20××年02月22日

经供需双方友好协议，订立本合同如下。

序号	名称	数量（台）	单价（元）	总额（元）	其他要求
1	台式计算机-联想扬天i3	120	3,750.00	450,000.00	
2	台式计算机-联想扬天i5	12	4,500.00	54,000.00	
3	笔记本计算机-联想i7	12	5,500.00	66,000.00	
4	投影仪—索尼EX430	10	4,650.00	46,500.00	
	合计			616,500.00	

货款总计（大写）：陆拾壹万陆仟伍佰元整

质量验收标准：符合国家有关质量标准。

交货日期：20××年 2 月 26 日

交货地点：需方教学楼。

结算方式：需方须预付50%货款，交货后3天内需方须结清余款。

违约条款：违约方须赔偿对方一切经济损失。但遇天灾人祸或其他人力不能控制之因素而导致延误交货，需方不能要求供方赔偿任何损失。

解决合同纠纷的方式：经双方友好协商解决，如协商不成的，可向当地仲裁委员会提出申诉解决。

本合同一式两份，供需双方各执一份，自签订之日起生效。

供方：华夏自强教学设备贸易有限公司　　　　　需方：华夏工商职业学院

地址：华夏清永市西南电脑城88号　　　　　　　地址：华夏清水老马河8号

法人代表（或委托人）：　陈启飞　　　　　　　法人代表（或委托人）：　郑飞扬

联系电话：011-88886688　　　　　　　　　　　联系电话：011-82582578

原始凭证

263

销售单

NO: 2018002002

客户名称：
客户信息：　　　　　　　　　　　　　　　　　　　　日期：　　　年　月　日

编码	产品名称	规格	单位	数量	单价	金额	备注
合计	人民币（大写）：						

财务联

销售部负责人：　陈启飞　　　　　　　　　　　　　经办人：　唐莉莉

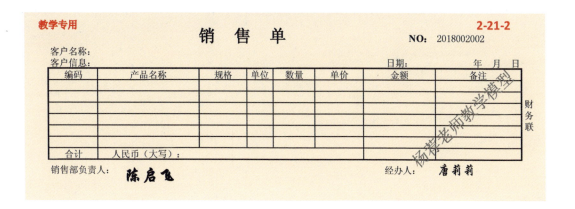

出　库　单

NO 0158022

购买单位：　　　　　　　　　　年　月　日　　发出仓库

编号	名称及规格	计量单位	数量		价格		备注
			应发	实发	单价	金额	
	合计						

财务联

部门负责人：　陈启飞　　　　　销售经办：　　　　　　制单人：

1808114801
教学专用

华夏增值税专用发票

NO 50057891

1808114801
50057891

校验码 14525 18474 45786 21477

此联不做报销、抵扣凭证使用　　　　开票日期：20××年02月26日

购买方	名　　称：	华夏工商职业学院				密码区	25/<125<12563*4525>8+6334*/196 258968-1871776-75*78976<8*12=6 76<>-707976<+*8->876=64218691 7*5<76+?99=67/976<57+58+*989+
	纳税人识别号：	91180181987412563X					
	地址、电话：	华夏清水老马河8号 011-82582578					
	开户行及账号：	交通银行清水支行 018400114568985219					

第一联：发票联 销货方记账凭证

货物或应税劳务、服务名称	规格型号	单位	数量	单价	金额	税率	税额
设备 台式计算机-联想扬天	i3	台					
设备 台式计算机-联想扬天	i5	台					
设备 笔记本计算机-联想	i7	台					
设备 投影仪-索尼	EX430	台					
合计							
价税合计（大写）				(小写)			

销售方	名　　称：	华夏自强教学设备贸易有限公司	备注
	纳税人识别号：	91180868123456788R	
	地址、电话：	华夏清水市西南电脑城88号 011-88886688	
	开户行及账号：	工行清水市支行015645477000123888	

收款人：　　　　复核：　　　　开票人：张守财　　　销售单位：（章）

华夏自强教学设备贸易有限公司
91180868123456788R
发票专用章

原始凭证

[业务 22]　2 月 27 日销售给华夏清水市第十六中学一批教学设备。请以本单位销售部经办人的角色，按销售合同内容填写销售单，日期为 2 月 27 日，参考前面相关业务。请以本单位仓库管理员的角色填写出库单。假设应发数量与实发数量相同，参考前面相关业务。请根据销售合同及填写的出库单等内容开具增值税专用发票(还需填写左下角销售单位开票信息，参考前面相关业务。

教学专用　　　　　　　　　　　　　　　　　　　　　　　　　　**2-22-1**

购 销 合 同

供方：华夏自强教学设备贸易有限公司　　　　　　合同编号：　　**201802004**
需方：华夏清水市第十六中学　　　　　　　　　　签订日期：　　**20×× 年 02 月 23 日**

经供需双方友好协议，订立本合同如下。

序号	名称	数量（台/套）	单价（元）	总额（元）	其他要求
1	台式计算机-联想扬天i5	100	4,460.00	446,000.00	
2	笔记本计算机-联想i7	10	5,600.00	56,000.00	
3	投影仪-索尼EX430	4	4,900.00	19,600.00	
4	学生桌椅	50	475.00	23,750.00	
	合计			545,350.00	

货款总计（大写）：伍拾肆万伍仟叁佰伍拾元整
质量验收标准：符合国家有关质量标准。
交货日期：20×× 年 2 月 27 日
交货地点：需方教学楼
结算方式：需方须预付50%货款，交货后3天内需方须结清余款。
违约条款：违约方须赔偿对方一切经济损失。但遇天灾人祸或其他人力不能控制之因素而导致延误交货，需方不能要求供方赔偿任何损失。

解决合同纠纷的方式：经双方友好协商解决，如协商不成的，可向当地仲裁委员会提出申诉解决。

本合同一式两份，供需双方各执一份，自签订之日起生效。

供方：华夏自强教学设备贸易有限公司　　　　　　　需方：华夏清水市第十六中学
地址：华夏清水市西南电脑城88号　　　　　　　　　地址：华夏清水市天路118号
法人代表（或委托人）：　陈启飞　　　　　　　　　法人代表（或委托人）：　张一虎
联系电话：011-88886688　　　　　　　　　　　　　联系电话：011-21456327

教学专用　　　　　　　　　　　　　　　　　　　　　　　　　　**2-22-2**

销 售 单

NO：2018002003

客户名称：
客户信息：　　　　　　　　　　　　　　　　　　日期：　　　　年　月　日

编码	产品名称	规格	单位	数量	单价	金额	备注
合计	人民币（大写）：						

销售部负责人：　　　　　　　　　　　　　　　　　　经办人：

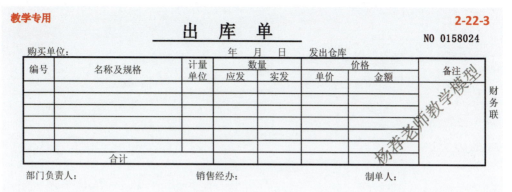

出 库 单

NO 0158024

购买单位：　　　　　　　　　　年　月　日　　发出仓库

编号	名称及规格	计量单位	数量		价格		备注
			应发	实发	单价	金额	
	合计						

部门负责人：　　　　　　　销售经办：　　　　　　　制单人：

财务联

1808114801

华夏增值税专用发票

NO 50057893

1808114801
50057893

此联不做报销、抵扣凭证使用　　　　　　开票日期：20××年02月27日

校验码 12524 14574 17806 65656

购买方	名　称：	华夏清水市第十六中学		密码区	85858485*/3242*646=197/32181.*9
	纳税人识别号：	91180181258745258X			68-1888<5<58/9><7096-7*12=67/9
	地址、电话：	华夏清水云天路118号　011-21456327			6976<7976<+*8->876=67/915*7<88
	开户行及账号：	建设银行云天分理处　01800001012145487124			897*5<767<44+*96+67/96<5%?99=

货物或应税劳务、服务名称	规格型号	单位	数量	单价	金额	税率	税额
合计							

价税合计（大写）			（小写）	

销售方	名　称：		备注
	纳税人识别号：		
	地址、电话：		
	开户行及账号：		

收款人：　　　　复核：　　　　开票人：张守财　　　销售单位：（章）

第一联：发票联　销货方记账凭证

[业务 23]　2 月 27 日提取备用金。

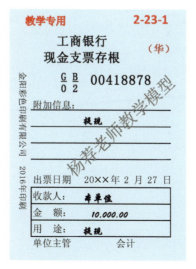

工商银行
现金支票存根

（华）

G B 02　00418878

附加信息：＿＿＿＿＿＿

提现

出票日期　20××年 2 月 27 日

收款人：	本单位
金　额：	10,000.00
用　途：	提现

单位主管　　　　会计

原始凭证

[业务 24] 2月27日支付本月电费。请以行政部办事员的角色，按发票金额填写付款申请单，可参考前面相关业务。

付款申请单　　2-24-1

付款方式：银行转账☐　现金☐　承兑汇票☐　　　　　年　月　日

收款人：	
收款人开户行及账号（卡号）：	
付款事由：	
合同编号：		合同金额：	
申请付款金额：			
人民币（大写）：			

公司负责人	财务负责人	财务审核	部门负责人

注：填写规范 不得涂改　　　　出纳：　　　　　领款（经办）人：

1800114201　　**华夏增值税专用发票**　　*NO* 50015644　　1800114201
50015644

校验码 12814 15124 95806 25415　　　　抵　扣　联　　　　开票日期：20××年02月26日

购买方	名　称：	华夏自强教学设备贸易有限公司				密码区	$=67/9968-187/\#@35*78976<8*12$
	纳税人识别号：	91180868123456788R					#6481991*56*71<4865<6985>/*32
	地　址、电话：	华夏清水市西南电脑城88号 011-88886688					*&12+79*87/976<575~76+?99=68
	开户行及账号：	工行清水支行015645477000123888					8*)6976<><707>876=67/9976<+*8-

货物或应税劳务、服务名称	规格型号	单位	数量	单价	金额	税率	税额
电力 售电（1-240）		KWA	240	0.4248	101.95	13%	13.25
电力 售电（241-400）		KWA	160	0.4779	76.46	13%	9.94
电力 售电（401以上）		KWA	1325	0.6903	914.60	13%	118.90
合计					¥1,093.01		¥142.09
价税合计（大写）	⊗壹仟贰佰叁拾伍元壹角整				（小写）¥ 1,235.10		

销售方	名　称：	华夏清水市供电局	备注
	纳税人识别号：	91180181456789123D	
	地　址、电话：	清水市红旗路15号 011-86912388	
	开户行及账号：	中国工商银行清水支行015645477000257158	

收款人：　　　复核：　　　开票人：李四　　　销售单位：（章）

第二联：抵扣联购买方抵扣凭证

原始凭证

271

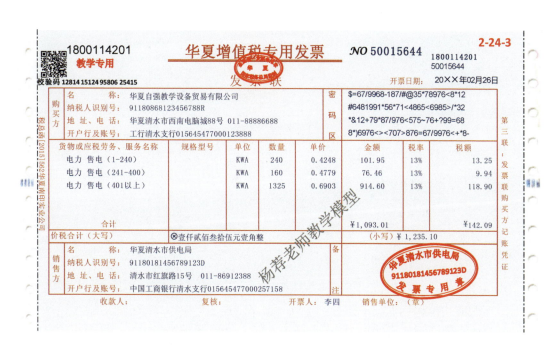

1800114201
教学专用

华夏增值税专用发票

NO 50015644

1800114201
50015644

发票联

收验码 12814 15124 95806 25415

开票日期：20××年02月26日

购买方	名　　称：	华夏自强教学设备贸易有限公司							
	纳税人识别号：	91180868123456788R						
	地址、电话：	华夏清水市西南电脑城88号 011-88886688						
	开户行及账号：	工行清水支行015645477000123888						

密码区

$=67/9968-187/#@35*78976<8*12
#6481991*56*71<4865<6985>/*32
*&12+79*87/976<575~76+?99=68
8*)6976<><707>876=67/9976<+*8-

第三联：发票联购买方记账凭证

货物或应税劳务、服务名称	规格型号	单位	数量	单价	金额	税率	税额
电力 售电（1-240）		KWA	240	0.4248	101.95	13%	13.25
电力 售电（241-400）		KWA	160	0.4779	76.46	13%	9.94
电力 售电（401以上）		KWA	1325	0.6903	914.60	13%	118.90
合　计					￥1,093.01		￥142.09

价税合计（大写）	⊗壹仟贰佰叁拾伍元壹角整	（小写）￥1,235.10

销售方	名　　称：	华夏清水市供电局
	纳税人识别号：	91180181456789123D
	地址、电话：	清水市红旗路15号 011-86912388
	开户行及账号：	中国工商银行清水支行015645477000257158

备注

华夏清水市供电局
91180181456789123D
专票专用章

收款人：　　　　复核：　　　　开票人：李四　　　　销售单位：（章）

教学专用

中国工商银行

网上银行电子回单

电子回单号码：0001-2144-0823-1857

付款人	户　名	华夏自强教学设备贸易有限公司	收款人	全　称	华夏清水市供电局
	账　号	015645477000123888		账　号	015645477000257158
	开户银行	工行清水支行		开户银行	工行清水支行
金　额		人民币（大写）壹仟贰佰叁拾伍元壹角整　￥1,235.10			
摘　要		往来款	业务（产品）种类		汇划发报
用　途		往来款			
交易流水号		85987215	时间戳		20××-02-27-15.14.26.1478124

中国工商银行
电子回单专用章

备注：
用途：往来款　　汇出行：016510032 汇出行名称：工行华夏清水市业务处理中心
提交人：YUJ.C.58258
最终授权人：LIUJN.C.58258

验证码：gNP9Kmndhfitngkgufurfjkgx095

记账网点	01588	记账柜员	00128	记账日期	20××年02月27日

打印日期 20××年02月27日

重要提示：
1. 如果您是收款方，请到工行网站www.icbc.com.cn电子回单验证处进行回单验证。
2. 本单不作为收款方发货依据，并请勿重复记账。
3. 您可以选择发送邮件，将电子回单发送给指定的接收人。

原始凭证

[业务 25] 2 月 28 日销售给华夏清水市第九中学一批计算机。请以本单位销售部经办人的角色，按销售合同内容填写销售单，日期为 2 月 28 日，可参考前面相关业务。请以本单位仓库管理员的角色填写出库单。假设应发数量与实发数量相同，参考前面相关业务。请根据销售合同及填写的出库单等内容开具增值税专用发票（还需填写左下角销售单位开票信息，参考前面相关业务）。

教学专用　　　　　　　　　　　　　　　　　　　　　　　　　2-25-1

购 销 合 同

供方：华夏自强教学设备贸易有限公司　　　　　合同编号：201802005
需方：华夏清水市第九中学　　　　　　　　　　签订日期：20××年02月26日
经供需双方友好协议，订立本合同如下。

序号	名称	数量（台）	单价（元）	总额（元）	其他要求
1	台式计算机-联想扬天i5	150	4,600.00	690,000.00	
2	笔记本计算机-联想i7	12	5,700.00	68,400.00	
	合计			758,400.00	

货款总计（大写）：柒拾伍万捌仟肆佰元整
质量验收标准：符合国家有关质量标准。
交货日期：20××年 2 月 28 日
交货地点：需方教学楼。
结算方式：需方须预付50%货款，交货后3天内需方须结清余款。
违约条款：违约方须赔偿对方一切经济损失。但遇天灾人祸或其他人力不能控制之因素而导致延误交货，需方不能要求供方赔偿任何损失。

解决合同纠纷的方式：经双方友好协商解决，如协商不成的，可向当地仲裁委员会提出申诉解决。

本合同一式两份，供需双方各执一份，自签订之日起生效。

供方：华夏自强教学设备贸易有限公司　　　　　需方：华夏清水市第九中学
地址：华夏清水市西南电脑城88号　　　　　　　地址：华夏清水金元街69号
法人代表（或委托人）：陈启飞　　　　　　　　法人代表（或委托人）：赵国强
联系电话：011-88886668　　　　　　　　　　　联系电话：011-32585468

教学专用　　　　　　　　　　　　　　　　　　　　　　　　　2-25-2

销 售 单

NO：2018002007

客户名称：
客户信息：　　　　　　　　　　　　　　　　　　日期：　　年　月　日

编码	产品名称	规格	单位	数量	单价	金额	备注
合计	人民币（大写）：						

销售部负责人：　　　　　　　　　　　　　　　经办人：

财务联

原始凭证

出　库　单

购买单位：　　　　　　　　　　年　月　日　　发出仓库

编号	名称及规格	计量单位	数量		价格		备注
			应发	实发	单价	金额	
	合计						

部门负责人：　　　　　　　销售经办：　　　　　　　制单人：

财务联

1808114801
教学专用

华夏增值税专用发票

NO 50057894

1808114801
50057894

校验码 12895 15124 95806 25411

此联不做报销扣税凭证使用

开票日期：20××年02月28日

购买方	名　　称：	华夏清水市第九中学			密码区	4<5<586197/32145*/3255-14842*6
	纳税人识别号：	91180866741852545X				8976<8996-75*7*12=67/9968-1812
	地址、电话：	华夏清水金元街69号 011-32585468				176<>869<707976<+*8->867/9876=
	开户行及账号：	工商银行金元街支行　015645547700547895				97*5<76+?99=67/976<5/*/<44+*98

货物或应税劳务、服务名称	规格型号	单位	数量	单价	金额	税率	税额
合计							
价税合计（大写）					（小写）		

销售方	名　　称：		备注
	纳税人识别号：		
	地址、电话：		
	开户行及账号：		

收款人：　　　　　　复核：　　　　　　开票人：张守财　　　　　　销售单位：（章）

第一联：发票联 销货方记账凭证

原始凭证

[业务 26]　2 月 28 日销售部申请支付产品销售运输费用。请以销售部办事员的角色，按发票金额填写付款申请单，可参考 1 月 32 号业务。

教学专用　　　　　　　　　　　　　　　　　　　　　　　　　　2-26-1

付款申请单

付款方式：银行转账□　现金□　承兑汇票□　　　　　　　　年　月　日

收款人：	
收款人开户行及账号（卡号）：	
付款事由：	
合同编号：		合同金额：	
申请付款金额：	
人民币（大写）：	

公司负责人	财务负责人	财务审核	部门负责人

注：填写规范　不得涂改　　　　出纳：　　　　　领款（经办）人：

1800121542　　　华夏增值税专用发票　　NO 10215981　　2-26-2

教学专用　　　　　　　　　　　　　　　　　　　　　　　1800121542
　　　　　　　　　　　　　　　抵　扣　联　　　　　　　　　10215981

校验码 92895 15124 95808 52142　　　　　　　开票日期：20××年02月27日

购买方	名　称：华夏自强教学设备贸易有限公司		密码区	/*$6>7*/9812*4+79*8=/9*83/4-5+26 98-1878><705*78/76<8*12=67/996 <707976<+*8>87*$67/9786976<> 6+?99=67/97?*5~ <5<++*987*5<79			第二联：抵扣联　购买方抵扣凭证
	纳税人识别号：91180868123456788R						
	地址、电话：华夏清水市西南电脑城88号 011-88886688						
	开户行及账号：工行清水支行015645477000123888						
货物或应税劳务、服务名称	规格型号	单位	数量	单价	金额	税率	税额
运输 国内道路货物运输服务			97	91.7431	8,899.08	9%	800.92
合计					￥8,899.08		￥800.92
价税合计（大写）	⊗玖仟柒佰元整				（小写）￥9,700.00		
销售方	名　称：清水路路通运输有限公司			备注	起运地：清水市市区、到达地：清水金元 运输车辆：华A 457812 车型：中货 运输物品：电脑设备		
	纳税人识别号：91180811510351245Y						
	地址、电话：清水市正南门北路96号 011-14752166						
	开户行及账号：工行清水市支行 015645477005214833						

收款人：　　　　复核：　　　　开票人：王通　　　销售单位：（章）

原始凭证

279

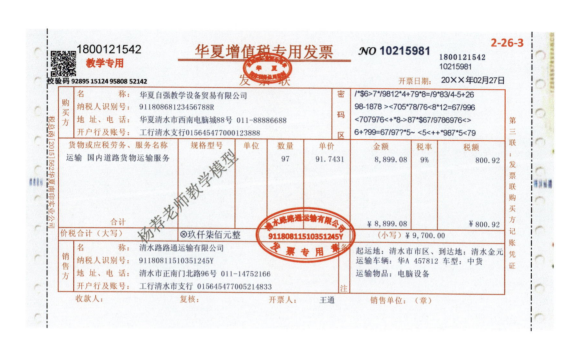

1800121542
教学专用

华夏增值税专用发票 *NO* 10215981

校验码 92895 15124 95808 52142

1800121542
10215981

发票联

开票日期：20××年02月27日

购买方	名　　称：	华夏自强教学设备贸易有限公司						密码区	/*$6>7*/9812*4+79*8=/9*83/4-5+26
	纳税人识别号：	91180868123456788R							98-1878 ><705*78/76<8*12=67/996
	地址、电话：	华夏清水市西南电脑城88号 011-88886688							<707976<+*8>87*$67/9786976<>
	开户行及账号：	工行清水支行015645477000123888							6+?99=67/97?*5~ <5<++*987*5<79

第三联：发票联购买方记账凭证

货物或应税劳务、服务名称	规格型号	单位	数量	单价	金额	税率	税额
运输 国内道路货物运输服务			97	91.7431	8,899.08	9%	800.92
合计					¥ 8,899.08		¥ 800.92

价税合计（大写）	⊗玖仟柒佰元整	（小写）¥ 9,700.00

销售方	名　　称：	清水路路通运输有限公司	备注	起运地：清水市市区、到达地：清水金元
	纳税人识别号：	91180811510351245Y		运输车辆：华A 457812 车型：中货
	地址、电话：	清水市正南门北路96号 011-14752166		运输物品：电脑设备
	开户行及账号：	工行清水市支行 015645477005214833		

收款人：　　　　复核：　　　　开票人：王通　　　　销售单位：（章）

教学专用

中国工商银行　　　网上银行电子回单

电子回单号码：0001-2144-0813-1588

付款人	户　名	华夏自强教学设备贸易有限公司	收款人	全　称	清水路路通运输有限公司
	账　号	015645477000123888		账　号	015645477005214833
	开户银行	工行清水支行		开户银行	工行清水支行
金　额	人民币（大写）玖仟柒佰元整　¥ 9,700.00				
摘　要	往来款		业务（产品）种类	汇划发报	
用　途	往来款				
交易流水号	85135214		时间戳	20××-02-28-09.42.27.1475191	

备注： 用途：往来款　汇出行：016510032 汇出行名称：工行华夏清水市业务处理中心 提交人：YUJ.C.58258 最终授权人：LIUJN.C.58258
验证码：bgvcxzKmndhfitngkgufurfjU*YGTTFR

记账网点	01588	记账柜员	00126	记账日期	20××年02月28日

打印日期 20××年02月28日

重要提示：

1. 如果您是收款方，请到工行网站www.icbc.com.cn电子回单验证处进行回单验证。

2. 本单不作为收款方发货依据，并请勿重复记账。

3. 您可以选择发送邮件，将电子回单发送给指定的接收人。

原始凭证

[业务 27] 2 月 28 日收到华夏工商职业学院货款。

2-27-1

业务回单（收款）

日期：20××年02月28日
回单编号：18228000007
付款人户名：华夏工商职业学院
付款人账号（卡号）：018400114568985219
收款人户名：华夏自强教学设备贸易有限公司
收款人账号（卡号）：015645477000123888
金额：叁拾伍万元整
业务（产品）种类：跨行收报　凭证种类：000000000
接报：跨行　用途：
交易机构：0240600729　记账柜员：00026　交易代码，65417

付款人开户行：交通银行清水支行

收款人开户行：清水支行

小写：350,000.00 元
凭证号码：00000000000000000
币种：人民币
渠道：其他

附言：
支付交易序号：51856541　报文种类：大额客户发起汇兑业务　委托日期：20××-02-28
业务类型（种类）：普通汇兑

本回单为第1次打印，注意重复　　打印日期：20××年02月28日　　打印柜员：9　　验证码：9885214k02

[业务 28] 2 月 28 日收到华夏清水市传习中学货款。

2-28-1

业务回单（收款）

日期：20××年02月28日
回单编号：18228000019
付款人户名：华夏省清水市传习中学
付款人账号（卡号）：018000010121456897 56
收款人户名：华夏自强教学设备贸易有限公司
收款人账号（卡号）：015645477000123888
金额：肆拾万元整
业务（产品）种类：跨行收报　凭证种类：000000000
接报：跨行　用途：
交易机构：0240600729　记账柜员：00016　交易代码，68555

付款人开户行：中国建议银行清水支行

收款人开户行：清水支行

小写：400,000.00 元
凭证号码：00000000000000000
币种：人民币
渠道：其他

附言：
支付交易序号：51856444　报文种类：大额客户发起汇兑业务　委托日期：20××-02-28
业务类型（种类）：普通汇兑

本回单为第1次打印，注意重复　　打印日期：20××年02月28日　　打印柜员：9　　验证码：9885211698

[业务 29] 2 月 28 日计提 2 月贷款利息。

教学专用　　　　**利息计算表**　　　2-29-1
20××年02月28日

项目	行次	利率或金额
贷款金额（元）	1	500,000.00
贷款年利率	2	10.06%
应计利息（3=1×2）（元）	3	

制表：

[业务 30]　2 月 28 日结转销售成本。

产品销售成本计算表

2-30-1

年　　月　　日

产品名称及型号	计量	本期发出商品			备注
		数量	单位成本（元）	总成本（元）	
台式计算机-联想扬天i3	台				
台式计算机-联想扬天i5	台				
笔记本计算机-联想i7	台				
投影仪-索尼EX430	台				
学生桌椅	套				
合计					

制表：

20××年2月产品销售明细表

2-30-2

序号	收货单位	合同编号	产品名称	发货日期	数量（台/套）	含税价（元）	金额（元）	运费（元）	备注
1	华夏工商职业学院	2001	台式计算机-联想扬天i3	20××年02月23日	120	3,750.00	450,000.00		
			台式计算机-联想扬天i5		12	4,500.00	54,000.00		
			笔记本计算机-联想i7		12	5,500.00	66,000.00		
			投影仪-索尼EX430		10	4,650.00	46,500.00		
			小计				616,500.00		
2	华夏清水市第十六中学	2004	台式计算机-联想扬天i5	20××年02月27日	100	4,460.00	446,000.00	9,700.00	
			笔记本计算机-联想i7		10	5,600.00	56,000.00		
			投影仪-索尼EX430		4	4,900.00	19,600.00		
			学生桌椅		50	475.00	23,750.00		
			小计				545,350.00		
3	华夏清水市第九中学	2005	台式计算机-联想扬天i5	20××年02月28日	150	4,600.00	690,000.00		
			笔记本计算机-联想i7		12	5,700.00	68,400.00		
			小计				758,400.00		
	合计						1,920,250.00	9,700.00	

自强贸易公司产品数量收、发、存报表

2-30-3

20××年02月28日

（单位：台/套）

产品名称	月初库存	入库量	发出量	期末库存数		备注
				账存	盘点数	
台式计算机-联想扬天i3	42	100	120	22	22	
台式计算机-联想扬天i5	22	250	262	10	10	
笔记本计算机-联想i7	18	20	34	4	4	
投影仪-索尼EX430	22	0	14	8	8	
学生桌椅	50	0	50	0	0	
合计						

制表：

[业务 31]　2 月 28 日计提 2 月折旧（根据上月折旧明细表计算填列）。

固定资产折旧明细表

2-31-1

20××年02月

（单位：元）

序号	类别	名称	使用部门	入账时间	原值	累计折旧	净值	折旧月份	净残值	每月折旧额
1	办公设备	兄弟7360一体机	办公室	上年3月	2,393.16			60	120.00	
2	办公设备	联想笔记本计算机	办公室	上年3月	5,641.03			60	282.00	
3	办公设备	联想计算机	办公室	上年4月	3,410.26			60	171.00	
4	办公设备	联想计算机	财务	上年3月	3,803.42			60	190.00	
5	办公设备	税控计算机	财务	上年4月	8,376.07			60	419.00	
6	办公设备	兄弟2820一体机	财务	上年5月	1,794.87			60	90.00	
7	交通运输	五菱宏光客货车	销售	上年4月	58,803.42			48	2,940.00	
	合计				84,222.23				4,212.00	

制表：

原始凭证

285

[业务 32] 2 月 28 日计提 2 月工资（为便于理解，一项一项分列）。

华夏自强教学设备贸易有限公司工资汇总表

20××年02月28日

2-32-1

部门	应付工资	各项扣款				扣款合计	税前应发工资	个税	税后实发工资
		社保费8%	医保2%	失业保险1%	公积金				
总经办	43,300.00	3,464.00	866.00	433.00	2,600.00	7,363.00	35,937.00	455.10	35,481.90
财务部	17,000.00	1,360.00	340.00	170.00	1,100.00	2,970.00	14,030.00	41.25	13,988.75
销售部	30,800.00	2,464.00	616.00	308.00	2,000.00	5,388.00	25,412.00	69.96	25,342.04
采购部	33,973.00	2,717.84	679.46	339.73	2,700.00	6,437.03	27,535.97	69.96	27,466.01
总合计	125,073.00	10,005.84	2,501.46	1,250.73	8,400.00	22,158.03	102,914.97	636.27	102,278.70

制表：**李梅**　　　　财务审核：**王清香**　　　　总经理：

华夏自强教学设备贸易有限公司工资单

20××年02月28日

2-32-2

序号	姓名	岗位	基本工资	出勤天数	应付工资	各项扣款				扣款合计	税前应发工资	个税	税后实发工资
						社保费	医保	失业保险	公积金				
1	李大福	董事长	12000	22	12,000.00	960.00	240.00	120.00	500.00	1820.00	10,180.00	308.00	9,872.00
2	张远航	总经理	10000	22	10,000.00	800.00	200.00	100.00	500.00	1600.00	8,400.00	130.00	8,270.00
3	陈光柱	办公室主任	6800	22	6,800.00	544.00	136.00	68.00	500.00	1248.00	5,552.00	16.56	5,535.44
4	李梅	人事专员	6200	22	6,200.00	496.00	124.00	62.00	500.00	1182.00	5,018.00	0.54	5,017.46
5	杨梦娟	办事员	4500	22	4,500.00	360.00	90.00	45.00	300.00	795.00	3,705.00	—	3,705.00
6	宋小雷	驾驶员	3800	22	3,800.00	304.00	76.00	38.00	300.00	718.00	3,082.00	—	3,082.00
	行政部合计		43300		43,300.00	3,464.00	866.00	433.00	2,600.00	7,363.00	35,937.00	455.10	35,481.90
7	王清香	财务经理	7500	22	7,500.00	600.00	150.00	75.00	300.00	1125.00	6,375.00	41.25	6,333.75
8	张守财	会计	5500	22	5,500.00	440.00	110.00	55.00	300.00	1105.00	4,395.00	—	4,395.00
9	徐颖颖	出纳	4000	22	4,000.00	320.00	80.00	40.00	300.00	740.00	3,260.00	—	3,260.00
	财务部合计		17000		17,000.00	1,360.00	340.00	170.00	1,100.00	2,970.00	14,030.00	41.25	13,988.75
10	陈启飞	销售经理	8800	22	8,800.00	704.00	176.00	88.00	500.00	1468.00	7,332.00	69.96	7,262.04
11	徐通顺	业务员	4500	22	4,500.00	360.00	90.00	45.00	300.00	795.00	3,705.00		3,705.00
12	郭祥	业务员	4500	22	4,500.00	360.00	90.00	45.00	300.00	795.00	3,705.00		3,705.00
13	龙学友	业务员	4500	22	4,500.00	360.00	90.00	45.00	300.00	795.00	3,705.00		3,705.00
14	魏长生	业务员	4500	22	4,500.00	360.00	90.00	45.00	300.00	795.00	3,705.00		3,705.00
15	唐莉莉	办事员	4000	22	4,000.00	320.00	80.00	40.00	300.00	740.00	3,260.00		3,260.00
	销售部合计		30800		30,800.00	2,464.00	616.00	308.00	2,000.00	5,388.00	25,412.00	69.96	25,342.04
16	李丹阳	采购部经理	8800	22	8,800.00	704.00	176.00	88.00	500.00	1468.00	7,332.00	69.96	7,262.04
17	陈庆宏	采购员	4800	22	4,800.00	384.00	96.00	48.00	300.00	828.00	3,972.00		3,972.00
18	欧阳正	采购员	4800	22	4,800.00	384.00	96.00	48.00	300.00	1028.00	3,772.00		3,772.00
19	廉永华	采购员	3500	22	3,500.00	280.00	70.00	35.00	500.00	885.00	2,615.00		2,615.00
20	张红云	办事员	3800	22	3,800.00	304.00	76.00	38.00	300.00	718.00	3,082.00		3,082.00
21	叶文龙	仓库主管	5000	21	4,773.00	381.84	95.46	47.73	300.00	825.03	3,947.97		3,947.97
22	高华	保安	3500	22	3,500.00	280.00	70.00	35.00	300.00	685.00	2,815.00		2,815.00
	采购部合计		34200		33,973.00	2,717.84	679.46	339.73	2,700.00	6,437.03	27,535.97	69.96	27,466.01
	总合计		125300		125,073.00	10,005.84	2,501.46	1,250.73	8,400.00	22,158.03	102,914.97	636.27	102,278.70

制表：**李梅**　　　　财务审核：**王清香**　　　　总经理：

原始凭证

[业务 33] 2月28日计提2月社保费用（为便于理解，一项一项分列）。

教学专用

2-33-1

社保费用分配计算表

20xx年02月28日

部门	应发工资	个人缴纳社保费8%	个人缴纳医保2%	个人缴纳失业保险1%	个人缴纳公积金	个人缴纳所得税	实发工资	单位缴纳社保费16%	单位缴纳医保6%	单位缴纳失业保险2%	单位缴纳工伤保险1%	单位缴纳生育保险1%	单位缴纳公积金	单位总支出
总经办	43,300.00	3,464.00	866.00	433.00	2,600.00	455.10	35,481.90	6,928.00	2,598.00	866.00	433.00	433.00	2,600.00	57,158.00
财务部	17,000.00	1,360.00	340.00	170.00	1,100.00	41.25	13,988.75	2,720.00	1,020.00	340.00	170.00	170.00	1,100.00	22,520.00
销售部	30,800.00	2,464.00	616.00	308.00	2,000.00	69.96	25,342.04	4,928.00	1,848.00	616.00	308.00	308.00	2,000.00	40,808.00
采购部	33,973.00	2,717.84	679.46	339.73	2,700.00	69.96	27,466.01	5,435.68	2,038.38	679.46	339.73	339.73	2,700.00	45,505.98
合计	125,073.00	10,005.84	2,501.46	1,250.73	8,400.00	636.27	102,278.70	20,011.68	7,504.38	2,501.46	1,250.73	1,250.73	8,400.00	165,991.98

[业务 34] 2月28日计提2月住房公积金，附件同2-33-1。。

[业务 35] 2月28日结转2月未交增值税。

教学专用

2-35-1

增值税税金计算表

年　月　日

上期留抵额①	本月进项税额②	本月进项税额转出③	本月销项税额④	本月实现增值税额=④+③-②-①

制表：

原始凭证

[业务 36]　2 月 28 日计提 2 月税金及附加（计算填列）。

教学专用					2-36-1

税金及附加计算表

年　月　日

税种	计提依据		税率	应缴税额（元）	备注
	项目	金额			
城市维护建设税	增值税		7%		
教育费附加	增值税		3%		
地方教育费附加	增值税		2%		
	合计				

制表：

[业务 37]　2 月 28 日计提 2 月印花税。

教学专用		2-37-1

印花税计算表

年　月　　　　（金额单位：元）

项目	行次	税率或金额
销售总额（收入×1.16）	1	
采购总额（收入×1.16）	2	
合计	3	
适用税率	4	0.3‰
印花税税额（5=3×4）	5	
运输合同	6	
适用税率	7	0.5‰
印花税税额（8=6×7）	8	
房屋租赁合同	9	
适用税率	10	1‰
印花税税额（11=9×10）	11	
总　计		

制表：

[业务 38]　2 月 28 日计提 2 月所得税。

教学专用		2-38-1

企业所得税计算表

年　月　日

项目	行次	税率或金额
收入总额（元）	1	
成本费用总额（元）	2	
利润总额（元）	3	
应纳税所得额	4	
适用税率	5	
企业所得税（6=4×5）（元）	6	

制表：

[业务 39]　2 月 28 日结转本期损益。

原始凭证

291

实训用账簿

一、总分类账

账 簿 启 用 及 交 接 表

机构名称				印　鉴	
账簿名称	（第　　册）				
账簿编号					
账簿页数	本账簿共计　　页（本账簿页数　　　）				
启用日期	公元　　　年　月　日				

经营人员	负 责 人		主 办 会 计		复　核		记　账	
	姓名	盖章	姓名	盖章	姓　名	盖章	姓　名	盖章

交接记录	经 营 人 员		接　　管				交　　出			
	职　别	姓　名	年	月	日	盖章	年	月	日	盖章

备注	

账 簿 目 录 表

账户名称	账 号	总页码	账户名称	账 号	总页码	账户名称	账 号	总页码

总分类账

年		凭证		摘　　要	借　方									贷　方									借或贷	余　额									√
月	日	字	号		千	百	十	万	千	百	十	元	角	分	千	百	十	万	千	百	十	元	角	分		千	百	十	万	千	百	十	元	角	分	
																																				☐
																																				☐
																																				☐
																																				☐
																																				☐
																																				☐
																																				☐
																																				☐
																																				☐
																																				☐
																																				☐

总分类账

年		凭证		摘　　要	借　方									贷　方									借或贷	余　额									√
月	日	字	号		千	百	十	万	千	百	十	元	角	分	千	百	十	万	千	百	十	元	角	分		千	百	十	万	千	百	十	元	角	分	
																																				☐
																																				☐
																																				☐
																																				☐
																																				☐
																																				☐
																																				☐
																																				☐
																																				☐
																																				☐
																																				☐
																																				☐
																																				☐

总分类账

年		凭证		摘　　要	借　方									贷　方									借或贷	余　额									√
月	日	字	号		千	百	十	万	千	百	十	元	角	分	千	百	十	万	千	百	十	元	角	分		千	百	十	万	千	百	十	元	角	分	
																																				□
																																				□
																																				□
																																				□
																																				□
																																				□
																																				□
																																				□
																																				□
																																				□
																																				□
																																				□

总分类账

年		凭证		摘　　要	借　方									贷　方									借或贷	余　额									√
月	日	字	号		千	百	十	万	千	百	十	元	角	分	千	百	十	万	千	百	十	元	角	分		千	百	十	万	千	百	十	元	角	分	
																																				□
																																				□
																																				□
																																				□
																																				□
																																				□
																																				□
																																				□
																																				□
																																				□
																																				□
																																				□

总分类账

年		凭证		摘　　要	借　方									贷　方									借或贷	余　额									√
月	日	字	号		千	百	十	万	千	百	十	元	角	分	千	百	十	万	千	百	十	元	角	分		千	百	十	万	千	百	十	元	角	分	
																																				☐
																																				☐
																																				☐
																																				☐
																																				☐
																																				☐
																																				☐
																																				☐
																																				☐
																																				☐
																																				☐
																																				☐

总分类账

年		凭证		摘　　要	借　方									贷　方									借或贷	余　额									√
月	日	字	号		千	百	十	万	千	百	十	元	角	分	千	百	十	万	千	百	十	元	角	分		千	百	十	万	千	百	十	元	角	分	
																																				☐
																																				☐
																																				☐
																																				☐
																																				☐
																																				☐
																																				☐
																																				☐
																																				☐
																																				☐
																																				☐
																																				☐

总分类账

年		凭证		摘　要	借　方									贷　方									借或贷	余　额									√
月	日	字	号		千	百	十	万	千	百	十	元	角	分	千	百	十	万	千	百	十	元	角	分		千	百	十	万	千	百	十	元	角	分	
																																				☐
																																				☐
																																				☐
																																				☐
																																				☐
																																				☐
																																				☐
																																				☐
																																				☐
																																				☐
																																				☐
																																				☐
																																				☐
																																				☐

总分类账

年		凭证		摘　要	借　方									贷　方									借或贷	余　额									√
月	日	字	号		千	百	十	万	千	百	十	元	角	分	千	百	十	万	千	百	十	元	角	分		千	百	十	万	千	百	十	元	角	分	
																																				☐
																																				☐
																																				☐
																																				☐
																																				☐
																																				☐
																																				☐
																																				☐
																																				☐
																																				☐
																																				☐

总分类账

年		凭证		摘　　要	借　方									贷　方									借或贷	余　额									√
月	日	字	号		千	百	十	万	千	百	十	元	角	分	千	百	十	万	千	百	十	元	角	分		千	百	十	万	千	百	十	元	角	分	
																																				☐
																																				☐
																																				☐
																																				☐
																																				☐
																																				☐
																																				☐
																																				☐
																																				☐
																																				☐
																																				☐
																																				☐
																																				☐

总分类账

分页　　　总页

年		凭证		摘　　要	借　方									贷　方									借或贷	余　额									√
月	日	字	号		千	百	十	万	千	百	十	元	角	分	千	百	十	万	千	百	十	元	角	分		千	百	十	万	千	百	十	元	角	分	
																																				☐
																																				☐
																																				☐
																																				☐
																																				☐
																																				☐
																																				☐
																																				☐
																																				☐
																																				☐
																																				☐
																																				☐
																																				☐

总分类账

年		凭证		摘　要	借　方									贷　方									借或贷	余　额									√
月	日	字	号		千	百	十	万	千	百	十	元	角	分	千	百	十	万	千	百	十	元	角	分		千	百	十	万	千	百	十	元	角	分	
																																				□
																																				□
																																				□
																																				□
																																				□
																																				□
																																				□
																																				□
																																				□
																																				□
																																				□
																																				□

总分类账

年		凭证		摘　要	借　方									贷　方									借或贷	余　额									√
月	日	字	号		千	百	十	万	千	百	十	元	角	分	千	百	十	万	千	百	十	元	角	分		千	百	十	万	千	百	十	元	角	分	
																																				□
																																				□
																																				□
																																				□
																																				□
																																				□
																																				□
																																				□
																																				□

总分类账

年		凭证		摘　　要	借　方									贷　方									借或贷	余　额									√
月	日	字	号		千	百	十	万	千	百	十	元	角	分	千	百	十	万	千	百	十	元	角	分		千	百	十	万	千	百	十	元	角	分	
																																				☐
																																				☐
																																				☐
																																				☐
																																				☐
																																				☐
																																				☐
																																				☐
																																				☐
																																				☐
																																				☐
																																				☐
																																				☐

总分类账

年		凭证		摘　　要	借　方									贷　方									借或贷	余　额									√
月	日	字	号		千	百	十	万	千	百	十	元	角	分	千	百	十	万	千	百	十	元	角	分		千	百	十	万	千	百	十	元	角	分	
																																				☐
																																				☐
																																				☐
																																				☐
																																				☐
																																				☐
																																				☐
																																				☐
																																				☐
																																				☐
																																				☐
																																				☐
																																				☐

总分类账

年		凭证		摘　　要	借　方										贷　方										借或贷	余　额										√
月	日	字	号		千	百	十	万	千	百	十	元	角	分	千	百	十	万	千	百	十	元	角	分		千	百	十	万	千	百	十	元	角	分	
																																				☐
																																				☐
																																				☐
																																				☐
																																				☐
																																				☐
																																				☐
																																				☐
																																				☐
																																				☐
																																				☐

总分类账

年		凭证		摘　　要	借　方										贷　方										借或贷	余　额										√
月	日	字	号		千	百	十	万	千	百	十	元	角	分	千	百	十	万	千	百	十	元	角	分		千	百	十	万	千	百	十	元	角	分	
																																				☐
																																				☐
																																				☐
																																				☐
																																				☐
																																				☐
																																				☐
																																				☐
																																				☐
																																				☐

总分类账

分页	总页

年		凭证		摘　　要	借　方										贷　方										借或贷	余　额										√
月	日	字	号		千	百	十	万	千	百	十	元	角	分	千	百	十	万	千	百	十	元	角	分		千	百	十	万	千	百	十	元	角	分	
																																				☐
																																				☐
																																				☐
																																				☐
																																				☐
																																				☐
																																				☐
																																				☐
																																				☐
																																				☐
																																				☐
																																				☐

总分类账

分页	总页

年		凭证		摘　　要	借　方										贷　方										借或贷	余　额										√
月	日	字	号		千	百	十	万	千	百	十	元	角	分	千	百	十	万	千	百	十	元	角	分		千	百	十	万	千	百	十	元	角	分	
																																				☐
																																				☐
																																				☐
																																				☐
																																				☐
																																				☐
																																				☐
																																				☐
																																				☐
																																				☐
																																				☐
																																				☐

总分类账

分页　　　总页

年		凭证		摘　　要	借　方										贷　方										借或贷	余　额										√
月	日	字	号		千	百	十	万	千	百	十	元	角	分	千	百	十	万	千	百	十	元	角	分		千	百	十	万	千	百	十	元	角	分	
																																				☐
																																				☐
																																				☐
																																				☐
																																				☐
																																				☐
																																				☐
																																				☐
																																				☐
																																				☐
																																				☐
																																				☐

总分类账

分页　　　总页

年		凭证		摘　　要	借　方										贷　方										借或贷	余　额										√
月	日	字	号		千	百	十	万	千	百	十	元	角	分	千	百	十	万	千	百	十	元	角	分		千	百	十	万	千	百	十	元	角	分	
																																				☐
																																				☐
																																				☐
																																				☐
																																				☐
																																				☐
																																				☐
																																				☐
																																				☐
																																				☐

总分类账

年		凭证		摘　　要	借　方										贷　方										借或贷	余　额										√
月	日	字	号		千	百	十	万	千	百	十	元	角	分	千	百	十	万	千	百	十	元	角	分		千	百	十	万	千	百	十	元	角	分	
																																				☐
																																				☐
																																				☐
																																				☐
																																				☐
																																				☐
																																				☐
																																				☐
																																				☐
																																				☐
																																				☐
																																				☐
																																				☐
																																				☐

总分类账

年		凭证		摘　　要	借　方										贷　方										借或贷	余　额										√
月	日	字	号		千	百	十	万	千	百	十	元	角	分	千	百	十	万	千	百	十	元	角	分		千	百	十	万	千	百	十	元	角	分	
																																				☐
																																				☐
																																				☐
																																				☐
																																				☐
																																				☐
																																				☐
																																				☐
																																				☐
																																				☐
																																				☐

分页	总页

总分类账

年		凭证		摘　　要	借　方										贷　方										借或贷	余　额										√
月	日	字	号		千	百	十	万	千	百	十	元	角	分	千	百	十	万	千	百	十	元	角	分		千	百	十	万	千	百	十	元	角	分	
																																				☐
																																				☐
																																				☐
																																				☐
																																				☐
																																				☐
																																				☐
																																				☐
																																				☐
																																				☐
																																				☐
																																				☐

分页	总页

总分类账

年		凭证		摘　　要	借　方										贷　方										借或贷	余　额										√
月	日	字	号		千	百	十	万	千	百	十	元	角	分	千	百	十	万	千	百	十	元	角	分		千	百	十	万	千	百	十	元	角	分	
																																				☐
																																				☐
																																				☐
																																				☐
																																				☐
																																				☐
																																				☐
																																				☐
																																				☐
																																				☐
																																				☐
																																				☐

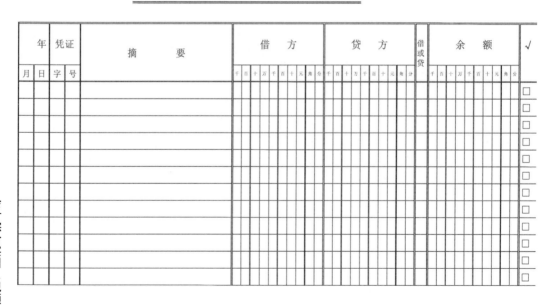

总分类账

年		凭证		摘　要	借　方									贷　方									借或贷	余　额									√
月	日	字	号		千	百	十	万	千	百	十	元	角	分	千	百	十	万	千	百	十	元	角	分		千	百	十	万	千	百	十	元	角	分	
																																				☐
																																				☐
																																				☐
																																				☐
																																				☐
																																				☐
																																				☐
																																				☐
																																				☐
																																				☐
																																				☐
																																				☐

总分类账

年		凭证		摘　要	借　方									贷　方									借或贷	余　额									√
月	日	字	号		千	百	十	万	千	百	十	元	角	分	千	百	十	万	千	百	十	元	角	分		千	百	十	万	千	百	十	元	角	分	
																																				☐
																																				☐
																																				☐
																																				☐
																																				☐
																																				☐
																																				☐
																																				☐
																																				☐
																																				☐
																																				☐
																																				☐

实训用账簿

总分类账

年		凭证		摘　要	借　方									贷　方									借或贷	余　额									√
月	日	字	号		千	百	十	万	千	百	十	元	角	分	千	百	十	万	千	百	十	元	角	分		千	百	十	万	千	百	十	元	角	分	
																																			☐
																																			☐
																																			☐
																																			☐
																																			☐
																																			☐
																																			☐
																																			☐
																																			☐
																																			☐
																																			☐

总分类账

年		凭证		摘　要	借　方									贷　方									借或贷	余　额									√
月	日	字	号		千	百	十	万	千	百	十	元	角	分	千	百	十	万	千	百	十	元	角	分		千	百	十	万	千	百	十	元	角	分	
																																			☐
																																			☐
																																			☐
																																			☐
																																			☐
																																			☐
																																			☐
																																			☐
																																			☐
																																			☐
																																			☐

二、库存现金日记账

账 簿 启 用 及 交 接 表

机构名称				印 鉴
账簿名称			（第 册）	
账簿编号				
账簿页数		本账簿共计	页（本账簿页数 ）	
启用日期		公元 年 月 日		

经管人员	负责人	姓名		主办会计	姓名		复核	姓名		记账	姓名	
		盖章			盖章			盖章			盖章	

交接记录	经管人员	职别	姓名	接管			交出		
				年	月	日	年	月	日
						盖章			盖章

备注	

账 簿 目 录 表

账户名称	账 号	总页码	账户名称	账 号	总页码	账户名称	账 号	总页码

库存现金日记账

第　　页

| 年 | | 凭证 | 摘　要 | 借　方 | | | | | | | | | | | 贷　方 | | | | | | | | | | | 借或贷 | 余　额 | | | | | | | | | | | 核对 |
月	日	字号		千	百	十	万	千	百	十	元	角	分	千	百	十	万	千	百	十	元	角	分		千	百	十	万	千	百	十	元	角	分	

库 存 现 金 日 记 账

第 ___ 页

年		凭证		摘要	借 方										贷 方										借或贷	余 额										核对
月	日	字	号		千	百	十	万	千	百	十	元	角	分	千	百	十	万	千	百	十	元	角	分		千	百	十	万	千	百	十	元	角	分	□
																																				□
																																				□
																																				□
																																				□
																																				□
																																				□
																																				□
																																				□
																																				□
																																				□
																																				□
																																				□
																																				□
																																				□
																																				□
																																				□
																																				□

库存现金日记账

第　　　页

年		凭证字号	摘　要	借　方										贷　方										借或贷	余　额										核对
月	日			千	百	十	万	千	百	十	元	角	分	千	百	十	万	千	百	十	元	角	分		千	百	十	万	千	百	十	元	角	分	□

库 存 现 金 日 记 账

第 ___ 页

年		凭证		摘 要	借 方										贷 方										借或贷	余 额										核对
月	日	字	号		千	百	十	万	千	百	十	元	角	分	千	百	十	万	千	百	十	元	角	分		千	百	十	万	千	百	十	元	角	分	□
																																				□
																																				□
																																				□
																																				□
																																				□
																																				□
																																				□
																																				□
																																				□
																																				□
																																				□
																																				□
																																				□
																																				□
																																				□
																																				□
																																				□
																																				□
																																				□

库 存 现 金 日 记 账

第 ____ 页

年		凭证		摘 要	借 方	贷 方	借或贷	余 额	校对
月	日	字	号		千百十万千百十元角分	千百十万千百十元角分		千百十万千百十元角分	

库存现金日记账

第＿＿页

年		凭证		摘要	借方	贷方	借或贷	余额	核对
月	日	字	号		千百十万千百十元角分	千百十万千百十元角分		千百十万千百十元角分	□

三、银行存款日记账

账 簿 启 用 及 交 接 表

机构名称								印 鉴
账簿名称						（第　　　册）		
账簿编号								
账簿页数	本账簿共计				页（本账簿页数　　　）			
启用日期	公元　　　年　　　月　　　日							
经管人员	负责人		主办会计		复核		记账	
	姓名	盖章	姓名	盖章	姓名	盖章	姓名	盖章
交接记录	经管人员		接管			交出		
	职别	姓名	姓名	盖章	年 月 日	姓名	盖章	年 月 日
备注								

账 簿 目 录 表

账户名称	账 号	总页码	账户名称	账 号	总页码	账户名称	账 号	总页码

银行存款日记账

第 ____ 页

年		凭证		摘要	借方											贷方											借或贷	余额											核对
月	日	字	号		千	百	十	万	千	百	十	元	角	分	千	百	十	万	千	百	十	元	角	分		千	百	十	万	千	百	十	元	角	分	

杨老师教学模型

银 行 存 款 日 记 账

第 ___ 页

年		凭证		摘 要	借 方									贷 方									借或贷	余 额									核对
月	日	字	号		千	百	十	万	千	百	十	元	角	分	千	百	十	万	千	百	十	元	角	分		千	百	十	万	千	百	十	元	角	分	□
																																				□
																																				□
																																				□
																																				□
																																				□
																																				□
																																				□
																																				□
																																				□
																																				□
																																				□
																																				□
																																				□
																																				□
																																				□
																																				□
																																				□
																																				□

银 行 存 款 日 记 账

第 ____ 页

年		凭证		摘　　要	借　　方											贷　　方											借或贷	余　　额											核对
月	日	字	号		千	百	十	万	千	百	十	元	角	分	千	百	十	万	千	百	十	元	角	分		千	百	十	万	千	百	十	元	角	分	

实训用账簿

321

银 行 存 款 日 记 账

第 ____ 页

年		凭证		摘要	借方										贷方										借或贷	余额										核对
月	日	字	号		千	百	十	万	千	百	十	元	角	分	千	百	十	万	千	百	十	元	角	分		千	百	十	万	千	百	十	元	角	分	□
																																				□
																																				□
																																				□
																																				□
																																				□
																																				□
																																				□
																																				□
																																				□
																																				□
																																				□
																																				□
																																				□
																																				□
																																				□
																																				□
																																				□
																																				□
																																				□
																																				□

银 行 存 款 日 记 账　　　　第 ＿＿ 页

年		凭证		摘　　　要	借　方										贷　方										借或贷	余　额										核对
月	日	字	号		千	百	十	万	千	百	十	元	角	分	千	百	十	万	千	百	十	元	角	分		千	百	十	万	千	百	十	元	角	分	□

银 行 存 款 日 记 账

第 ___ 页

年		凭证		摘要	借方									贷方								借或贷	余额								核对
月	日	字	号		千	百	十	万	千	百	十	元	角	分	百	十	万	千	百	十	元	角	分		千	百	十	万	千	百	十	元	角	分	□

银 行 存 款 日 记 账

第 ___ 页

年		凭证	摘要	借方										贷方										借或贷	余额										核对
月	日	字号		千	百	十	万	千	百	十	元	角	分	千	百	十	万	千	百	十	元	角	分		千	百	十	万	千	百	十	元	角	分	

银 行 存 款 日 记 账

第 ___ 页

年		凭证		摘要	借方									贷方									借或贷	余额									核对
月	日	字	号		千	百	十	万	千	百	十	元	角	分	千	百	十	万	千	百	十	元	角	分		千	百	十	万	千	百	十	元	角	分	□

四、三栏式明细账

账 簿 启 用 及 交 接 表

机构名称				印　鉴
账簿名称		（第　　册）		
账簿编号				
账簿页数	本账簿共计　　页（本账簿页数　　）			
启用日期	公元　　年　　月　　日			

经管人员	负责人		主办会计		复核	记账
	姓名	盖章	姓名	盖章	姓名　盖章	姓名　盖章

交接记录	经管人员		接管			交出	
	职别	姓名	姓名	年月日	盖章	姓名	年月日　盖章

备注	

账 簿 目 录 表

账户名称	账号	总页码	账户名称	账号	总页码	账户名称	账号	总页码

明 细 账

级科目 —

年		凭证		摘 要	借 方	贷 方	借或贷	余 额
月	日	种类	号数		千百十万千百十元角分	千百十万千百十元角分		千百十万千百十元角分

明 细 账

级科目 —

年		凭证		摘 要	借 方	贷 方	借或贷	余 额
月	日	种类	号数		千百十万千百十元角分	千百十万千百十元角分		千百十万千百十元角分

明 细 账

分页： 总页：

级科目

年		凭证		摘　要	借　方									贷　方									借或贷	余　额								
月	日	种类	号数		千	百	十	万	千	百	十	元	角	分	千	百	十	万	千	百	十	元	角	分		千	百	十	万	千	百	十	元	角	分

明 细 账

分页： 总页：

级科目

年		凭证		摘　要	借　方									贷　方									借或贷	余　额								
月	日	种类	号数		千	百	十	万	千	百	十	元	角	分	千	百	十	万	千	百	十	元	角	分		千	百	十	万	千	百	十	元	角	分

明 细 账

级科目＿＿＿＿

分页：＿＿＿＿ 总页：＿＿＿＿

年		凭证		摘　　要	借　　方										贷　　方										借或贷	余　　额									
月	日	种类	号数		千	百	十	万	千	百	十	元	角	分	千	百	十	万	千	百	十	元	角	分		千	百	十	万	千	百	十	元	角	分

明 细 账

级科目＿＿＿＿

分页：＿＿＿＿ 总页：＿＿＿＿

年		凭证		摘　　要	借　　方										贷　　方										借或贷	余　　额									
月	日	种类	号数		千	百	十	万	千	百	十	元	角	分	千	百	十	万	千	百	十	元	角	分		千	百	十	万	千	百	十	元	角	分

实训用账簿

明 细 账

分页: ——— 总页: ———

级科目 ————

年		凭证		摘要	借方										贷方										借或贷	余额									
月	日	种类	号数		千	百	十	万	千	百	十	元	角	分	千	百	十	万	千	百	十	元	角	分		千	百	十	万	千	百	十	元	角	分

级科目 ————

明 细 账

分页: ——— 总页: ———

级科目 ————

年		凭证		摘要	借方										贷方										借或贷	余额									
月	日	种类	号数		千	百	十	万	千	百	十	元	角	分	千	百	十	万	千	百	十	元	角	分		千	百	十	万	千	百	十	元	角	分

级科目 ————

明 细 账

级科目 _____

分页： _____ 总页： _____

年		凭证		摘 要	级科目	借　方										贷　方										借或贷	余　额									
月	日	种类	号数			千	百	十	万	千	百	十	元	角	分	千	百	十	万	千	百	十	元	角	分		千	百	十	万	千	百	十	元	角	分

明 细 账

级科目 _____

分页： _____ 总页： _____

年		凭证		摘 要	级科目	借　方										贷　方										借或贷	余　额									
月	日	种类	号数			千	百	十	万	千	百	十	元	角	分	千	百	十	万	千	百	十	元	角	分		千	百	十	万	千	百	十	元	角	分

明细账

分页：______ 总页：______

______级科目______________ ______级科目______________

年		凭证		摘要	借方										贷方										借或贷	余额									
月	日	种类	号数		千	百	十	万	千	百	十	元	角	分	千	百	十	万	千	百	十	元	角	分		千	百	十	万	千	百	十	元	角	分

明细账

分页：______ 总页：______

______级科目______________ ______级科目______________

年		凭证		摘要	借方										贷方										借或贷	余额									
月	日	种类	号数		千	百	十	万	千	百	十	元	角	分	千	百	十	万	千	百	十	元	角	分		千	百	十	万	千	百	十	元	角	分

明 细 账

级科目

年		凭证		摘 要	借 方											贷 方											借或贷	余 额										
月	日	种类	号数		千	百	十	万	千	百	十	元	角	分	千	百	十	万	千	百	十	元	角	分		千	百	十	万	千	百	十	元	角	分

分页：_____ 总页：_____

明 细 账

级科目

年		凭证		摘 要	借 方											贷 方											借或贷	余 额										
月	日	种类	号数		千	百	十	万	千	百	十	元	角	分	千	百	十	万	千	百	十	元	角	分		千	百	十	万	千	百	十	元	角	分

分页：_____ 总页：_____

明 细 账

分页：_____ 总页：_____

级科目

年		凭证		摘 要	借 方										贷 方										借或贷	余 额									
月	日	种类	号数		千	百	十	万	千	百	十	元	角	分	千	百	十	万	千	百	十	元	角	分		千	百	十	万	千	百	十	元	角	分

级科目

明 细 账

分页：_____ 总页：_____

级科目

年		凭证		摘 要	借 方										贷 方										借或贷	余 额									
月	日	种类	号数		千	百	十	万	千	百	十	元	角	分	千	百	十	万	千	百	十	元	角	分		千	百	十	万	千	百	十	元	角	分

级科目

明 细 账

级科目 _____

分页: _____ 总页: _____

凭证		摘 要	借 方											贷 方											借或贷	余 额										
年																																					
月 日	种类 号数		千 百 十 万 千 百 十 元 角 分											千 百 十 万 千 百 十 元 角 分												千 百 十 万 千 百 十 元 角 分										

明 细 账

级科目 _____

分页: _____ 总页: _____

凭证		摘 要	借 方											贷 方											借或贷	余 额										
年																																					
月 日	种类 号数		千 百 十 万 千 百 十 元 角 分											千 百 十 万 千 百 十 元 角 分												千 百 十 万 千 百 十 元 角 分										

实训用账簿

337

明 细 账

级科目 _____

一级科目 _____

分页： _____ 总页： _____

年		凭证		摘要	借　方											贷　方											借或贷	余　额										
月	日	种类	号数		千	百	十	万	千	百	十	元	角	分	千	百	十	万	千	百	十	元	角	分		千	百	十	万	千	百	十	元	角	分

明 细 账

级科目 _____

一级科目 _____

分页： _____ 总页： _____

年		凭证		摘要	借　方											贷　方											借或贷	余　额										
月	日	种类	号数		千	百	十	万	千	百	十	元	角	分	千	百	十	万	千	百	十	元	角	分		千	百	十	万	千	百	十	元	角	分

明 细 账

级科目 _____

年		凭证		摘 要	借 方											贷 方											借或贷	余 额										
月	日	种类	号数		千	百	十	万	千	百	十	元	角	分	千	百	十	万	千	百	十	元	角	分		千	百	十	万	千	百	十	元	角	分

分页：_____ 总页：_____

明 细 账

级科目 _____

年		凭证		摘 要	借 方											贷 方											借或贷	余 额										
月	日	种类	号数		千	百	十	万	千	百	十	元	角	分	千	百	十	万	千	百	十	元	角	分		千	百	十	万	千	百	十	元	角	分

明 细 账

分页： 总页：
一级科目
二级科目

年		凭证		摘要	借方										贷方										借或贷	余额									
月	日	种类	号数		千	百	十	万	千	百	十	元	角	分	千	百	十	万	千	百	十	元	角	分		千	百	十	万	千	百	十	元	角	分

明 细 账

分页： 总页：
一级科目
二级科目

年		凭证		摘要	借方										贷方										借或贷	余额									
月	日	种类	号数		千	百	十	万	千	百	十	元	角	分	千	百	十	万	千	百	十	元	角	分		千	百	十	万	千	百	十	元	角	分

明 细 账

级 科 目 ____

年		凭证		摘 要	借 方										贷 方										借或贷	余 额									
月	日	种类	号数		千	百	十	万	千	百	十	元	角	分	千	百	十	万	千	百	十	元	角	分		千	百	十	万	千	百	十	元	角	分

分页： _____ 总页： _____

明 细 账

级 科 目 ____

年		凭证		摘 要	借 方										贷 方										借或贷	余 额									
月	日	种类	号数		千	百	十	万	千	百	十	元	角	分	千	百	十	万	千	百	十	元	角	分		千	百	十	万	千	百	十	元	角	分

分页： _____ 总页： _____

明 细 账

分页：＿＿＿＿＿
总页：＿＿＿＿＿

——级科目

年		凭证		摘要	借方										贷方										借或贷	余额									
月	日	种类	号数		千	百	十	万	千	百	十	元	角	分	千	百	十	万	千	百	十	元	角	分		千	百	十	万	千	百	十	元	角	分

明 细 账

分页：＿＿＿＿＿
总页：＿＿＿＿＿

——级科目

年		凭证		摘要	借方										贷方										借或贷	余额									
月	日	种类	号数		千	百	十	万	千	百	十	元	角	分	千	百	十	万	千	百	十	元	角	分		千	百	十	万	千	百	十	元	角	分

明 细 账

一级科目 _____

分页: _____ 总页: _____

年		凭证		摘 要	借 方										贷 方										借或贷	余 额									
月	日	种类	号数		千	百	十	万	千	百	十	元	角	分	千	百	十	万	千	百	十	元	角	分		千	百	十	万	千	百	十	元	角	分

明 细 账

一级科目 _____

分页: _____ 总页: _____

年		凭证		摘 要	借 方										贷 方										借或贷	余 额									
月	日	种类	号数		千	百	十	万	千	百	十	元	角	分	千	百	十	万	千	百	十	元	角	分		千	百	十	万	千	百	十	元	角	分

会计综合实训（视频指导版）

明 细 账

分页： ____ 总页： ____

____级科目

____级科目

年		凭证		摘　要	借　方	贷　方	借或贷	余　额
月	日	种类	号数		千百十万千百十元角分	千百十万千百十元角分		千百十万千百十元角分

明 细 账

分页： ____ 总页： ____

____级科目

____级科目

年		凭证		摘　要	借　方	贷　方	借或贷	余　额
月	日	种类	号数		千百十万千百十元角分	千百十万千百十元角分		千百十万千百十元角分

明 细 账

级科目 _____

分页: _____ 总页: _____

年		凭证		摘　要	借　方	贷　方	借或贷	余　额
月	日	种类	号数		千百十万千百十元角分	千百十万千百十元角分		千百十万千百十元角分

明 细 账

级科目 _____

分页: _____ 总页: _____

年		凭证		摘　要	借　方	贷　方	借或贷	余　额
月	日	种类	号数		千百十万千百十元角分	千百十万千百十元角分		千百十万千百十元角分

实训用账簿

明细账

级科目 _____

总页：_____ 分页：_____

年		凭证		摘 要	借 方	贷 方	借或贷	余 额
月	日	种类	号数		千百十万千百十元角分	千百十万千百十元角分		千百十万千百十元角分

明细账

级科目 _____

总页：_____ 分页：_____

年		凭证		摘 要	借 方	贷 方	借或贷	余 额
月	日	种类	号数		千百十万千百十元角分	千百十万千百十元角分		千百十万千百十元角分

明 细 账

级科目 _____

年		凭证		摘 要	借 方										贷 方										借或贷	余 额									
月	日	种类	号数		千	百	十	万	千	百	十	元	角	分	千	百	十	万	千	百	十	元	角	分		千	百	十	万	千	百	十	元	角	分

明 细 账

级科目 _____

年		凭证		摘 要	借 方										贷 方										借或贷	余 额									
月	日	种类	号数		千	百	十	万	千	百	十	元	角	分	千	百	十	万	千	百	十	元	角	分		千	百	十	万	千	百	十	元	角	分

明 细 账

分页：＿＿＿＿＿＿＿

总页：＿＿＿＿＿＿＿

＿＿＿＿级科目

＿＿＿＿级科目

年		凭证		摘 要	借 方										贷 方										借或贷	余 额									
月	日	种类	号数		千	百	十	万	千	百	十	元	角	分	千	百	十	万	千	百	十	元	角	分		千	百	十	万	千	百	十	元	角	分

明 细 账

分页：＿＿＿＿＿＿＿

总页：＿＿＿＿＿＿＿

＿＿＿＿级科目

＿＿＿＿级科目

年		凭证		摘 要	借 方										贷 方										借或贷	余 额									
月	日	种类	号数		千	百	十	万	千	百	十	元	角	分	千	百	十	万	千	百	十	元	角	分		千	百	十	万	千	百	十	元	角	分

明 细 账

分页: _____ 总页: _____

级科目 _____

年		凭证		摘 要	借 方		贷 方		借或贷	余 额	
月	日	种类	号数		千百十万千百十元角分		千百十万千百十元角分			千百十万千百十元角分	

明 细 账

级科目 _____

分页: _____ 总页: _____

年		凭证		摘 要	借 方	贷 方	借或贷	余 额
月	日	种类	号数		千百十万千百十元角分	千百十万千百十元角分		千百十万千百十元角分

明 细 账

分页：　　　　　　总页：＿＿＿＿

级科目 ＿＿＿＿＿＿

级科目 ＿＿＿＿＿＿

年		凭证		摘 要	借 方										贷 方										借或贷	余 额									
月	日	种类	号数		千	百	十	万	千	百	十	元	角	分	千	百	十	万	千	百	十	元	角	分		千	百	十	万	千	百	十	元	角	分

明 细 账

分页：　　　　　　总页：＿＿＿＿

级科目 ＿＿＿＿＿＿

级科目 ＿＿＿＿＿＿

年		凭证		摘 要	借 方										贷 方										借或贷	余 额									
月	日	种类	号数		千	百	十	万	千	百	十	元	角	分	千	百	十	万	千	百	十	元	角	分		千	百	十	万	千	百	十	元	角	分

会计综合实训（视频指导版）

350

明 细 账

级科目 _____

分页：_____ 总页：_____

年		凭证		摘 要	借 方										贷 方										借或贷	余 额									
月	日	种类	号数		千	百	十	万	千	百	十	元	角	分	千	百	十	万	千	百	十	元	角	分		千	百	十	万	千	百	十	元	角	分

明 细 账

级科目 _____

年		凭证		摘 要	借 方										贷 方										借或贷	余 额									
月	日	种类	号数		千	百	十	万	千	百	十	元	角	分	千	百	十	万	千	百	十	元	角	分		千	百	十	万	千	百	十	元	角	分

明 细 账

分页：　　　　总页：

级科目

级科目

年月日		凭证		摘要	借方 千百十万千百十元角分	贷方 千百十万千百十元角分	借或贷	余额 千百十万千百十元角分
月	日	种类	号数					

明 细 账

分页：　　　　总页：

级科目

级科目

年月日		凭证		摘要	借方 千百十万千百十元角分	贷方 千百十万千百十元角分	借或贷	余额 千百十万千百十元角分
月	日	种类	号数					

明 细 账

级科目 _____

年		凭证		摘 要	借 方										贷 方										借或贷	余 额									
月	日	种类	号数		千	百	十	万	千	百	十	元	角	分	千	百	十	万	千	百	十	元	角	分		千	百	十	万	千	百	十	元	角	分

分页：_____ 总页：_____

明 细 账

级科目 _____

年		凭证		摘 要	借 方										贷 方										借或贷	余 额									
月	日	种类	号数		千	百	十	万	千	百	十	元	角	分	千	百	十	万	千	百	十	元	角	分		千	百	十	万	千	百	十	元	角	分

实训用账簿

分页：____ 总页：____

明细账

____级科目____ ____级科目____

年		凭证		摘要	借方										贷方										借或贷	余额									
月	日	种类	号数		千	百	十	万	千	百	十	元	角	分	千	百	十	万	千	百	十	元	角	分		千	百	十	万	千	百	十	元	角	分

分页：____ 总页：____

明细账

____级科目____ ____级科目____

年		凭证		摘要	借方										贷方										借或贷	余额									
月	日	种类	号数		千	百	十	万	千	百	十	元	角	分	千	百	十	万	千	百	十	元	角	分		千	百	十	万	千	百	十	元	角	分

明 细 账

级科目 _____

分页：_____ 总页：_____

年		凭证		摘 要	借 方											贷 方											借或贷	余 额										
月	日	种类	号数		千	百	十	万	千	百	十	元	角	分	千	百	十	万	千	百	十	元	角	分		千	百	十	万	千	百	十	元	角	分

明 细 账

级科目 _____

分页：_____ 总页：_____

年		凭证		摘 要	借 方											贷 方											借或贷	余 额										
月	日	种类	号数		千	百	十	万	千	百	十	元	角	分	千	百	十	万	千	百	十	元	角	分		千	百	十	万	千	百	十	元	角	分

实训用账簿

355

明 细 账

分页：＿＿＿＿ 总页：＿＿＿＿

级科目＿＿＿＿

年		凭证		摘要	借方										贷方										借或贷	余额									
月	日	种类	号数		千	百	十	万	千	百	十	元	角	分	千	百	十	万	千	百	十	元	角	分		千	百	十	万	千	百	十	元	角	分

明 细 账

分页：＿＿＿＿ 总页：＿＿＿＿

级科目＿＿＿＿

年		凭证		摘要	借方										贷方										借或贷	余额									
月	日	种类	号数		千	百	十	万	千	百	十	元	角	分	千	百	十	万	千	百	十	元	角	分		千	百	十	万	千	百	十	元	角	分

明 细 账

分页：_____ 总页：_____

级科目 _____

年		凭证		摘 要	借 方										贷 方										借或贷	余 额									
月	日	种类	号数		千	百	十	万	千	百	十	元	角	分	千	百	十	万	千	百	十	元	角	分		千	百	十	万	千	百	十	元	角	分

明 细 账

分页：_____ 总页：_____

级科目 _____

年		凭证		摘 要	借 方										贷 方										借或贷	余 额									
月	日	种类	号数		千	百	十	万	千	百	十	元	角	分	千	百	十	万	千	百	十	元	角	分		千	百	十	万	千	百	十	元	角	分

明 细 账

分页: —— 总页: ——

级科目

年		凭证		摘	借 方									贷 方									借或贷	余 额								
月	日	种类	号数	要	千	百	十	万	千	百	十	元	角	分	千	百	十	万	千	百	十	元	角	分		千	百	十	万	千	百	十	元	角	分

级科目

明 细 账

分页: —— 总页: ——

级科目

年		凭证		摘	借 方									贷 方									借或贷	余 额								
月	日	种类	号数	要	千	百	十	万	千	百	十	元	角	分	千	百	十	万	千	百	十	元	角	分		千	百	十	万	千	百	十	元	角	分

级科目

分页：_____ 总页：_____

明细账

_____级科目_____ _____级科目_____

年		凭证		摘要	借方										贷方										借或贷	余额									
月	日	种类	号数		千	百	十	万	千	百	十	元	角	分	千	百	十	万	千	百	十	元	角	分		千	百	十	万	千	百	十	元	角	分

分页：_____ 总页：_____

明细账

_____级科目_____ _____级科目_____

年		凭证		摘要	借方										贷方										借或贷	余额									
月	日	种类	号数		千	百	十	万	千	百	十	元	角	分	千	百	十	万	千	百	十	元	角	分		千	百	十	万	千	百	十	元	角	分

明 细 账

级科目

分页：____ 总页：____

年		凭证		摘要	借方									贷方									借或贷	余额								
月	日	种类	号数		千	百	十	万	千	百	十	元	角	分	千	百	十	万	千	百	十	元	角	分		千	百	十	万	千	百	十	元	角	分

级科目

分页：____ 总页：____

年		凭证		摘要	借方									贷方									借或贷	余额								
月	日	种类	号数		千	百	十	万	千	百	十	元	角	分	千	百	十	万	千	百	十	元	角	分		千	百	十	万	千	百	十	元	角	分

明 细 账

级科目 _____

<table>
<tr><th colspan="2">年</th><th colspan="2">凭证</th><th rowspan="2">摘 要</th><th colspan="8">借 方</th><th colspan="8">贷 方</th><th rowspan="2">借或贷</th><th colspan="8">余 额</th></tr>
<tr><th>月</th><th>日</th><th>种类</th><th>号数</th><th>千</th><th>百</th><th>十</th><th>万</th><th>千</th><th>百</th><th>十</th><th>元</th><th>角</th><th>分</th><th>千</th><th>百</th><th>十</th><th>万</th><th>千</th><th>百</th><th>十</th><th>元</th><th>角</th><th>分</th><th>千</th><th>百</th><th>十</th><th>万</th><th>千</th><th>百</th><th>十</th><th>元</th><th>角</th><th>分</th></tr>
<tr><td></td><td></td><td></td><td></td><td></td><td></td><td></td><td></td><td></td><td></td><td></td><td></td><td></td><td></td><td></td><td></td><td></td><td></td><td></td><td></td><td></td><td></td><td></td><td></td><td></td><td></td><td></td><td></td><td></td><td></td><td></td><td></td><td></td><td></td><td></td></tr>
<tr><td></td><td></td><td></td><td></td><td></td><td></td><td></td><td></td><td></td><td></td><td></td><td></td><td></td><td></td><td></td><td></td><td></td><td></td><td></td><td></td><td></td><td></td><td></td><td></td><td></td><td></td><td></td><td></td><td></td><td></td><td></td><td></td><td></td><td></td><td></td></tr>
</table>

分页: _____ 总页: _____

明 细 账

级科目 _____

<table>
<tr><th colspan="2">年</th><th colspan="2">凭证</th><th rowspan="2">摘 要</th><th colspan="8">借 方</th><th colspan="8">贷 方</th><th rowspan="2">借或贷</th><th colspan="8">余 额</th></tr>
<tr><th>月</th><th>日</th><th>种类</th><th>号数</th><th>千</th><th>百</th><th>十</th><th>万</th><th>千</th><th>百</th><th>十</th><th>元</th><th>角</th><th>分</th><th>千</th><th>百</th><th>十</th><th>万</th><th>千</th><th>百</th><th>十</th><th>元</th><th>角</th><th>分</th><th>千</th><th>百</th><th>十</th><th>万</th><th>千</th><th>百</th><th>十</th><th>元</th><th>角</th><th>分</th></tr>
<tr><td></td><td></td><td></td><td></td><td></td><td></td><td></td><td></td><td></td><td></td><td></td><td></td><td></td><td></td><td></td><td></td><td></td><td></td><td></td><td></td><td></td><td></td><td></td><td></td><td></td><td></td><td></td><td></td><td></td><td></td><td></td><td></td><td></td><td></td><td></td></tr>
<tr><td></td><td></td><td></td><td></td><td></td><td></td><td></td><td></td><td></td><td></td><td></td><td></td><td></td><td></td><td></td><td></td><td></td><td></td><td></td><td></td><td></td><td></td><td></td><td></td><td></td><td></td><td></td><td></td><td></td><td></td><td></td><td></td><td></td><td></td><td></td></tr>
</table>

分页: _____ 总页: _____

实训用账簿

361

明 细 账

级科目 _____

级科目 _____

年		凭证		摘 要	借 方										贷 方										借或贷	余 额									
月	日	种类	号数		千	百	十	万	千	百	十	元	角	分	千	百	十	万	千	百	十	元	角	分		千	百	十	万	千	百	十	元	角	分

明 细 账

级科目 _____

级科目 _____

年		凭证		摘 要	借 方										贷 方										借或贷	余 额									
月	日	种类	号数		千	百	十	万	千	百	十	元	角	分	千	百	十	万	千	百	十	元	角	分		千	百	十	万	千	百	十	元	角	分

五、数量金额式明细账

账 簿 启 用 及 交 接 表

机构名称						印 鉴
账簿名称			（第 册）			
账簿编号						
账簿页数	本账簿共计 页（本账簿页数 ）					
启用日期	公元	年	月	日		
经营人员	负责人		主办会计		复核	记账
	姓名	盖章	姓名	盖章	姓名	盖章
					姓名	盖章
交接记录	职别	经营人员		接管		交出
		姓名	年 月 日	盖章	年 月 日	盖章
备注						

实训用账簿

363

账 簿 目 录 表

账户名称	账　号	总页码	账户名称	账　号	总页码	账户名称	账　号	总页码

明 细 账

编号名称： 存放地点： 寄存单位： 计量单位： 规格： 分页：___ 总页：___

年		凭证字号	摘 要	收入			发出			结存			
月	日			数量	单价	余 额 千百十万千百十元角分	数量	单价	余 额 千百十万千百十元角分	数量	单价	余 额 千百十万千百十元角分	类别：

明 细 账

编号名称： 存放地点： 寄存放地点： 计量单位： 规格： 分页：___ 总页：___

年		凭证字号	摘 要	收入			发出			结存			
月	日			数量	单价	余 额 千百十万千百十元角分	数量	单价	余 额 千百十万千百十元角分	数量	单价	余 额 千百十万千百十元角分	类别：

明 细 账

分页： —— 总页： ——

编号 名称：　　存放地点：　　寄存放地点：　　计量单位：　　规格：　　类别：

年		凭证字号	摘要	收入			发出			结存		
月	日			数量	单价	余额（千百十万千百十元角分）	数量	单价	余额（千百十万千百十元角分）	数量	单价	余额（千百十万千百十元角分）

明 细 账

分页： —— 总页： ——

编号 名称：　　存放地点：　　寄存放地点：　　计量单位：　　规格：　　类别：

年		凭证字号	摘要	收入			发出			结存		
月	日			数量	单价	余额（千百十万千百十元角分）	数量	单价	余额（千百十万千百十元角分）	数量	单价	余额（千百十万千百十元角分）

明 细 账

分页：_____ 总页：_____

编号名称： 存放地点： 寄存放地点： 计量单位： 规格： 类别：

年		凭证字号	摘 要	收入		余 额										发出		余 额										结存		余 额									
月	日			数量	单价	千	百	十	万	千	百	十	元	角	分	数量	单价	千	百	十	万	千	百	十	元	角	分	数量	单价	千	百	十	万	千	百	十	元	角	分

明 细 账

分页：_____ 总页：_____

编号名称： 存放地点： 计量单位： 规格： 类别：

年		凭证字号	摘 要	收入		余 额										发出		余 额										结存		余 额									
月	日			数量	单价	千	百	十	万	千	百	十	元	角	分	数量	单价	千	百	十	万	千	百	十	元	角	分	数量	单价	千	百	十	万	千	百	十	元	角	分

明 细 账

会计综合实训（视频指导版）

（第一个表）

分页： 总页：

编号名称：　存放地点：　寄存放地点：　计量单位：　规格：　类别：

年		凭证字号	摘要	收入			发出			结存		
月	日			数量	单价	余额 千百十万千百十元角分	数量	单价	余额 千百十万千百十元角分	数量	单价	余额 千百十万千百十元角分

（第二个表）

分页： 总页：

编号名称：　存放地点：　寄存放地点：　计量单位：　规格：　类别：

年		凭证字号	摘要	收入			发出			结存		
月	日			数量	单价	余额 千百十万千百十元角分	数量	单价	余额 千百十万千百十元角分	数量	单价	余额 千百十万千百十元角分

明 细 账

编号名称：　　　　　存放地点：　　　　　寄存放地点：　　　　　计量单位：　　　　　规格：　　　　　类别：

分页：——　　总页：——

年		凭证字号	摘　要	收入			发出			结存		
月	日			数量	单价	余额 千百十万千百十元角分	数量	单价	余额 千百十万千百十元角分	数量	单价	余额 千百十万千百十元角分

明 细 账

编号名称：　　　　　存放地点：　　　　　寄存放地点：　　　　　计量单位：　　　　　规格：　　　　　类别：

分页：——　　总页：——

年		凭证字号	摘　要	收入			发出			结存		
月	日			数量	单价	余额 千百十万千百十元角分	数量	单价	余额 千百十万千百十元角分	数量	单价	余额 千百十万千百十元角分

明 细 账

分页：＿＿＿ 总页：＿＿＿

年		凭证字号	摘要	收入			发出			结存		
月	日			数量	单价	余额（千百十万千百十元角分）	数量	单价	余额（千百十万千百十元角分）	数量	单价	余额（千百十万千百十元角分）

编号 名称：　存放地点：　寄存放地点：　计量单位：　规格：　类别：

明 细 账

分页：＿＿＿ 总页：＿＿＿

年		凭证字号	摘要	收入			发出			结存		
月	日			数量	单价	余额（千百十万千百十元角分）	数量	单价	余额（千百十万千百十元角分）	数量	单价	余额（千百十万千百十元角分）

编号 名称：　存放地点：　寄存放地点：　计量单位：　规格：　类别：

会计综合实训（视频指导版）

370

明　细　账

编号名称：＿＿＿＿＿＿　　存放地点：＿＿＿＿＿＿　　寄存放地点：＿＿＿＿＿＿　　计量单位：＿＿＿＿＿＿　　规格：＿＿＿＿＿＿

分页：＿＿＿＿＿　　总页：＿＿＿＿＿

年		凭证字号	摘　要	收入			发出			结存		
月	日			数量	单价	余额 千百十万千百十元角分	数量	单价	余额 千百十万千百十元角分	数量	单价	余额 千百十万千百十元角分

明　细　账

编号名称：＿＿＿＿＿＿　　存放地点：＿＿＿＿＿＿　　寄存放地点：＿＿＿＿＿＿　　计量单位：＿＿＿＿＿＿　　规格：＿＿＿＿＿＿

分页：＿＿＿＿＿　　总页：＿＿＿＿＿

年		凭证字号	摘　要	收入			发出			结存		
月	日			数量	单价	余额 千百十万千百十元角分	数量	单价	余额 千百十万千百十元角分	数量	单价	余额 千百十万千百十元角分

明 细 账

分页： ———— 总页： ————

编号名称：

类别： 规格： 计量单位： 存放地点： 寄存放地点：

年		凭证字号	摘要	收入			发出			结存		
月	日			数量	单价	金额 余额 千百十万千百十元角分	数量	单价	金额 余额 千百十万千百十元角分	数量	单价	金额 余额 千百十万千百十元角分

明 细 账

分页： ———— 总页： ————

编号名称：

类别： 规格： 计量单位： 存放地点： 寄存放地点：

年		凭证字号	摘要	收入			发出			结存		
月	日			数量	单价	金额 余额 千百十万千百十元角分	数量	单价	金额 余额 千百十万千百十元角分	数量	单价	金额 余额 千百十万千百十元角分

账 簿 启 用 及 交 接 表

机构名称						印 鉴
账簿名称				（第　　册）		
账簿编号						
账簿页数	本账簿共计		页（本账簿页数　　）			
启用日期	公元	年	月	日		
经管人员	负责人	姓名	盖章	主办会计	姓名	盖章	复核	姓名	盖章	记账	姓名	盖章
交接记录	职别	经管人员	姓名	接管	年	月	日	盖章	交出	年	月	日	盖章
备注						

账 簿 目 录 表

账户名称	账号	总页码	账户名称	账号	总页码	账户名称	账号	总页码

明 细 账

（ ） 方 项 目

年		凭证字号	摘　要	借　方											贷　方										借或贷	余　额																																		
月	日			千	百	十	万	千	百	十	元	角	分		千	百	十	万	千	百	十	元	角	分		千	百	十	万	千	百	十	元	角	分																								

级科目

明 细 账

（   ）方 项 目

千 百 十 万 千 百 十 元 角 分	千 百 十 万 千 百 十 元 角 分	千 百 十 万 千 百 十 元 角 分	千 百 十 万 千 百 十 元 角 分

级科目

年	月	日	凭证字号	摘　要	借　方 千百十万千百十元角分	贷　方 千百十万千百十元角分	借或贷	余　额 千百十万千百十元角分			

明 细 账

( ) 方 项 目 ( )

分页:

总页:

年		凭证字号	摘要	借方										贷方										借或贷	余额																																	
月	日			千	百	十	万	千	百	十	元	角	分	千	百	十	万	千	百	十	元	角	分		千	百	十	万	千	百	十	元	角	分																								

级科目

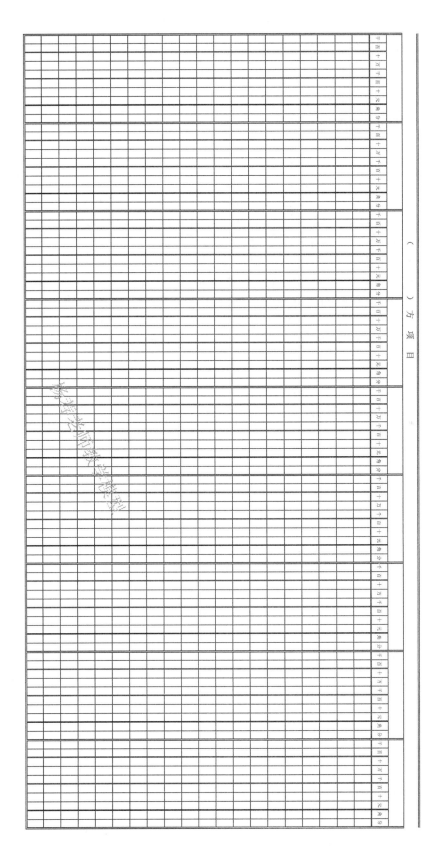

明 细 账

（ ） 方 项 目

级科目

年		凭证字号	摘要	借方	贷方	借或贷	余额
月	日			千百十万千百十元角分	千百十万千百十元角分		千百十万千百十元角分

明　细　账

（　　）方项目

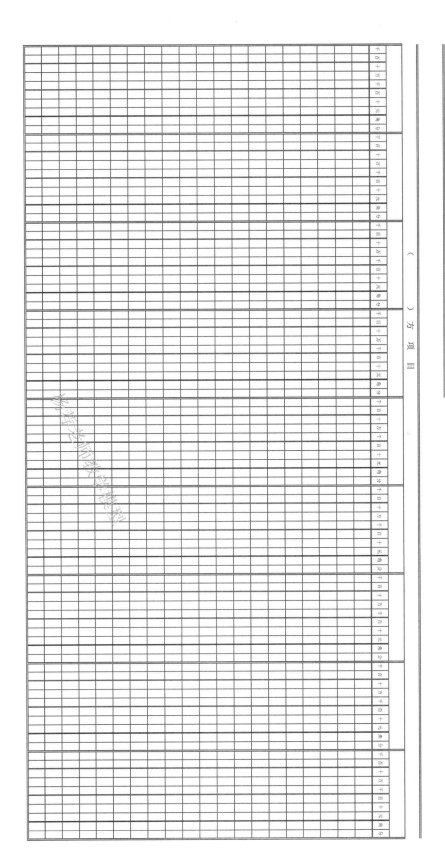

分页：_____　总页：_____

实训用账簿

383

级科目

年		凭证字号	摘　要	借　方	贷　方	借或贷	余　额			
月	日			千百十万千百十元角分	千百十万千百十元角分		千百十万千百十元角分	千百十万千百十元角分	千百十万千百十元角分	千百十万千百十元角分

明 细 账

(   ) 方 项 目

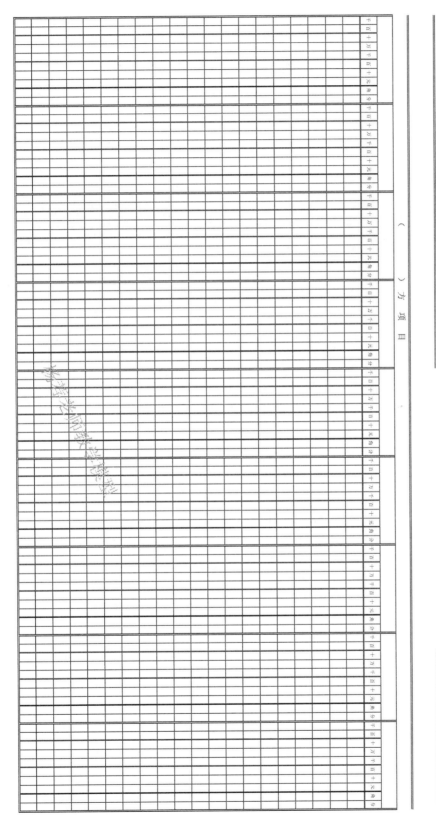

分页：_____
总页：_____

级科目

年 月 日	凭证字号	摘 要	借 方 (千百十万千百十元角分)	贷 方 (千百十万千百十元角分)	借或贷	余 额 (千百十万千百十元角分)

账 簿 启 用 及 交 接 表

机构名称							印 鉴
账簿名称					（第　　册）		
账簿编号							
账簿页数	本账簿共计				页（本账簿页数　　）		
启用日期	公元		年	月	日		
经管人员	负 责 人		主 办 会 计		复 核		记 账
	姓名	盖章	姓名	盖章	姓名	盖章	姓名	盖章
交接记录	经管人员		接 管		交 出		
	职 别	姓 名	年	月	日	盖章	年	月	日	盖章
备注							

账 簿 目 录 表

账户名称	账号	总页码	账户名称	账号	总页码	账户名称	账号	总页码

应交税费——应交增值税明细账

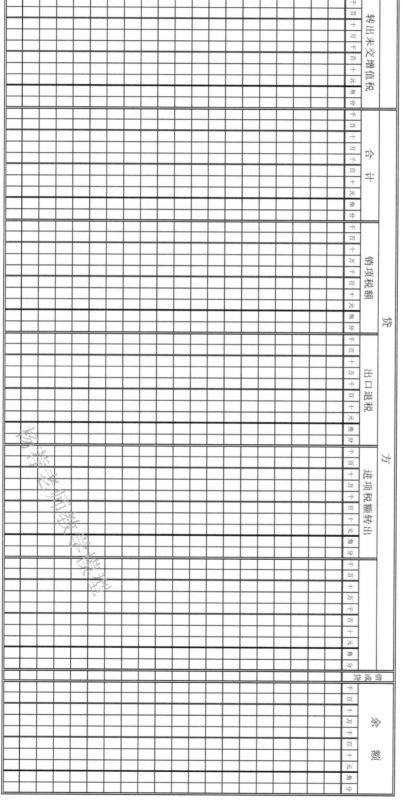

转出未交增值税	合 计	贷		方			借或贷	余 额
		销项税额	出口退税	进项税额转出				

年		凭证		摘 要	借				方		
月	日	种类	号数		进项税额		已交税金		合 计	减免税款	

应交税费——应交增值税明细账

分页：_____ 总页：_____

转出未交增值税										合计										销项税额										出口退税										进项税额转出																					借或贷	余额									
千	百	十	万	千	百	十	元	角	分	千	百	十	万	千	百	十	元	角	分	千	百	十	万	千	百	十	元	角	分	千	百	十	万	千	百	十	元	角	分	千	百	十	万	千	百	十	元	角	分	千	百	十	万	千	百	十	元	角	分		千	百	十	万	千	百	十	元	角	分

贷 方

实训用账簿

391

年		凭证		摘　要	借			方	
月	日	种类	号数		合　计	进项税额	已交税金	减免税款	
					千百十万千百十元角分	千百十万千百十元角分	千百十万千百十元角分	千百十万千百十元角分	千百十万千百十元角分

应交税费——应交增值税明细账

转出未交增值税											合计											销项税额											出口退税											进项税额转出											借或贷	余额										
千	百	十	万	千	百	十	元	角	分		千	百	十	万	千	百	十	元	角	分		千	百	十	万	千	百	十	元	角	分		千	百	十	万	千	百	十	元	角	分		千	百	十	万	千	百	十	元	角	分			千	百	十	万	千	百	十	元	角	分

贷   方

年		凭证		摘 要	借方			借方			方			方		
月	日	种类	号数		合　计	进项税额	已交税金	减免税款									

八、固定资产明细账

账簿启用及交接表

机构名称				印 鉴
账簿名称		（第 册）		
账簿编号				
账簿页数	本账簿共计	页（本账簿页数 ）		
启用日期	公元	年 月 日		

经管人员	负 责 人		主 办 会 计		复 核		记 账
	姓名	盖章	姓名	盖章	姓 名	盖章	姓 名	盖章

交接记录	经管人员		接 管		交 出
	职 别	姓 名	年 月 日	盖章	年 月 日	盖章

备注	

账 簿 目 录 表

账户名称	账 号	总页码	账户名称	账 号	总页码	账户名称	账 号	总页码

固定资产明细账

分页：　　　总页：

名　称：
使用年限：
年折旧率：　　　%
年折旧额：
预计残值：
存放地点：
使用部门：
财产编号：

年 月 日	凭证字号	摘　要	单价	数量	购进或转出 金额（千百十万千百十元角分）	折旧 金额（千百十万千百十元角分）	数量	余 金额（千百十万千百十元角分）

固定资产明细账

分页：　　　总页：

名　称：
使用年限：
年折旧率：　　　%
年折旧额：
预计残值：
存放地点：
使用部门：
财产编号：

年 月 日	凭证字号	摘　要	单价	数量	购进或转出 金额（千百十万千百十元角分）	折旧 金额（千百十万千百十元角分）	数量	余 金额（千百十万千百十元角分）

固定资产明细账

名 称：_____

使用年限：_____

年折旧率：_____%　　预计残值：_____%　　　使用部门：_____　　分页：　总页：

年折旧额：_____　　　存放地点：_____　　　财产编号：_____

年		凭证字号	摘要	单价	购进或转出			折旧额			余额		
月	日				数量	金额		数量	金额		数量	金额	
						千百十万千百十元角分			千百十万千百十元角分			千百十万千百十元角分	

固定资产明细账

名 称：_____

使用年限：_____

年折旧率：_____%　　预计残值：_____%　　　使用部门：_____　　分页：　总页：

年折旧额：_____　　　存放地点：_____　　　财产编号：_____

年		凭证字号	摘要	单价	购进或转出			折旧额			余额		
月	日				数量	金额		数量	金额		数量	金额	
						千百十万千百十元角分			千百十万千百十元角分			千百十万千百十元角分	

固定资产明细账

分页：　　　总页：

名　称：

使用年限：　　　　年折旧率：　　%　　预计残值：　　　　使用部门：　　　　财产编号：

年月日		凭证字号	摘　要	单价	数量	购进或转出 金额										折旧 金额										数量	余 金额
月	日					千	百	十	万	千	百	十	元	角	分	千	百	十	万	千	百	十	元	角	分		

固定资产明细账

分页：　　　总页：

名　称：

使用年限：　　　　年折旧率：　　%　　预计残值：　　　　使用部门：　　　　财产编号：

年月日		凭证字号	摘　要	单价	数量	购进或转出 金额										折旧 金额										数量	余 金额
月	日					千	百	十	万	千	百	十	元	角	分	千	百	十	万	千	百	十	元	角	分		

实训用账簿

399

固定资产明细账

名　称：＿＿＿＿＿　　使用部门：＿＿＿＿＿　　分页：＿＿＿＿＿

使用年限：＿＿＿＿＿　财产编号：＿＿＿＿＿　总页：＿＿＿＿＿

年折旧率：＿＿＿＿＿%　预计残值：＿＿＿＿＿

年折旧额：＿＿＿＿＿　　存放地点：＿＿＿＿＿

年		凭证字号	摘要	单价	数量	购进或转出 金额										折旧额 金额										数量	余额 金额									
月	日					千	百	十	万	千	百	十	元	角	分	千	百	十	万	千	百	十	元	角	分		千	百	十	万	千	百	十	元	角	分

固定资产明细账

名　称：＿＿＿＿＿　　使用部门：＿＿＿＿＿　　分页：＿＿＿＿＿

使用年限：＿＿＿＿＿　财产编号：＿＿＿＿＿　总页：＿＿＿＿＿

年折旧率：＿＿＿＿＿%　预计残值：＿＿＿＿＿

年折旧额：＿＿＿＿＿　　存放地点：＿＿＿＿＿

年		凭证字号	摘要	单价	数量	购进或转出 金额										折旧额 金额										数量	余额 金额									
月	日					千	百	十	万	千	百	十	元	角	分	千	百	十	万	千	百	十	元	角	分		千	百	十	万	千	百	十	元	角	分

固定资产明细账

名　称：_____　　　使用部门：_____　　分页：_____

使用年限：_____　　年折旧率：_____%　　财产编号：_____　　总页：_____

年折旧额：_____　　预计残值：_____　　存放地点：_____

年		凭证字号	摘　要	单　价	数　量	购进或转出											折　旧											余　额										
月	日					数量		金　额									数量		金　额									数量		余　额									
							千	百	十	万	千	百	十	元	角	分		千	百	十	万	千	百	十	元	角	分		千	百	十	万	千	百	十	元	角	分

固定资产明细账

名　称：_____　　　使用部门：_____　　分页：_____

使用年限：_____　　年折旧率：_____%　　财产编号：_____　　总页：_____

年折旧额：_____　　预计残值：_____　　存放地点：_____

年		凭证字号	摘　要	单　价	数　量	购进或转出											折　旧											余　额										
月	日					数量		金　额									数量		金　额									数量		余　额									
							千	百	十	万	千	百	十	元	角	分		千	百	十	万	千	百	十	元	角	分		千	百	十	万	千	百	十	元	角	分

固定资产明细账

名 称：_____
使用年限：_____
年折旧率：_____%
年折旧额：_____
预计残值：_____
存放地点：_____
使用部门：_____
财产编号：_____

分页：_____
总页：_____

年		凭证字号	摘要	购进或转出										折旧										余额										
月	日			数量	单价	金额									数量	金额									数量	余额 金额									
						千	百	十	万	千	百	十	元	角	分	千	百	十	万	千	百	十	元	角	分	千	百	十	万	千	百	十	元	角	分

固定资产明细账

名 称：_____
使用年限：_____
年折旧率：_____%
年折旧额：_____
预计残值：_____
存放地点：_____
使用部门：_____
财产编号：_____

分页：_____
总页：_____

年		凭证字号	摘要	购进或转出										折旧										余额										
月	日			数量	单价	金额									数量	金额									数量	余额 金额									
						千	百	十	万	千	百	十	元	角	分	千	百	十	万	千	百	十	元	角	分	千	百	十	万	千	百	十	元	角	分

会计综合实训（视频指导版）